富矿精开

国有露天矿山
智能化转型管理探索

毛　勇　郑彦涛　孙健东　著

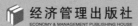

经济管理出版社

ECONOMY & MANAGEMENT PUBLISHING HOUSE

图书在版编目（CIP）数据

富矿精开：国有露天矿山智能化转型管理探索 ／ 毛勇，郑彦涛，孙健东著. -- 北京：经济管理出版社，2024. 9. -- ISBN 978-7-5096-9897-6

Ⅰ. F426.21

中国国家版本馆 CIP 数据核字第 202497P9M7 号

组稿编辑：王　倩
责任编辑：宋　娜
责任印制：许　艳
责任校对：陈　颖

出版发行：经济管理出版社
　　　　　（北京市海淀区北蜂窝 8 号中雅大厦 A 座 11 层　100038）
网　　址：www. E-mp. com. cn
电　　话：（010）51915602
印　　刷：唐山玺诚印务有限公司
经　　销：新华书店
开　　本：720mm×1000mm/16
印　　张：22.25
字　　数：314 千字
版　　次：2024 年 9 月第 1 版　　2024 年 9 月第 1 次印刷
书　　号：ISBN 978-7-5096-9897-6
定　　价：98.00 元

前　言

　　本书深入剖析了国有露天矿山在资源富集背景下如何通过智能化转型实现精细开发与可持续发展。本书不仅是对当前露天矿山行业智能化进程的一次全面梳理，更是对未来发展方向的前瞻性探索，为露天矿山行业转型升级提供了宝贵的参考与指导。

　　第一章详细阐述了国有露天矿山在国家经济发展中智能化转型的必然选择。随着全球资源竞争的加剧和环境保护意识的提升，传统露天矿山开采模式已难以满足可持续发展的要求。因此，探索富矿精开、智能化转型成为必然选择。本书与国外矿山智能化发展相比，明确了我国露天矿山智能化转型的必要性。

　　第二章聚焦于露天矿山管理业务的深度剖析，从人员、设备、环境、安全、数据、审计等多个维度出发，揭示了当前管理体系中的瓶颈与不足。本书指出传统管理模式在数据共享、决策效率、风险控制等方面的局限性，为后续智能化转型提供了问题导向的切入点。

　　第三章系统介绍了露天矿山智能化管理的基础理论框架，包括智能矿山的概念、特征、发展目标以及实现路径等。本书融合了管理学、信息技术、矿业工程等多学科知识，构建了露天矿山智能化管理的理论体系，为后续章节的技术探讨和实践应用奠定了坚实的理论基础。

　　第四章深入探讨了露天矿山智能化转型所需的关键技术，包括物联网技术、大数据处理与分析、人工智能算法、智能装备与机器人技术等。通过对这些技术的详细阐述，本书展示了它们在提高矿山生产效率、保障作业安全、优化资源配置等方面的巨大潜力，为露天矿山智能化转型提供了技术支撑。

第五章通过对国内外多个成功实践案例进行剖析，本书展示了露天矿山智能化转型的具体实施过程和成效。这些案例涵盖了不同规模、不同类型的露天矿山。通过对比分析，本书提炼出了可复制、可推广的智能化转型模式和经验，为行业内其他企业提供了宝贵的借鉴。

第六章以成黔露天铝土矿为例，详细阐述了其智能化建设的具体方案。该方案结合了成黔矿山的实际情况和智能化转型的通用原则，从顶层设计、技术选型、实施步骤、效果评估等多个方面进行了全面规划。通过该方案的介绍，本书不仅展示了露天矿山智能化建设的具体实施路径，还揭示了智能化转型对提升企业竞争力的关键作用。

第七章，本书对露天矿山智能管理当前存在的问题进行了深入分析，包括技术成熟度、资金投入、人才储备等方面的挑战；同时，结合行业发展趋势和技术前沿，对露天矿山智能化转型的未来进行了展望，提出了加强技术创新、完善政策支持、加强人才培养等建议，为行业可持续发展指明了方向。

综上所述，本书以全面而深入的分析、丰富的实践案例和前瞻性的展望，为国有露天矿山智能化转型提供了宝贵的参考与指导建议。由于笔者水平有限，编写时间仓促，书中错误和不足之处在所难免，恳请广大读者批评指正。

毛勇

2024 年 8 月于贵阳

目　录

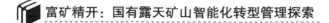

第一章 背景

第一节 露天采矿行业发展背景

露天采矿是将矿体上的覆盖物移走，得到所需矿物的过程。露天采矿又可分为露天金属矿床开采、露天煤矿开采、露天铁矿开采。露天金属矿床开采主要开采对象为有色金属，露天煤矿开采主要开采煤炭和一些非金属矿，露天铁矿开采主要开采铁矿。露天开采是人类使用矿物最早出现的开采方式，最初是开采矿床的露头和浅部富矿。19世纪末使用动力挖掘机以来，露天开采技术迅速发展，露天采矿的规模越来越大。

中国露天采矿行业起源于1914年辽宁抚顺古城子露天矿（今抚顺西露天矿前身），史称中国第一座露天矿山，至今已有110年的历史。露天矿山真正的大发展始于中华人民共和国成立，在改革开放期间蓬勃发展。特别是进入21世纪以来，我国露天煤炭开采产量已超过其他产煤国家，跃居世界第一位，中国露天采矿事业形成了跨越式发展的新局面。在这期间，中国露天矿山事业谱写了由小到大、由弱到强的壮阔篇章。

综观中华人民共和国成立后露天矿山70年来的建设发展历程，在露天开采理论与技术方面，历经起步恢复、中西融合交流、西方技术消化吸收再创新再到完全自主知识产权，至今已走在世界的前列；在露天开采工艺方面，完成了从间断开采工艺到半连续开采工艺、连续开采工艺，再到综合开采工艺的发展；在露天开采设备方面，实现了由几立方米斗容、十几吨装载量的小型设备到近百立方米斗容、几百吨装载量，以及连续采掘配合高速宽胶带的大型采运设备的跨越；在露天原煤总产量方面，实现了从百万吨、千万吨、亿吨再到十亿吨的飞跃；在露天开发模式方面，逐步实现了由单一煤炭资源开发向可持续循环的转变。2022 年，我国露天矿山产能与产量首次双双突破 10 亿吨，以占比约 8% 的煤矿数量，贡献了全国约 23% 的煤炭产量，开启了露天煤炭开采事业的新起点。在产量供应能力持续增强的同时，露天矿山的智能化水平也在加速提升，以智能综合管控平台、无人驾驶、智能监测预警、智能钻爆等为代表的智能化应用场景不断丰富。然而，在露天煤炭开采事业蓬勃发展的同时，也面临着一些问题，如土地挖损、土地压占、大气污染、地下水流失等环境问题，开采过程中共（伴）生资源利用率低以及边帮滞留资源浪费等问题也亟待解决。

一、露天采矿行业概述

（一）露天采矿基础概念

1. 基础概念

①露天矿。采用露天开采方法开采矿石的露天采场。

②露天采场。采用露天开采的方法开采矿石，在空间上形成的矿坑，是露天开采、采装运输设备，以及人员工作的场所。

③山坡露天矿。矿体赋存于地平面以上或部分赋存于地平面以上的露天采场，没有形成封闭的矿坑，这种位于地平面以上部分的露天采场称为山坡露天矿。

④深凹露天矿。露天采场位于地平面以下，形成封闭圈。位于封闭圈以下部分的露天采场称为深凹露天矿。

⑤露天矿田。划归一个露天采场开采的矿床或其一部分称为露天矿田。

2. 境界方面基本概念

露天矿开采终了时一般形成一个以一定的底平面、倾斜边帮为界的一个斗形矿坑，即露天坑。

①露天开采境界。露天采场开采终了时或某一时期形成的露天矿场。

②露天矿场边帮。露天开采境界四周表面部分。露天矿场边帮由台阶组成，位于开采矿体上盘的边帮称为顶帮或上盘边帮，位于开采矿体下盘的边帮称为底帮或下盘边帮，位于两端的称为端帮，有工作设备在上作业进行穿爆、采装工作的边帮称为工作帮，否则称为非工作帮，全面完成工作的边帮称为最终边帮。

③露天开采境界线。露天矿场边帮与地表平面形成的闭合交线称为地表境界线。露天矿场边帮与底平面形成的交线称为底部界线或底部周界。

④露天矿场的底。露天矿场开采终了时在深部形成的底部平面。

⑤帮坡面。边帮是由台阶组成的，帮坡面分为工作帮坡面和非工作帮坡面。工作帮坡面是指露天矿场最上一个工作台阶和最下一个工作台阶坡底线形成的假想平面。非工作帮坡面是指露天矿场最上一个台阶的坡顶线到最下一个台阶坡底线形成的假想平面。

⑥最终帮坡角。是最终边帮形成的坡面与水平面的夹角，也叫最终帮坡角或最终废止角，分为上盘帮坡角和下盘帮坡角。

⑦工作帮坡角。工作帮形成的坡面与水平面的夹角。

⑧开采深度。开采水平的最高点到露天矿场底平面的垂直距离。

3. 露天开采生产方面的基本概念

①台阶。露天开采过程中，露天矿场被划分成若干具有一定高度

的水平分层，这些分层称为台阶，分层的垂直高度称为台阶高度。台阶通常以下部水平的海拔标高来标称，如台阶的上平面称为上部平盘，相对其上的工作平面称为工作平盘，也以其海拔高度标称。台阶的下平面称为下部平盘，上下平盘间的坡面称台阶坡面，其与水平面的夹角称为台阶坡面角。台阶坡面与上部平台的交线称为台阶坡顶线，台阶坡面与下部平台的交线称为台阶坡底线。

②非工作平台。组成非工作帮面上的台阶上的平盘称为非工作平盘，也称非工作平台。非工作平台按用途可分为以下几种：一是清扫平台，其是非工作帮上为了清扫风化下的岩石而设立的平台，上面能运行清扫设备；二是安全平台，其是为降低最终边坡角而设立的平台，起到保证边坡稳定的作用；三是运输平台，其是为行走运输设备而设立的平台，保持矿石和废石从深部或顶部运往选矿厂或排土场。

③采区。采区是指位于工作平盘上的凿岩、采装、运输等设备工作的区域，沿台阶走向将某工作平盘划分为几个相对独立的采区。每个采区又称采掘带。采掘带的大小由采区长度和采掘带宽度来表示，如图 1-1 所示。

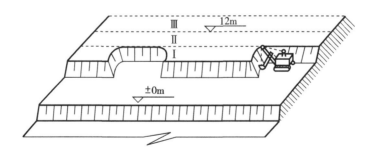

图 1-1　采掘带、采区示意图

资料来源：中国砂石协会。

④准备新水平。露天开采由高向低（深）发展过程中，需开辟新的水平从而形成新的台阶，这项工作称为准备新水平。准备新水平首

先向下开挖一段倾斜的梯形沟段，称为出入沟，出入沟到达一定深度（台阶高度）时再开挖一定长度水平的梯形段沟，称为开段沟。深凹露天矿形成完整的梯形开段沟（见图1-2a），山坡露天矿形成不完整的梯形开段沟，称为单侧沟（见图1-2b）。

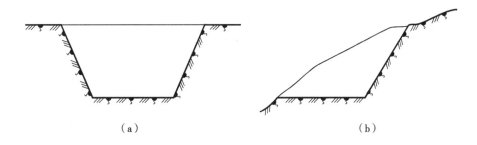

（a）　　　　　　　　　　　　　　　　　　（b）

图1-2　堑沟的断面形状

资料来源：中国砂石协会。

（二）露天采矿与地下采矿的对比

1. 根据矿床的埋藏条件，金属矿的开采方法可以分为以下三种

①露天开采。露天开采适用于矿床埋藏较浅，甚至出地表，矿床规模较大，需要以较大的生产能力来开采的矿体。露天开采只要将上部覆土及两盘围岩剥离，不需要大的井巷工程就可以开采有用矿石，且露天开采作业条件方便、安全程度高、作业环境好、生产安全可靠、生产空间不受限制，为大型机械设备的应用从而实行机械化作业创造了良好的条件。其开采强度大，劳动生产率高，经济效益好。

②地下开采。金属矿床地下开采适用于矿床规模不大，埋藏较深的矿体，它是通过挖掘大量的井巷工程接触矿体，并通过一定的工艺采出有用矿石。由于其作业空间狭窄，大型机械应用困难，生产能力受到限制，作业环境恶劣，需要通风、排水等系统，劳动生产率低，损失与贫化较大。

③其他方法开采。对赋存条件特殊的矿床，如砂矿、海洋矿床等，

可以采用水力采、采金船开采、海洋采矿、化学采矿等方法。

2. 露天开采和地下开采比较，具有下列优点

①建设速度快。露天矿由于作业条件好，能够采用大型机械化设备，所以生产效率高、生产工艺相对简单。建设一个大型露天矿一般需要 1~2 年时间。建设一个相同规模的地下矿，时间需要增加一倍。

②劳动生产率高。金属露天矿能采用大型、特大型高效率采挖机械，作业条件好，生产安全可靠，劳动生产率一般能达到地下开采的 3~5 倍。

③开采成本低。由于露天矿作业区范围大，能使用大型、特大型机械设备开采，因此劳动生产率高，从而使露天开采的成本较低，仅为地下开采的一半。但随着开采深度的增加，作业区范围的减小，成本会逐渐增大。

④矿石损失与贫化小。露天开采由于作业条件的改善，开采工艺简单，露天开采的矿石损失与贫化小，一般为 3%~9%，而地下开采一般为 5%~10%，甚至更大。由于损失与贫化减少，国家资源得到了充分利用，减少了选矿的处理量，相应地提高了经济效益。

⑤作业条件好，生产安全可靠。露天开采由于在阳光下作业，工作环境、温度、湿度易于控制，通风良好，安全性比地下开采有很大程度的提高，受到水灾、火灾、塌方的危险性减小，特别是对涌水量大、有自燃条件的矿床更为重要。

（三）露天采矿在全球经济中的地位

露天采矿在全球经济中占据重要的地位，它不仅为工业生产提供了大量的原材料，同时是许多国家经济发展的重要支柱产业。随着全球经济的发展和工业化进程的加快，对矿产资源的需求持续增长，露天采矿行业因此呈现出快速发展的态势。

露天采矿作为全球采矿业的重要组成部分，其市场规模在过去几年内持续扩大。根据 QYResearch 的研究统计，2023 年全球露天采矿

市场销售额达到了数十亿美元，预计到 2030 年将实现显著增长，年复合增长率（CAGR）保持在一定的百分比范围内（2024—2030 年）。这一增长趋势反映了露天采矿在全球经济中的重要地位及其对关键矿产资源供应的支撑作用。

全球露天采矿市场规模的增长得益于多个因素，包括全球基础设施建设的加速、新兴市场的工业化进程加速以及对矿产资源的持续需求，特别是对煤炭、铁矿石、铜矿石等关键矿产资源的需求。

（四）中国露天采矿行业建设历程

中华人民共和国成立之后，伴随着社会主义建设的前进步伐，中国露天矿山事业取得了巨大的成就。根据不同时期露天矿山的数量、产量、开采理论技术及工艺装备等发展指标，将我国露天矿山建设历程自 1949 年至今归纳划分为 4 个发展阶段，即起步恢复阶段（1949—1979 年）、快速发展阶段（1980—1999 年）、综合发展阶段（2000—2020 年）及智能化初级发展阶段（2021 年以后）。

1. 起步恢复阶段（1949—1979 年）

以阜新海州露天矿山及稍后的抚顺西露天矿山改扩建为标志，我国露天矿山建设进入起步恢复期，这一时期划定在中华人民共和国成立后到改革开放前的 30 年间。中华人民共和国成立后，经过 3 年国民经济恢复建设，国家统筹规划了第一个五年计划（1953—1957 年）。"'一五'计划共确定 3 处露天矿山项目，分别是阜新海州露天矿山、抚顺西露天矿山、抚顺东露天矿山"。伴随着"一五"计划的稳步推进以及原有露天矿山的恢复生产，1957 年我国露天矿山年产量高达 10.08Mt，其产量占当年煤炭总产量的 6.75%，相较于 1949 年露天原煤产量，提高了 213%。"一五"计划末期，全国共有露天矿山 20 多处，总设计产能 10.33Mt/a，至此，我国露天矿山事业步入了健康发展的轨道。

基于"一五"计划的建设成效，"二五"计划及 3 年调整期内

（1958—1965 年），国家陆续规划设计了哈密三道岭、义马北、可保、依兰、平庄西、公乌素、鹤岗岭北、布沼坝等露天矿山，同时对阜新海州露天矿山、抚顺西露天矿山进行了扩建与技术改造。相比于"一五"计划期间，露天矿山年产能约增加 8Mt，露天矿山数量增至 30 多处，总设计产能超过 17Mt/a。同时，露天矿山的分布范围也从辽宁逐渐扩展至河南、新疆、山东等地。随着露天矿山数量与生产能力的提升，1960 年我国露天年产量达到 24.62Mt。但由于前期开采导致采剥比失衡，加上当时技术制约，使"二五"期间全国露天煤炭产量连年降低，持续至"二五"计划末期（1965 年），全国露天产量陷入最低谷，国有重点露天矿山年产量仅有 4.22Mt，露天产量占全国煤炭总产量比例降至 1.8%。

1966—1979 年，"四五"计划陆续完成，伴随着平庄西、扎赉诺尔灵泉、云南可保、义马北、哈密三道岭、鹤岗岭北、海勃湾公乌素和石炭井大峰等露天矿的建成投产，全国露天煤炭产量开始回升，1966—1979 年，国有重点露天矿山年产量从 7.6Mt 增至 16.56Mt，提高了 118%。

在此阶段，中国露天煤炭产量经历了"起步发展—陷入低谷—逐渐恢复"3 个过程（见图 1-3），我国的露天矿山事业也在曲折中发展，在发展中调整，在调整中恢复，在恢复中巩固，在巩固中提高，为步入快速发展阶段奠定了良好的基础。

2. 快速发展阶段（1980—1999 年）

改革开放后，我国露天矿山建设进入快速发展阶段，以霍林河、伊敏、元宝山、黑岱沟、安太堡五大露天矿山建设投产为该时期的主要标志，时间集中在 1980—1999 年。

在改革春风的催生下，以"优先发展露天矿山"和"尽量打开大露天"的国家政策为指导方针，我国露天矿山建设进入快速发展期。通过引进大型露天开采设备、合作设计五大露天矿山、合作开发运营

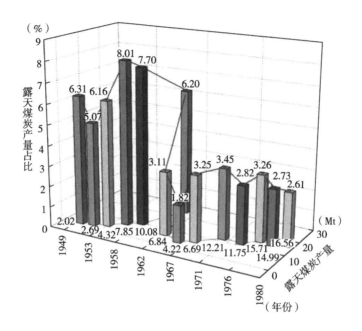

图 1-3 起步恢复阶段露天矿山年产量及占煤炭总产量比例

资料来源：煤炭学报。

安太堡露天矿等方式，极大推动了我国露天矿山的建设进程，有力促进了中西技术与建设理念的融合。这一时期我国露天矿山开采在技术上和建设规模上都取得了显著的成就。

1980 年，全国露天矿山年产能 0.3Mt 及以上的有 18 座，总设计生产能力达 21.30Mt/a，全国露天煤炭年产量 16.99Mt，占全国煤炭总产量的 2.7%；1985 年全国露天矿山年产量达到 25.32Mt，占全国煤炭总产量的 2.9%，正式超过 1960 年露天煤炭产量；1995 年全国露天煤炭年产量达 41.53Mt，占全国煤炭总产量的 3.2%（见图 1-4）。在此期间，我国与美国岛溪公司合作开发的特大型露天矿山——平朔安太堡露天矿山以及我国自主设计、自行施工的年产能 5Mt 以上的黑岱沟、崔林河南露天、小龙潭等 8 座大型露天矿山也陆续投产，总设计年产能高达 48Mt。

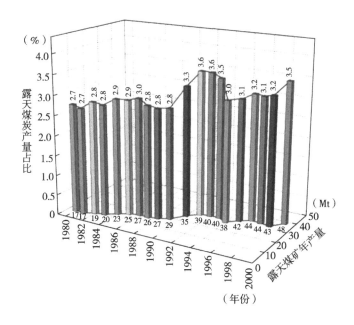

图 1-4 快速发展阶段露天矿山年产量及占煤炭总产量比例

资料来源：煤炭学报。

3. 综合发展阶段（2000—2020 年）

进入 21 世纪以来，随着市场经济和改革开放的深入，国民经济发展对能源需求激增，使露天矿山建设迎来了新的发展机遇。在注重生产安全、建设大型露天矿、提高煤炭资源回采率、绿色开采等政策背景下，我国露天矿山在产量规模、开采理论、开采工艺等方面均取得了突破性成就，时间集中在 2000—2020 年的 20 年间。

截至 2020 年，全国共有 4Mt/a 及以上的大型露天矿山 53 处，总产能 637Mt，其中千万吨级大型露天矿山 26 处，产能 493Mt，占全国露天产能的 51.9%。在产量方面，露天矿山年产量由 2000 年的 50Mt 增长至 2020 年的 800Mt，占全国煤炭总产量的比例由 4% 增长至 21%（见图 1-5）；在开采工艺方面，单斗—自移式破碎机—带式输送机—排土机工艺得到大力发展，拉斗铲工艺得到应用；在开采理论方面，

提出了现代露天矿山开采设计中确定经济合理采剥比的方法，建立了
露天绿色矿山理论，形成了具有中国特色的露天矿山综合评价体系。
同时，我国露天矿山行业在市场化改革、资源整合、安全整治、建设
大基地、绿色开采等方面均取得了创新性成就，形成了具有自身特点
的露天矿山技术体系。

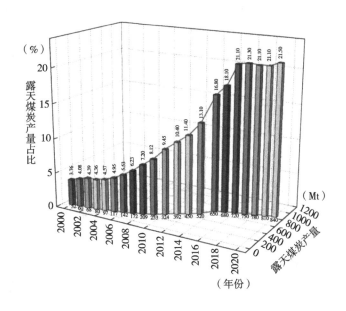

图 1-5　综合发展阶段露天矿山年产量及占煤炭总产量比例

资料来源：煤炭学报。

4. 智能化初级发展阶段（2021 年以后）

2020 年以来，随着国家发展改革委、国家能源局、应急部等八部
委联合发布的《关于加快煤矿智能化发展的指导意见》，中国煤炭工
业协会发布的《煤炭工业"十四五"高质量发展指导意见》，国家能
源局与国家矿山安全监察局发布的《煤矿智能化建设指南（2021 年
版）》等一批煤矿智能化建设法规的出台，露天矿山进入了智能化建
设的新阶段，目标是通过科技创新驱动开采技术、工艺装备和智能化

水平的整体提升，实现露天矿山安全、绿色、少人、高效发展。

2021年12月，国家能源局印发了《智能化示范煤矿验收管理办法（试行）》（国能发煤炭规〔2021〕69号），对确定的71个国家首批智能化示范煤矿的验收管理工作提供了要求和依据。同年，各煤炭大省（自治区）开始进行智能化煤矿验收工作，如截至2021年底，内蒙古自治区已经完成了12座大型露天矿山的智能化验收工作。

目前，我国露天矿山智能化建设工作主要围绕5G+多网络融合、大数据采集与分析、智能综合管控平台、边坡监测、三维地质模型构建、人员车辆安全监控、破碎站智能控制、带式输送机智能巡检、无人驾驶、智能钻爆、智能运输、智能装车、智能分选、固定岗位无人值守等方面为中心建设内容，在这些方面均取得了一定的进展。5处露天矿山入选国家首批智能化示范煤矿，约300台无人驾驶车辆在30余处露天矿山开展试验。上述一系列成就标志着我国露天矿山发展逐渐步入智能化建设阶段。

虽然露天矿山的智能化建设取得了许多成就，但从总体上看，大部分露天矿山的智能化建设工作重心都集中在信息化、可视化、无人化等方面，且大多露天矿山智能化工作都未将外委承包施工部分纳入建设范畴，而外委承包施工在我国露天矿山是普遍存在且占有较大比重的。由此可见，智能化与业务系统的融合深度还远远不够，尚停留在展示、辅助、备用阶段。与国外一体化、集成化矿山智能化应用相比，我国露天矿山智能化系统性、综合性程度相对较低，还处在探索和初级发展阶段。

回顾我国露天矿山建设历程，从1949—1979年的起步恢复阶段到2021年以后的智能化初级发展阶段，全国露天煤炭产能、产量大幅度增长，整体呈上升趋势（见图1-6）。露天煤炭产量从1949年最初的2.02Mt，增长到2022年的1057Mt，提高了520多倍，露天煤炭开采事业呈跨越式发展，为我国煤炭工业发展乃至中国工业大发展做出了突出贡献。

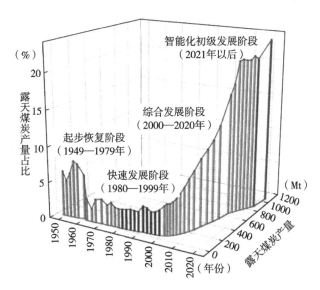

图 1-6　1949—2022 年露天矿山年产量及占煤炭总产量比例

资料来源：煤炭学报。

二、露天采矿行业面临的挑战

（一）资源枯竭与开采难度增加

1. 储量有限与消耗加速

矿产资源是地球经过长期地质作用形成的，其储量是有限的。随着全球经济的快速发展，对矿产资源的需求不断增加，导致资源消耗速度加快。露天采矿作为主要的矿产资源开采方式之一，其开采规模不断扩大，进一步加剧了矿产资源的消耗。

2. 优质资源逐渐枯竭

在长期的开采过程中，易于开采、品位高的优质矿产资源逐渐枯竭。随着开采深度的增加，矿石品位逐渐降低，开采成本不断上升。

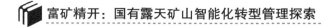

这不仅降低了企业的盈利能力，也增加了开采难度和风险。

（二）开采难度增加问题

1. 开采深度增加

随着地表和浅部矿产资源的逐渐枯竭，露天采矿不得不向深部发展。开采深度的增加不仅增加了开采成本，也带来了更多的技术难题和安全风险。例如，深部开采需要解决高地应力、高温、高湿等复杂地质条件带来的问题。

2. 地质条件复杂

露天采矿面临的地质条件往往十分复杂，包括岩石硬度、节理发育、断层破碎带等。这些复杂的地质条件增加了开采难度和成本，同时对开采安全构成了威胁。在开采过程中，需要采用更加先进的技术手段和设备来应对这些挑战。

3. 环境保护要求提高

随着全球环保意识的增强，对露天采矿行业的环境保护要求也不断提高。开采过程中产生的废弃物、废水、废气等都需要进行严格的处理和控制，以避免对周边环境造成污染。

4. 社区关系与土地征用

露天采矿通常需要占用大量的土地，往往涉及与当地社区的关系和土地征用问题。随着土地资源的日益紧张，土地征用成本不断上升，同时需要更加注重与当地社区的沟通和协调，以避免因开采活动引发的社会矛盾和冲突。

（三）环境保护与生态修复压力

1. 地表破坏与植被损失

露天采矿活动最直接的影响是对地表土壤的剥离和自然植被的破坏。露天矿山在进行土石方剥离作业时会改变土地原有结构，造成植被覆盖层被破坏和生物量下降。

2. 水污染与生态影响

露天采矿过程中产生的废水、废渣等若处理不当，会对周边水体造成污染。这些污染物包括重金属、悬浮物、油类等，它们通过地表径流或渗透进入水体，危害水生生物的生存。此外，矿区内的生产生活用水如果不经过严格处理就排放，也会对下游湿地、河流等生态系统造成一定程度上的损害。

3. 粉尘污染

露天采矿活动中，矿石的开采、运输、加工等环节往往会产生粉尘，不仅会对矿区的作业环境造成影响，影响设备运行稳定性，还会产生扬尘对大气造成污染。

4. 土壤侵蚀与土地退化

露天采矿过程中的大量开挖和运输活动，以及矿区的废弃和闲置，可能导致土壤侵蚀和土地退化、土层变薄、肥力下降，引发水土流失等自然灾害。

5. 增加了生物多样性保护压力

露天采矿活动对生物多样性的保护构成了巨大挑战，采矿活动破坏了原有土表结构，对动植物的生存和繁衍造成一定程度的影响，而且采矿过程中的噪声、污染等因素也会对野生动植物造成直接或间接的影响。

6. 生态修复与重建的挑战

面对上述种种环境问题，露天采矿行业必须进行生态修复和重建工作。然而，这项工作面临着诸多挑战。首先，修复技术复杂多样，需要根据不同的生态环境问题制定具体的修复方案。其次，修复过程需要投入大量的人力、物力和财力，且修复效果难以在短时间内显现。最后，修复后的生态系统稳定性和可持续性仍需进一步研究和评估。

综上所述，露天采矿行业面临着严峻的环境保护与生态修复压力。为了减轻这些压力并实现可持续发展，行业必须采取一系列有效措施，包括加强环保法规建设、推广先进环保技术、加强环境监管和执法力度、加强生态修复和重建工作等。只有这样，才能确保露天采矿行业在推动经济社会发展的同时，不断改善和保护生态环境。

（四）安全生产与职业健康问题

露天采矿行业作为高风险行业之一，面临着严峻的安全生产与职业健康问题。这些问题不仅关系到矿工的生命安全和身体健康，也直接影响到企业的可持续发展和社会的和谐稳定。

1. 安全生产问题

①爆破作业风险。爆破作业是露天采矿中必不可少的环节，但也是风险最高的作业之一。爆破过程中，如果操作不当或管理不严，会引发爆炸事故，造成人员伤亡和财产损失。此外，爆破产生的冲击波、飞石等也可能对周边环境和设施造成破坏。

②边坡稳定问题。随着采矿活动的进行，露天矿坑的边坡高度不断增加，边坡稳定性问题日益突出。边坡失稳可能导致滑坡、坍塌等事故，严重威胁矿工的生命安全。因此，加强边坡监测和维护，确保边坡稳定是露天采矿安全生产的重要任务。

③机械设备故障。露天采矿过程中需要使用大量的机械设备，如挖掘机、装载机、运输车辆等，设备在长时间运行过程中容易出现故障，如果不及时维修或更换，可能导致设备倾覆、失效等安全事故。

④电气安全隐患。露天采矿现场电气设备众多，若发生电气线路老化、绝缘破损或操作不当，可能引发电气火灾或触电事故。此外，雷电等自然灾害也可能对电气设备造成损害，引发安全事故。

2. 职业健康问题

①粉尘危害。露天采矿过程中会产生大量的岩石粉尘、煤尘等有害物质。工人长期暴露在高浓度的粉尘环境中，易引发尘肺病、慢性支气管炎等呼吸系统疾病。因此，加强粉尘治理，采取湿式作业、密闭尘源等措施，降低粉尘浓度是保护工人健康的重要措施。

②噪声污染。露天采矿现场机械设备众多，噪声污染严重。长期

暴露在高强度噪声环境中，工人易出现听力损伤、神经衰弱等问题。因此，应采取隔音措施、佩戴防噪耳塞等防护用品，减少噪声对工人的危害。

③高温作业问题。露天采矿作业多在户外进行，夏季高温天气下作业环境恶劣。工人长时间暴露在高温环境中，易出现中暑、热射病等疾病。因此，应合理安排作业时间，采取降温措施，如设置遮阳棚、提供清凉饮料等，保障工人的身体健康。

④其他职业病危害。除了粉尘、噪声和高温外，露天采矿还可能存在其他职业病危害因素，如化学毒物、放射性物质等。这些有害物质可能对工人的身体造成长期损害。因此，应加强职业病危害因素监测，合理布局作业场所，加强个人防护和健康教育，确保工人的身体健康。

三、我国露天采矿行业高质量发展展望

（一）露天采矿行业高质量发展架构体系

在不同历史阶段，露天矿山建设的主要目标一直伴随国家经济建设的发展而不断变化。在起步恢复阶段（1949—1979 年），国家经济处于复苏和稳步发展阶段，露天矿山建设的主要目标为"产能恢复"；在快速发展阶段（1980—1999 年），国家经济处于快速增长时期，露天矿山建设的主要目标也逐渐转化为"高产高效开采"；在综合发展阶段（2000—2020 年），随着国家对环保的重视程度越来越高，露天矿山建设的主要目标也逐渐转化为"安全、高效、环保"；进入智能化初级发展阶段（2021 年以后）以来，在国家"双碳"战略的指引下，煤炭作为我国主体能源，按照绿色低碳的发展方向，对标实现"碳达峰、碳中和"目标任务，推进煤炭消费转型升级。同时，随着露天矿山建设的持续推进，预计到"十四五"期末，露天矿山总产量占全国煤炭总产量的比例将超过 25%，到"十五五"

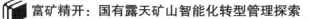

期末，将达到30%以上。[①] 因此，在创新、协调、绿色、开放、共享的国家新发展理念下，我国露天矿山也应积极构建以"安全、高效、绿色、低碳、智能"为总体目标的全链条、全周期、全要素高质量发展新体系。

1. 坚守底线思维，推动露天矿山全链条安全高效发展

经多年发展，我国露天矿山企业的安全保障能力有了显著提升，2022年命名的101处安全高效露天矿山，全部实现安全生产"零死亡"。但同时面临着安全生产理念不牢固、安全管理体系不完善、安全技术措施不健全等现实问题。随着赋存条件趋于复杂、多重灾害并存与安全生产作为首要位置的矛盾凸显，需强化露天矿山安全监测预警，提高防灾减灾救灾能力；严格落实露天矿山安全生产规定，有效防范和化解生产过程中的滑坡、土地破坏、水体污染、大气污染、地质灾害等生态环境风险；强化煤矿开采全链条中的安全生产和风险管控，加强环境安全和地质灾害治理，切实提高煤矿安全保障能力。

2. 促进生态文明，践行露天矿山全周期绿色低碳发展

加强"采剥、运输、排弃、复垦"一体化科学优化设计，完善矿区生态补偿机制，从规划设计、开发利用、闭坑转型等全生命周期系统抓好生态治理，重点抓好生态脆弱区和黄河流域等重要生态功能区的生态治理。加快推动煤炭清洁高效发展，实现高碳能源低碳化利用。要立足我国煤炭消费结构实际情况，推动煤炭洗选加工和分级分质梯级利用，加强商品煤全过程质量跟踪检测与管理，加强煤炭利用与转化效率研究。贯彻新发展理念，坚持降碳、减污、扩绿、增长协同推进。完善矿区的节能减排标准，鼓励开发并综合利用余热、余压、节水、节电等综合利用节能项目，加强生产和生活区域的绿色化改造，探讨制定能耗预算管理制度。

---

① 数据来源：《露天煤矿高质量发展指导意见》（中煤协会行调〔2023〕29号）。

3. 激发创新动力，驱动露天矿山全要素智能发展

露天矿山当前处于智能化初级发展阶段，以无人驾驶矿用卡车为代表的智能装备发展迅速，但仍处于技术探索和试点试验阶段，未能形成规模化应用。未来应继续加大科研投入，加强技术创新，进一步丰富智能化应用场景。同时智能矿山建设方面还处于独立的模块智能化，矿山智能化运行缺乏系统性。智能化作为新兴的专业交叉领域，缺乏针对矿业特殊场景下业务关联信息以及缺乏矿业、计算机、自动化等交叉专业学科领域经验共享的知识体系。

（二）露天矿山高质量发展实现路径

规划引领是露天矿山高质量发展的基础，我国露天煤炭资源禀赋条件相对复杂，发展不平衡、布局不合理等问题相对突出，必须强化规划引领与顶层设计，这是露天矿山高质量发展的基础。

1. 优化露天矿山建设布局，加强产业顶层设计

统筹考虑国家矿区布局规划、基础设施建设、相关产业发展布局等，明确各地区的露天矿区开发重点和发展方向；基于不同地区矿山需求与资源分布情况，优化矿权设置布局，合理分配矿权，减少因人为划界造成的矿山资源损失，确保露天矿山资源的高效利用；围绕建设优质产能和淘汰落后产能两大任务，进行减量置换和优化布局，严格控制新建煤矿的准入，优先建设特大型、大型露天矿山，加大淘汰落后产能的力度，支持资源枯竭露天矿山有序退出；深入了解露天矿山资源的分布、质量和开采条件，科学评估露天矿山资源的可采储量，明确大型露天矿区的生产潜力。根据市场需求变化调整生产计划，调控露天矿山开采产能，建立露天矿山弹性生产机制，确保矿山资源弹性供给、市场供需平衡。

2. 调整露天矿山产业结构，深化煤矿企业改革

加快露天矿山产业结构优化升级、提升优质先进产能比重。充分发挥煤炭资源优势，聚焦煤电、煤化工、煤基新材料等领域，深度推

动露天煤炭产业强链、补链、延链，提高露天煤炭产业链条的发展水平，实现露天煤炭产业的全面升级；鼓励露天矿山企业主体加强合资、合作或兼并重组，促进资源整合和优势互补，提高企业的市场竞争力和效益水平；继续深化国有煤炭企业改革，积极支持企业做大、做强、做精、做优，增强企业的创新能力和适应能力，拓展露天矿山企业内涵式增长的质量和效益。

3. 完善露天矿山规程标准，规范行业健康发展

对照露天矿山从初步设计、开工建设、生产运行直至闭坑退出的各环节要素，全面评估当前露天矿山建设的相关规程标准，厘清存在的问题和不足，对比分析国内外露天矿山规程标准的差异，借鉴先进的理念和技术，明确完善规程标准的方向和重点；通过对露天矿山相关规程标准的修订与完善，实现规程标准在露天矿山建设全生命周期的全覆盖；在规程标准的实施过程中，要持续跟踪监测实际效果，及时进行调整和改进，确保规程标准的适用性和有效性；同时持续关注露天矿山行业的动态变化和新技术发展，及时对标准规范进行调整和优化，以适应不断变化的市场需求和行业发展趋势。

（三）科技创新是露天矿山高质量发展的驱动力

工业低碳转型和高质量发展的双重压力对露天开采行业的科技创新工作提出了更高要求，加强以信息化、大数据、绿色化、智能化等为特征的原始科技创新是露天矿山高质量发展的驱动力。

1. 完善科技创新机制体系，构建科技创新的制度氛围

强化科技创新的市场导向机制，建立以解决露天矿山企业实际生产需求为导向的产学研用深度融合的科技创新体系；优化科技创新决策机制，充分发挥科学家主导创新的决策作用；完善科研项目管理机制，积极探索适合露天矿山行业健康发展的"揭榜挂帅"等新型科研项目管理模式。

2. 发挥企业创新主体作用，加大科研投入力度

露天矿山企业需建立以科技创新为导向的发展机制，不断加强自

身创新能力建设，主动开展全球性的产业创新布局，将科研创新作为重要的资产进行管理；改变创新模式，从单一的技术创新模式向模仿创新和自主创新的协同共用模式转变。同时，露天矿山企业还应加大科研经费投入力度，持续加强科研平台建设和运行经费支持，建立长期稳定支持原创性基础研究、应用基础研究、产业化前期研究、技术标准制修订研究等研发方向的专项资金投入机制。

3. 加强行业创新协调联动，加快关键核心技术攻关

聚焦露天开采中的重大灾害防控、高效智能开采、核心装备制造、绿色低碳发展等领域的重大基础理论、应用基础理论和关键核心技术的迫切需求，加强露天矿山行业内的创新协调联动机制，科学布局重点攻关方向，全方位加大对重点攻关方向的政策、资金、人才、设施等方面的支持力度，重点实施一批具有原始创新和战略前瞻性的长周期、高风险、非共识、颠覆性的重大基础研究项目，圈定基础研究团队，打造原创技术策源地。

（四）人才培育是露天矿山高质量发展的保障

针对目前露天矿山行业人才短缺、人才素质不高及发展不均衡等问题，扩大培养规模、创新培养模式、完善培养机制是实现露天矿山行业高质量发展的必要保障。

1. 扩大培养规模，增加露天矿山专业技术人才数量

从国家层面，应加大对露天采矿相关专业高等教育的支持力度，同步加强师资力量及教学平台建设；从教育主管部门层面，应深化教育体制改革，重视多学科交叉融合发展，优化调整露天矿山相关专业设置，扩大招生规模，增加本科及研究生等高层次专业人才的招生数量；从社会层面，应该积极进行引导，广泛宣传露天矿山行业优秀人才典型和先进事迹，打造高度重视人才的良好氛围，吸引更多优秀人才加入露天矿山行业。

2. 创新培养模式，提高专业技术人才质量

增强高校创新人才的培养功能，鼓励高等院校充分了解露天矿

山企业的人才需求，以新工科建设为载体，进一步做好学科建设工作，推动校企共同制定人才培养方案，强化产教研融合，创新培养模式，建设校企合作协同育人平台和运行机制；增强职业院校和培训机构技能人才的培养功能，充分调动职业院校和培训机构等资源，服务露天矿山人才培养；增强企业实用人才的培养功能，推动露天矿山企业完善培训体系，依托企业创新培训模式，通过多种途径进行在职人员知识更新、专业技能和实用技能培训，提升人才培训质量。

3. 完善培养机制，促进行业高层次人才可持续发展

完善露天矿山行业人才评价标准体系建设，推动跨区域和跨企业职称互认、职业和职称资格贯通，建立各类人才能力素质标准，分层分类建立各类人才考核评价办法，推动优化人才薪酬分配和激励机制，引导企业形成行之有效的激励措施，激发人才动力、释放人才活力；露天矿山全行业要强化高层次人才培养意识，积极响应国家重大科技人才实施计划，充分落实对国家人才的配套支持政策，培养一批具有国际影响力的露天矿山行业领军型人才，从而带动整个行业的人才队伍建设，为露天矿山高质量发展提供有力的人才保障。

第二节　"富矿精开"政策背景

一、政策提出的背景

铝土矿是铝及铝合金材料、制品的原材料，是支撑国民经济发展的重要基础。贵州铝土矿资源丰富，开发利用历史悠久，已初步形成

铝及铝加工产业链。为深入贯彻习近平总书记视察贵州重要讲话精神和《国务院关于支持贵州在新时代西部大开发上闯新路的意见》（国发〔2022〕2号）（见图1-7），贵州发布了《中共贵州省委、贵州省人民政府关于强力推进"富矿精开"加快构建富有贵州特色现代化产业体系的意见》（黔党发〔2024〕6号），要求在"富矿精开"中发展新质生产力，充分发挥贵州省铝土矿资源比较优势，推动铝及铝加工产业转型升级，加快构建现代产业体系，奋力实现工业大突破，促进经济高质量发展。

图1-7　《国务院关于支持贵州在新时代西部大开发上闯新路的意见》

（一）贵州省铝土矿发展现状

1. 资源丰富、分布集中

贵州省是中国铝土矿集中产区之一。2023年公布的储量年报显示，贵州省铝土矿保有资源量达1160Mt，仅次于山西、广西，位居全国第三位。全省铝土矿集中分布在清镇—修文、务（川）正（安）道（真）、播州—开阳—瓮安、凯里—黄平—福泉以及龙里等地区，其中前三个地区保有资源量约为1064Mt，占全省总量的92%。铝土矿品位一般为60%～70%，铝硅比一般为4～24，多为Ⅱ、Ⅲ级品位，共（伴）生矿产有赤铁矿、菱铁矿、硫铁矿、耐火黏土、镓、锂、钪、稀土等，总体矿石质量尚好。

2. 地质勘查程度高、找矿潜力大

贵州省铝土矿保有资源量中达勘探程度的有760Mt，占65.5%；达详查程度的有206Mt，占17.78%；达普查程度的有193Mt，占16.64%。全省预测铝土矿资源潜力达1412Mt，除已查明的资源外，尚有找矿潜力超160Mt。

3. 资源供给保障充足

截至2023年年底，贵州省已设置铝土矿有效矿业权148个，主要分布在贵阳市、遵义市、黔南州，保有资源量为868Mt（占全省总量的74.5%）。其中，采矿权88个，保有资源量为650Mt；探矿权60个，保有资源量为218Mt。尚未配置的资源量为297Mt，除去各类保护地和建设项目压覆的资源量，剩余可利用资源量为90Mt。采矿权资源配置中，配给省属国有企业6个，资源量为63Mt，占比9.69%；配给央企19个，资源量为276Mt，占比42.46%；配给民营企业63个，资源量为311Mt，占比47.85%。按2.3吨矿石生产1吨氧化铝计算，现有氧化铝产能每年消耗铝土矿1.22Mt，铝土矿资源保障充足。

4. 产业发展基础较好

依托铝土矿资源优势，贵州省铝及铝加工产业已形成勘探、采矿、冶炼、加工为一体的产业体系。现有中铝、西南能矿、遵义铝业、成黔集团、国电投、广铝（民营企业）、贵州其亚（民营企业）等铝土矿勘探企业29个、采矿企业69个，铝土矿产能25Mt/a；氧化铝生产企业5家，产能5.3Mt/a；电解铝生产企业6家，产能1.78Mt/a；铝加工企业45家，铝加工产能0.68Mt/a；另有再生铝产能0.6Mt/a。2022年，贵州省铝行业总产值达556亿元，占基础材料总产值的34%。

（二）贵州省铝土矿发展存在的问题及制约因素

1. 在精确探矿方面

一是基础地质工作相对薄弱，现有的地质找矿理论、技术、方法未能完全满足"攻深找盲"探矿需求，找矿空间小、难度大。二是找矿激励机制有待完善、财政投入还需加强，商业找矿积极性较弱，地勘单位改革推进较慢，人才队伍建设和勘查技术装备不能满足精确探矿需求。三是部分已设探矿权长期以来勘查投入不足，勘查进展缓慢，已设矿业权外围零星及夹缝资源闲置浪费，资源优化整合开发力度不足。

2. 在精准配矿方面

一是存量资源需要进一步盘活。部分国企掌握大量优质资源，其依靠转让矿业权维持运营，导致资源流向不具备就地转化或深加工的企业；部分民营矿山停产停建，导致资源闲置。二是部分资源配置方式尚停留在老传统、老观念上，简单理解就是，配置矿业权时未统筹考虑不同铝产业对原矿产品、初级产品等资源的不同需求。矿山企业与上中下游产业企业之间需要建立有效的供需协作平台，形成经济高效的本地供应链，而中下游加工企业由于受制于上游原材料供应，纷纷提出矿业权配置要求，但矿产资源勘查开采并非其所长。

3. 在精细开矿方面

一是贵州省大中型矿山相对较少，规模化开采程度较低；0.3Mt以下的小型矿山产能约占全部产能的35%，涉及52家民营企业，需要进一步整合利用，优化开发布局。二是电解铝产能缺口大。电解铝产能指标由国家管控，实行总量控制，贵州省氧化铝产能尚未就地转化为电解铝，要实现完全转化，尚待解决1.2Mt电解铝产能指标，目前只能通过市场交易实现，而当前市场竞拍中电解铝企业竞争激烈、价格虚高。三是铝材加工竞争力弱。贵州省铝材年加工能力仅1Mt左右，2022年产量仅为32.44万吨，折算电解铝产量就地转化率仅为23%。铝材加工产品中铝棒、铝板等初级产品上，占90%以上，产品技术含量低，品牌建设滞后，在与省外广东凤铝等大型企业集团竞争时处于弱势。

4. 在精深用矿方面

一是选冶技术长期没有突破，铝土矿共（伴）生的锂、钪、稀土等有效利用率相对较低，影响相关精深用矿产业链延伸，经济价值未能显现。二是高硫铝土矿约占 50%，占比较高，对铝资源利用造成不利影响；中低品位矿尚未充分得到综合利用，资源利用效益不高。三是采矿固体废弃物、赤泥无害化资源化利用率较低，环境保护压力大。2022 年，贵州省内赤泥产生量约 0.9Mt，累计堆存量已超 48Mt，占用大量土地资源，存在较大的生态环境污染隐患。

（三）贵州省铝土矿发展前景

当今世界正在经历百年未有之大变局，地区冲突加剧了地缘政治紧张局势，全球通货膨胀背景下产业链、供应链动荡加剧，铝土矿资源总体供强需弱，供需缺口大幅缩小。2022 年，全球铝土矿贸易量达 150Mt，同比增长 17%；电解铝产量达 68.3Mt，同比增长 1.75%；消费量达 68.5Mt，同比下降 0.8%；电解铝供应缺口为 0.20Mt。中国铝供给和消费均居世界首位，约占全球的 59%，总体为增长态势。2022 年，进口铝土矿达 125Mt，占全球贸易量总量的 86%，同比增长 17%，创历史新高，对外依存度居高不下；电解铝产量达 40.21Mt，同比增长 4.5%；消费量达 40.69Mt，同比增长 0.3%，供应缺口为 0.47Mt。因此，在"以中国国内大循环为主体、国内国际双循环相互促进"的新发展格局中提升铝土矿资源安全保障能力和控制力、立足国内加大铝土矿勘查开发力度、夯实铝土矿"富矿精开"的资源基础、提高国内资源保障能力，显得更加急迫更加紧迫。

1. 从供给侧的角度看

我国铝土矿长期依赖进口，供给居世界首位，资源保障形势十分严峻。贵州省铝土矿资源丰富，铝产业上下游产业链较为齐全，具备推动产业转型升级、实现集群集聚发展的基础和条件，因此，推进铝土矿"富矿精开"，依托铝土矿资源禀赋和产业基础，加大铝制轻量化材料、中高端合金制品等研发与生产，强化产业配套和生产供应能力建设，完善铝产业链条，培育铝精深加工产业集群，是贵州省经济社会高质量发展的现实需求，对国家铝土矿资源安全保障意义重大。

2. 从需求侧的角度看

我国铝土矿消费量巨大，长期居世界首位，总体呈增长态势。近年来，随着我国产业结构调整以及新能源行业的快速发展，对铝土矿资源的需求量不断增长。贵州省依托铝土矿资源优势，立足新发展阶段，贯彻新发展理念，构建新发展格局，着力建设国内重要铝精深加工基地，提高铝精深加工能力，培育打造"技术先进、效益突出、高效利用、环境友好"的特色优势产业集群。因此，推进铝土矿"富矿精开"，提高勘查程度，突破开采、选冶技术难题，提高资源利用效率，降低开发利用成本，把资源量转化为储量，提高资源保障程度，有效保障产业发展需求是贵州省经济发展的关键。

3. 从政策环境的角度看

国家深入实施"一带一路"倡议，以及长江经济带、成渝双城经济圈与粤港澳大湾区等发展战略，综合交通物流体系的逐步完善，为贵州省培育铝及铝精深加工产业集群营造了良好的环境。2022年1月，国务院出台《国务院关于支持贵州在新时代西部大开发上闯新路的意见》（国发〔2022〕2号），精准定位贵州高质量发展方向，支持贵州省打造全国重要的资源精深加工基地和新能源动力电池及材料生产研发基地，为实现贵州省铝土矿"富矿精开"、构建富有贵州特色现代化产业体系提供了良好的政策支持。

综上所述，随着铝及铝加工产业链的不断完善，贵州省发挥铝土矿资源比较优势，健全探矿配矿机制，提高铝土矿资源要素保障，产业发展潜力及前景十分广阔。实施铝土矿"富矿精开"、奋力推动铝及铝加工产业上中下游深度融通协同发展、培育铝资源精深加工产业集群、实现现代工业高质量发展，符合贵州实际、符合发展需要、符合客观规律，具有十分重要的战略意义和现实意义。

二、"富矿精开"的概念与意义

（一）"富矿精开"的概念

"富矿精开"是指依托贵州省丰富的矿产资源优势，通过精确探矿、精准配矿、精细开矿、精深用矿等关键环节，实现矿产资源的高效、集约、绿色开发利用，推动矿业高质量发展，进而为地方经济社会发展提供坚实支撑。这一战略旨在将贵州省的资源优势转化为产业优势和经济优势，促进经济转型升级和可持续发展。

（二）"富矿精开"的意义

1. 推动高质量发展

"富矿精开"是贵州省实现高质量发展的关键一招。通过精准开发和高效利用矿产资源，贵州省能够加快构建现代化产业体系，提升产业链水平，增强经济发展的内生动力。这有助于推动贵州省经济从依赖传统资源型产业向多元化、高附加值产业转型，实现经济结构的优化升级。

2. 保障国家能源资源安全

矿产资源是经济社会发展的重要物质基础，其勘查开发事关国计民生和国家安全。贵州省作为矿产资源大省，通过"富矿精开"战略的实施，能够进一步提升矿产资源的开发利用水平，为国家提供稳定可靠的能源资源保障。这对维护国家能源资源安全、促进经济社会平稳发展具有重要意义。

3. 促进绿色低碳发展

"富矿精开"强调绿色开采和环境保护，要求在矿产资源开发过程中注重生态保护和环境修复。通过采用先进的开采技术和环保措施，减少开采活动对生态环境的破坏和污染，实现矿产资源开发与生态环境保护的协调发展。这有助于推动贵州乃至全国实现绿色低碳发展，构建生态文明社会。

4. 提升资源利用效率

"富矿精开"的核心在于"精开"，即通过精确探矿、精准配矿、精细开矿、精深用矿等手段，提高矿产资源的利用效率，从而有助于减少资源浪费和损失，提高资源综合回收率，实现矿产资源的最大化利用。同时，通过精深加工和产业链延伸，可以进一步提升矿产资源的附加值和市场竞争力。

5. 促进区域协调发展

"富矿精开"战略的实施不仅有利于贵州省内各地区的协调发展，还能够带动周边省份和地区的经济合作与协同发展。通过加强区域间的资源共享和优势互补，推动区域产业链、供应链、价值链的深度融合和协同发展，实现区域经济的共同繁荣。

6. 推动科技创新与产业升级

"富矿精开"要求加强科技创新和产业升级，通过引进和培育先进技术和管理经验，提升矿产资源的开发利用水平。这有助于推动贵州矿业领域的技术进步和产业升级，提升矿业企业的核心竞争力和市场占有率。同时，科技创新还能够为矿业领域带来新的增长点和发展机遇，推动行业向更高水平发展。

7. 增强可持续发展能力

"富矿精开"战略的实施有助于增强贵州省的可持续发展能力。通过实现矿产资源的高效、集约、绿色开发利用，贵州省能够减轻和减少对传统资源的依赖和消耗，降低生态环境压力，提升经济发展的质量和效益。同时，通过推动经济转型升级和产业结构优化升级，贵州省能够进一步增强经济发展的内生动力和韧性，为长期可持续发展奠定坚实基础。

三、"富矿精开"的核心内容

（一）精确探矿

精确探矿是指，利用先进的勘探技术和设备，对贵州丰富的矿产资源进行精确勘探和评估。通过加强地质勘查和矿产资源调查评价工作，摸清资源家底和分布规律，为合理开发和利用矿产资源提供科学依据。

（二）精准配矿

精准配矿是指，根据市场需求和资源条件，制定科学合理的配矿方案。通过优化资源配置和供给结构，实现矿产资源的精准配给和高效利用；同时，加强矿产资源的综合利用和循环利用工作，提高资源综合回收率和利用效率。

（三）精细开矿

精细开矿是指，采用先进的开采技术和装备，实现矿产资源的精细开采和高效利用。通过加强开采过程中的安全管理和环境保护工作，减少开采活动对生态环境的破坏和污染；同时，加强矿山地质环境保护和生态修复工作，实现矿产资源开发与生态环境保护的协调发展。

（四）精深用矿

精深用矿是指，推动矿产资源的精深加工和产业链延伸。通过引进和培育先进技术和管理经验，提升矿产资源的加工利用水平和附加值；同时，加强产业链上下游的协同发展和深度融合工作，推动形成完整的产业链条和产业集群效应。

四、"富矿精开"的实施路径与举措

（一）大力开展精确探矿，全面提升矿产资源保障能力

1. 强化矿产资源规划管控

做好矿产资源规划衔接，实施差别化管理，留足重要优势矿产资

源找矿和开发空间，确保国土空间、产业发展及生态环境、林业、饮用水源、军民融合、国防动员、战略物资储备等规划与矿产资源勘查开发利用相协调。抓好矿产资源总体规划、能源发展规划和矿区总体规划的编制、修编和实施，强化刚性约束，促进规划精准落地。

2. 加快实施新一轮找矿突破战略行动

加大财政投资支持力度，落实新一轮找矿突破战略行动年度计划部署，开展贵州省铝土矿资源专项调查评价。

（二）强化精准配矿，全面提高产业发展资源有效供给

1. 规范资源配置全过程管理

坚持"按产业定资源，以资源兴产业"的原则，完善矿业权交易制度。严格按照矿产资源规划、国土空间规划和用途管制要求，依据地方经济发展和矿业权市场需求，科学调控矿业权投放总量、结构、布局和时序；支持各类市场主体参与矿业权竞争性出让，鼓励直接以铝土矿为主要原料的铝及铝加工产业链主企业或头部企业通过市场竞争获取矿业权；支持对铝土矿共（伴）生资源利用、脱硫工艺等关键技术实现突破的企业依法依规获得矿业权；围绕铝及铝加工优势产业集群布局，新探明的铝土矿资源依法依规优先配置给省内以铝土矿为主要原料的铝及铝加工产业链主企业或头部企业。借鉴磷资源集中采购供给平台的试点经验，探索搭建铝土矿资源集中采购供给平台，积极统筹推进不同铝产业对铝土矿资源的需求，规范铝土矿市场秩序，发挥国有企业资源优势和统筹能力，推动优质矿产资源向"链主企业"、头部企业集中，达到前端资源掌控开发、后端产业放开合作的效果，合理规划布局，防止盲目扩张，进一步增强招商引资的议价能力。

2. 科学合理配置零星资源

基于矿山安全生产和矿业权设置合理性要求，需利用原有生产系统进一步勘查开采矿产资源的已设铝土矿采矿权深部或上部、周边、

零星分散资源，以及属同一主体（含不同主体重组为同一主体的）、相邻矿业权之间距离300米左右的夹缝区域，可直接以协议方式出让探矿权或采矿权。申请协议出让还应具备以下条件：一是正常生产矿山；二是纳入绿色矿山建设目录；三是未被失信联合惩戒。支持中铝、广铝等企业对所属矿山周边的"边角"资源、"夹缝"资源进行整合开发。到2025年，整合交易零星资源量达700Mt以上。

3. 培育完善矿业权二级市场

促进矿业权合理、合法、有序流转，吸引更多有技术、有能力、有意愿的市场主体获得矿业权。强化对国有铝土矿矿业权转让的监督管理：国有矿业权转让须经国有资产主管部门同意。

（三）有序推进精细开矿，规范矿产资源管理

1. 严格铝土矿矿山建设项目核准（备案）

铝土矿矿山开采新建、改/扩建项目应符合相关产业政策要求，并督促、监督执行。务正道地区开采最低准入规模不低于0.5Mt/a，且原则上应配备脱硫生产工艺装置；黔中及其他地区不低于0.2Mt/a。矿山开采规模小于最低准入规模的矿山企业，限期三年内整改，到期整改仍达不到要求的，应责令其关闭。

2. 优化开采布局促进规模开发

进一步优化清镇—修文、凯里—黄平以及播州地区矿山结构和布局，由市（州）人民政府编制铝土矿优化重组实施方案，对适宜整体开发的单个矿体（矿床）原则上由一个市场主体开发；影响大矿统一规划开采的小矿，能够与大矿进行整合开发的，支持大矿采取合理补偿、整体收购或联合经营等方式进行整合重组，引导存量矿产资源向链主企业集聚。依据矿体赋存情况，科学合理划分矿业权，支持现有矿业权分立、整合，合理布局，科学采矿，简化矿业权分立、整合办理手续。支持中铝、广铝、国电投等优强企业通过股权投资、收购等方式兼并重组和整合技改开采方法及技术装备落后、资源利用水平低

的中小型矿山，有序推进大中型矿区建设和绿色矿山建设，提高铝土矿资源开采集中度，加快释放优质产能。

3. 严格规范矿山企业开采行为

制定贵州省铝土矿专项清理整顿方案，对长期停工停产、资源枯竭、灾害严重且难以有效防治的矿山，积极引导其退出，严厉打击"以探代采"等非法行为；推进矿区智能安全监控系统的研发和应用，矿山企业健全以安全风险分级管控和隐患排查治理双重预防机制为核心的安全生产标准化管理体系，严格开展风险辨识评估并实施分级管控，定期开展全员全覆盖隐患排查治理，建立风险隐患台账清单，实行闭环管理；露天采场及排土场边坡高度大于100米的，应当逐年进行边坡稳定性分析。支持构建工业互联网架构与采矿作业系统架构，以及制定信息与通信技术标准、铝土矿开采行业的安全技术规范、数字技术生态和传统行业生态融合统一标准。支持中铝、国电投企业应用数字技术创建智能化铝土矿矿山；以示范项目为引领，打破技术边界，开放式创新，推动数字技术与矿企生产经验、装备技术、矿山场景深度融合，开展矿山技术及装备数字化转型升级。到2030年，力争建成2座智能化矿山。

4. 提高铝土矿综合利用率

积极开展中低品位铝土矿及共（伴）生资源（镓、钪、锂及稀土）工业指标论证。支持相关企业利用中低品位铝土矿作为原材料生产耐火材料、磨料磨具等。积极推进贵州省省内外铝土矿及共（伴）生资源高效利用关键技术研发成果转化，提高铝土矿中的镓、钪、锂及稀土等资源的综合利用率，鼓励目前没有进行共（伴）生资源回收的企业，有序规划建设回收装置。

（四）加快推进精深用矿，培育集聚高端产业

1. 培育中高端产业集群

依托铝土矿资源禀赋和产业基础，加大铝制轻量化材料、中高端

合金制品、非金属材料等的研发与生产力度，强化产业配套和生产供应能力建设，加大招商引资和扶持力度，支持南山、凤铝、忠旺等型材头部企业，围绕电解铝企业发展铝材加工，进一步补强铝产业链条，形成以贵阳市清镇、遵义市播州、黔西南州兴仁—义龙、黔东南州凯里炉碧为重点，以六盘水市水城为支撑的铝及铝加工产业集群。预计2025年，将建成2个至3个两百亿元级铝产业集群、1个百亿元级铝基材料产业集群；力争全省铝材加工能力达2Mt/a以上，原铝（铝液）就地转化率达95%以上。目前，贵州省培育百亿级规模龙头企业1家以上，10亿元骨干企业达15家以上，新增"专精特新"企业5家以上。

①铝制装备轻量化材料产业集群。围绕积极培育"铝土矿—氧化铝—电解铝—铝熔铸—铝制装备轻量化材料"的产业链条，开展铝制装备轻量化材料生产及回收利用；以清镇经开区、兴仁经开区等为重点，积极发展高端装备制造，用于大飞机、高铁、船舶、海洋工程等领域的高端铝合金材料；大力发展车身、发动机、传动系统、轮毂等汽车用铝型材产业。

②铝制中高端合金制品产业集群。围绕"铝土矿—氧化铝—电解铝—铝熔铸—铝制中高端合金制品"产业链条，开展铝合金材料、铝制品生产及回收利用；以遵义苟江经开区、清镇经开区、水城经开区等为重点，大力发展铝制建筑型材、装饰线材、全铝家装、铝制电力线缆、家用电器等高附加值产品，推进中间产品向终端产品转化；大力发展工业铝型材和电子、包装、印刷用铝材等生产项目。支持西秀产业园区、普定经开区、炉碧经开区依托现有产业基础，大力发展铝箔、铝线、铝管、铝型材等系列产品，推进铝产业链向中高端延伸。

③铝基非金属材料产业集群。围绕构建以"铝土矿/氧化铝—铝基材料—精深加工终端产品"为代表的铝基材料产业链。支持清镇经开区、遵义苟江经开区、炉碧经开区等经济开发区，加快建设适用

于陶瓷基片、传感器等领域的高纯氧化铝项目，提升产品附加值和就地转化率。以"务川—道真—正安"铝资源富集区、清镇经开区等为重点，有序建设陶粒、含镓高性能结构材料等项目，加快提升硫酸铝、氯化铝等化工材料生产能力；合理布局人造刚玉、耐火材料等项目，支持道真铝基新材料产业园项目建设。

2. 优化调整产业规模结构

严格落实国家产业政策，坚持依法依规和自愿退出相结合的原则，引导低效产能加快退出，推动低端铝加工企业有序退出。保持氧化铝规模基本稳定，新（改、扩）建氧化铝项目原则上应配套下游电解加工环节和赤泥综合利用装置，推进氧化铝行业清洁生产；调控电解铝产能合理适度，严禁违规新增电解铝产能，支持中铝、魏桥、信发等行业头部企业将省外电解铝产能指标引入贵州省发展铝工业；在清镇经开区、兴仁经开区、水城经开区、遵义苟江经开区、西秀产业园区等经济开发区有序布局再生铝建设项目，提升废铝回收组织、分拣能力，提高铝资源回收效率和集约化程度，制定专项政策措施，加大对再生铝产业的扶持力度。至2025年，贵州省氧化铝就地转化率力争达70%以上，再生铝占原铝（铝液）供应量的比重提高到20%以上，全省电解铝企业全面退出400kVA以下电解槽；至2030年，再生铝项目力争新增产能达1Mt以上。

3. 推动赤泥资源化利用

鼓励和支持氧化铝生产企业对传统生产工艺和设备进行绿色化改造升级，从源头上解决赤泥堆存带来的风险；推进赤泥中镓、钪等稀贵金属回收利用，推动赤泥综合利用项目实施。依托贵州省科技厅2023年度科技成果应用及产业化计划，将赤泥脱碱造地综合利用技术用于矿山生态修复、井下充填试点项目；在符合质量标准和使用条件的前提下，鼓励将赤泥用于筑路、混凝土原料、建筑用料等。

（五）加强重点领域科技创新

1. 在精确探矿方面

支持围绕铝土矿重要成矿区带开展古地理、古构造、古环境等"五古一源"基础地质理论研究，以及铝土矿大数据预测关键技术的研究与应用；重点在黔中、务正道地区开展铝土矿成矿规律与找矿预测研究，以及共（伴）生锂、稀土、镓、钪等资源赋存规律与找矿预测研究，为地质勘查找矿夯实基础。依托全国算力保障基地优势，拓展铝土矿资源地质找矿的技术网络，支持数字技术与地质找矿深度融合，发挥数据要素聚合效应、倍增效应、叠加效应，探索研究喀斯特地区沉积型铝土矿资源元宇宙智慧预测技术方法，实现地质勘查技术降本增效和智能升级。

2. 在精细开矿方面

推广条件复杂的铝土矿智能化开采关键技术的研究与示范；开展高硫高硅铝土矿选矿技术、低品位铝土矿尾矿废石资源化利用关键技术、铝土矿选矿脱杂提质技术攻关，提升中低品位铝土矿综合利用率；加快推进铝土矿共（伴）生锂、稀土、镓、钪等有价资源高效回收利用关键技术研究或技术集成与示范。

3. 在精深用矿方面

开发绿色、智能电解铝产业化关键技术；开展铝制装备轻量化材料及中高端合金制品研究与应用；推动再生铝资源化利用保级升级关键技术研究；开展铝冶炼固体废弃物减量化、无害化、资源化利用关键技术研究，探索制定赤泥无害化排放标准。

4. 在平台建设方面

支持构建开放协同高效的共性技术研发平台，加强铝产业重点实验室、技术创新中心、工程技术中心建设，推动科技成果转化和产业化，提升企业创新研发能力。

（六）加快提升安全绿色发展水平

牢牢守好发展和生态两条底线，坚持生态优先、绿色发展，严格环境准入，严控环境风险，落实好环境污染预防及减缓措施。加强生态环境修复治理，压紧压实矿山企业主体责任，重点推动清镇、修文、播州、凯里、黄平等地铝土矿矿山生态环境恢复治理；开展氧化铝行业降碱增效行动，推进碱回收利用；推动生产环节节能减排新技术研发应用，推广余热余压利用、中水回用、循环水利用等技术，推进绿色工厂建设。

（七）保障措施

1. 加强组织领导

按照"省负总责、市县抓落实"原则，建立"横到边、纵到底"的省"富矿精开"工作协调机制，研究重要事项、制定重大政策、解决重大问题。各地区、各部门要构建党委（党组）统一领导、政府负责落实、社会力量广泛参与的工作格局，汇聚加快推进"富矿精开"的强大合力，协调解决智能化转型推进过程中遇到的重大问题，确保相关工作顺利实施。贵阳市、遵义市、黔东南州、黔南州、安顺市、黔西南州、六盘水市要建立健全工作机制，细化落实配套政策措施，推动各地区铝土矿"富矿精开"有关工作落到实处。

2. 加大财税金融政策支持

强化产业发展金融支持，加大政银合作力度，鼓励银行业、金融机构创新金融工具和产品，提高对铝土矿"富矿精开"相关领域贷款投放比重，加强中长期贷款支持，加大债券融资服务力度。运用好省工业担保公司、省担保公司融资政策，以产能指标作为抵押物，通过反担保措施解决企业融资难题。用好新材料首批次应用保险补偿机制，支持下游铝新材料产品推广应用。深入发展产业链与供应链金融模式，促进产业链与供应链内信用资源流转，满足中小企业资金融通需求。充分发挥财政资金引导作用，利用省工业和信息化发展专项资金、现代化工产业振兴专项资金、省工业及省属国有企业绿色发展基金和各级财政支持产业发展的专项资金，积极融入社会资本和金融资产，强化对相关项目资金支持力度。

3. 强化要素保障

加强规划引领，合理调整国土空间规划，保证有足够的铝土矿勘查空间，避免碎片化的勘查，整合勘查区块，按基本成矿单元部署勘查工作。坚持集约化利用原则，对列入发展规划和符合发展方向的铝及铝加工项目优先保障建设用地，支持贵阳市、遵义市预留部分工业用地以优先发展铝产业。对纳入国家和省重大项目清单的采矿项目用地，新增建设用地年度计划由省级统筹落实，优先保障；深入实施能源运行新机制，支持铝企业与发电企业扩大电力直接交易量和覆盖面，降低企业用电成本；加快构建现代综合物流运输体系，支持铝企业采取铁海联运、铁公水联运等多种方式，降低物流运输成本。

4. 强化科技人才支撑

加强找矿、开采、选冶、加工等各环节科技人才培养，完善科技人才培养和激励机制，对铝土矿领域科技人才申报省级科技人才培养计划给予政策倾斜，支持在铝土矿精确探矿、精细开矿、精深用矿领域分别建设或优化科技创新人才团队。实施"贵州省百千万人才引进计划"，支持高校院所和企业引进领军人才、拔尖人才和优秀人才，按相关规定享受医疗服务、子女入学、配偶安置等优惠政策。持续推进"科技入黔"，加强与知名高校院所合作，支持院士及其团队、杰出青年、"长江学者"等与贵州省高校院所、企业合作建设科学家工作站，开展科技咨询和研发合作。

五、成黔集团铝土矿资源集中开发利用

为深入贯彻落实"富矿精开"相关政策，成黔集团聚焦打造百亿元级实业集团的战略定位，始终坚持将实体产业的发展作为首要任务，以发展铝土矿综合利用产业为抓手，加速推进铝土矿资源开采、加工、贸易、物流、创新五位一体全产业链格局协同赋能发展，加快构建贵

州省铝土矿资源集中采购供给平台（简称"富矿精开·贵铝集采"平台），着力在铝土矿资源勘查、资源配置、资源开采、资源精深加工、重大科技攻关等领域实现新突破，制定并开展贵州省铝土矿产业发展现状调研工作。通过深入剖析当前市场状况、产业链结构、创新技术应用、行业竞争态势等关键要素，结合相关政策、技术发展趋势以及资源环境约束，为贵州省铝土矿产业的可持续发展提供策略和建议。

（一）铝土矿行业分析

铝土矿是铝及铝合金材料、制品的原材料，是支撑国民经济发展的重要基础。贵州省铝土矿资源丰富，开发利用历史悠久，已初步形成铝及铝加工产业链。

随着工业化的快速发展，我国已经成为世界第一大铝生产国和消费国，产量和消费量连续20年位居世界第一，铝土矿开采量也逐年升高。美国地质勘探局数据显示，全球铝土矿储量最大的国家依次为澳大利亚、几内亚、巴西，合计占比超过全球铝土矿储量的60%。中国铝土矿储量较低，2023年中国铝土矿探明储量在全球中占比为3.52%。但由于下游氧化铝需求巨大，中国维持了较高的铝土矿产量。2023年中国生产了全球约24%的铝土矿，略低于澳大利亚和几内亚，位列全球第三。

根据美国地质勘探局数据，2023年全球共探明28000Mt铝土矿中，我国只有980Mt，仅占世界总探明储量的3.52%；产量排名前三的国家分别是澳大利亚、中国和几内亚，占比分别为26.32%、23.68%及22.63%，合计占比接近73%。也就是说，我国铝土矿资源储量占比为3.52%，但每年的产量占比却高达24%左右，伴随氧化铝产业的高速发展、资源过度开采、环保压力等问题的出现，国内铝土矿资源短缺态势严重，氧化铝、磨料和耐火材料等行业铝土矿资源的竞争变得越来越激烈，这已成为行业间紧张关系的一个突出特征。

①从自采角度。国内的铝土矿产量主要集中在山西、广西、贵州、

河南、云南和重庆等省份，矿石类型以一水硬铝石型铝土矿为主，这种矿型高铝、高硅、难溶，矿石质量差，加工难度大；在已探明的铝土矿储量中，一水硬铝石型铝土矿储量占全国总储量的80%以上。我国铝土矿开采的力度大：2021年，铝土矿产量占储量的9%，按2021年产量390Mt计算，全球铝土矿的静态可开采年限为82年，而按我国的产量计算铝土矿的静态可开采年限仅为11.6年，近年来虽然加大了对铝土矿的勘探投入，然而增储效果并不明显，静态可采年限一直呈下降趋势，至2023年已降至7.6年左右，面临着较为严峻的资源问题。2023年国产产量为65.51Mt，其中贵州地区年产量约10Mt。

由于供给侧结构性改革，矿业改制及整顿、绿色转型、环保督察均对铝土矿矿企提出了较高要求；同时，由于其高耗能的开采属性和国内多数矿石品位不佳问题，我国部分省份铝土矿产量有所下降。2020—2023年分省份来看，山西省年产量由38.17Mt下降至21.97Mt，煤下铝不具备开采条件，大量产能出清；河南省年产量由22.12Mt下降至5.63Mt，后备资源不足，同时勘探投入下滑，部分产能出清；云南省年产量由3.50Mt下降至3.27Mt；而贵州省年产量由9.46Mt上升至9.98Mt，资源丰富，且有"封关"政策保护；广西省铝土矿具有分布集中、品位高、埋藏浅、便于露天开采的特点，年产量由19.6Mt上升至24.06Mt，产量逐年上升。从全国累计产量来看，铝土矿年产量由2020年的95.45Mt下降至2023年的65.52Mt，整体处于近三年来绝对低位，呈下行态势。

②从进口角度。根据国际铝业协会数据，2023年全球氧化铝产量累计达到141.9Mt，中国氧化铝产量累计达到82.38Mt。按1∶2.3的铝土矿用量来看，我国2023年铝土矿产量为65.52Mt，需123.95Mt铝土矿弥补氧化铝生产缺口，考虑到进口铝土矿的使用量为1∶2.7，该数字转换为156.91Mt。同时，我国2023年铝土矿全年进口总量为141.38Mt，尚无法完全覆盖当前氧化铝用量，因此也引发了氧化铝厂

因矿石紧缺压产的现象。

由于我国铝土矿资源相对匮乏，仅占全球铝土矿资源储量的3%～4%，且禀赋不佳，因此铝土矿企业所需的铝土矿多依赖进口。2022年，我国进口铝土矿125.47Mt，对外依存度高达65%；2023年1—11月，我国进口铝土矿129.57Mt，国内对进口铝土矿的依赖度逐年提升。2022年，我国进口铝土矿同比增长16.8%，相比2017年的进口量则增长了82.9%，五年的CAGR为12.8%。从结构上来说，我国主要从几内亚、澳大利亚和印度尼西亚三个国家进口铝土矿。2022年，我国分别从几内亚、澳大利亚和印度尼西亚三个国家进口70.35Mt、34.09Mt、18.98Mt铝土矿，占总进口的比重分别为56.05%、27.21%和15.11%。据Mysteel数据，自2022年3月印度尼西亚开始实施铝土矿出口禁令后，我国的铝土矿进口来源向几内亚和澳大利亚集中，尤其2023年6月起，印度尼西亚出台政策禁止铝土矿出口，我国进口主要依靠几内亚和澳大利亚的铝土矿资源。2023年12月，几内亚首都科纳克里卡卢姆油库发生爆炸事件，这对运输出口产生了较大影响，导致我国进口铝土矿价格波动。2023年，几内亚和澳大利亚分别占我国铝土矿进口来源的70.1%和24.4%。

③从价格走势。铝工业的快速发展，需要铝土矿资源的有效保障，而铝土矿价格走势受到"铝土矿—氧化铝—电解铝—铝产品"全产业链各环节市场变化的影响，涉及供需关系、成本、政策、下游产业需求等多个方面，主要的影响因素有以下几点。一是供需关系。铝土矿市场的供需状况直接影响价格波动。当供应充足、需求相对较少时，价格可能呈现下跌趋势；反之，当需求旺盛、供应紧张时，价格往往会上涨。根据SMM数据，国内外氧化铝产能扩张，势必影响我国铝土矿进口与需求。二是成本压力。铝土矿的开采、加工成本直接关系到产品价格。成本上升可能导致价格上涨，反之则可能引发价格下跌。此外，开采政策、环保要求等因素也可能影响成本，进而影响价格。

三是政策因素。政府对铝土矿行业的政策调控，如开采许可、环保政策、产业政策等，可能对市场价格产生影响。例如，政府实施限制开采的政策，可能导致供应减少、价格上涨。四是下游产业需求。铝矾土主要用于铝工业、陶瓷、玻璃等行业，这些下游产业的发展状况直接关系到铝矾土的需求。下游产业扩张或技术创新可能带动铝矾土价格上涨，反之则可能导致价格下跌。在国际局势紧张的大背景中，军事活动会导致对电解铝的需求增大，进而影响上游铝土矿价格。五是市场情绪。市场参与者的预期和心理因素也会影响铝土矿价格。市场信心较强时，投资者可能看好后市，推动价格上涨；反之，市场信心疲弱时，价格可能受到压制。SMM调研显示，几内亚将发展国内氧化铝生产力，这会影响其铝土矿出口量。六是汇率波动。铝土矿国际贸易以美元计价，汇率波动可能对进口成本产生影响，进而影响国内市场价格。七是国际市场行情。国际铝土矿市场价格波动会影响国内市场。例如，印度尼西亚禁止铝土矿出口等政策变动，美国和英国宣布对俄罗斯实施铝、铜、镍三种金属的交易限制，可能会导致国际市场铝矾土价格上涨，进而影响到国内市场。八是替代品竞争。铝土矿市场中，替代品如氧化铝、刚玉等的存在，可能对价格产生一定影响。当替代品价格波动时，可能导致铝土矿市场价格随之波动。九是季节性因素。铝土矿市场受到季节性影响，如雨季、冬季采暖季等，可能影响铝土矿的供应和需求，进而影响价格。十是宏观经济因素。宏观经济环境对铝土矿市场也有影响。经济增长放缓或下滑时，铝土矿市场需求可能受到影响，从而导致价格波动。

（二）贵州省铝土矿行业现状

贵州省依托丰富的磷、煤、铝、锰、金、重晶石、萤石等矿产资源，经过多年的发展，已经初步形成了以磷及磷化工、煤及煤化工、铝及铝加工、锰及锰加工、黄金、氟钡化工等为主体的资源型产业基础。贵州省铝及铝加工产业已形成勘探、采矿、冶炼、加工为一体的产业体系，现有中铝、西南能矿、遵义铝业、国电投、成黔集团、广铝（民营）、贵州其亚（民营）等铝土矿勘探企业 29 家、采矿企业 69 家，铝土矿设计产能 21.50Mt/a；氧化铝生产企业 5 家，产能 5.3Mt/a；电解铝生产企业 6 家，产能 1.76Mt/a；铝加工企业 45 家，铝加工产能 0.68Mt/a；另有再生铝产能 0.6Mt/a。2022 年，贵州省铝行业总产值为 556 亿元，占基础材料总产值的 34%。贵州省铝产业资源性特征明显，以中低端的资源型和粗加工产品为主；铝精深加工能力弱，高附加值合金产品欠缺；氧化铝生产过程中产生的赤泥堆存量较大，存在一定的环境风险；电解铝产业部分装备水平不高，资源综合利用率较低。

目前，贵州省内氧化铝企业和非铝行业对铝土矿的年需求量超过 15Mt，其中含硫量大于 0.5% 的高硫矿占比已超过 80%。贵州省每年平均从国内广西、云南等地区，从国外澳大利亚等地区进口矿石 4Mt 才能满足生产需求；按照最保守数据估算，仅贵州氧化铝行业每年有 5Mt 以上的铝土矿石需要脱硫加工后才能使用。近年来，贵州省氧化铝企业铝土矿矿石平均含硫量从不到 1% 增加到 3% 左右，未来 10 年内贵州区域内氧化铝企业将全部依赖高硫型铝土矿，因此高硫型铝土矿的开发利用已成为制约贵州铝工业发展的重大问题。

（三）贵州省铝土矿开发现状

1. 资源禀赋使产能释放不足

贵州省铝土矿分布广、规模小、地质条件复杂，设计产能 21.5Mt/a，氧化铝企业和非铝行业对铝土矿的年需求量超过 15Mt，但由于资源禀赋特征，导致实际产能不到 11Mt，每年仍需从我国广西、云南等地以及澳大利亚等地区进口矿石 4Mt 才能满足生产需求。同时，因资源供应不足影响了华锦二期 1.6Mt 氧化铝和国电投二期 1Mt 氧化铝生产线的建设，按 1∶2.4 矿耗计算，仍有超 6Mt 的铝土矿供应缺口，共计铝土矿供应缺口超 10Mt。现有存量资源需要进一步盘活，部分企业掌握大量优质资源，但不具备就地转化能力；部分矿山长期停产停建，导致资源闲置。

2. 铝土矿矿石利用率不高

贵州省高硫铝土矿约占50%，因铝土矿选冶技术长期没有突破，不能满足氧化铝生产的需要，目前只能低价销售给供应商用于配矿，产生的经济价值较低。中低品位矿尚未得到有效综合利用，对铝资源利用造成不利影响，相关精深用矿产业链没有得到延伸，经济价值未能显现，资源利用效益不高。"采富弃贫"现象明显，分级加工少，优质铝土矿已出现短缺，严重制约下游非冶金级铝土矿产业的发展。

3. 铝土矿资源配置需优化

贵州省的铝土矿资源配置方式部分尚停留在老传统、老观念上，简单理解资源配置就是配置矿业权未统筹考虑不同铝产业对原矿产品、初级产品等资源的不同需求。矿山企业与上中下游产业企业之间未建立有效的供需协作平台，未形成经济高效的本地供应链，中下游加工企业由于受制于上游原材料供应，纷纷提出矿业权配置要求，但矿产资源勘查开采并非其所长，长此以往，将造成资源闲置，制约产业发展。

4. 地方治理体系不健全

通过参与贵州省委改革办关于"贵州省矿产资源领域产销运环节税收数字化治理对策研究"课题调研发现，铝土矿资源产、销、运环节税收治理存在盲区，监管流程跨度长，监管手段不到位，铝土矿就地转化率低，这造成地方政府财税流失。同时，地方平台采取"封关"等非市场化手段，破坏了统一大市场的建设，形成了铝土矿全国价格洼地，导致高品质铝土矿资源外流，严重阻碍了体系化建设和良性有序发展。

5. 数字化监管体系不统一

受区域利益制约，地方各级系统数据互通性弱、效率低、可靠性差，各类数据收不上来，进而无法标准化；各项正在推动的政策实施状况也无法监测，无法实现数据联动带来整体赋能效果，不利于实现"富矿精开"、供应链全监管、运力高效利用。因此，需构建省级平台，以实现全省资源统筹配置，助力全产业链改造升级。

（四）贵州省铝精矿产品需求分析

1. 氧化铝生产企业需求

铝土矿主要用于生产氧化铝，所以其需求和氧化铝密切相关，从贵州省氧化铝生产企业的产能可以看出铝土矿的需求量。贵州铝土矿市场需求量为 15Mt/a，其中氧化铝企业需求量为 14Mt/a，铝加工（磨料、耐火材料、阻燃剂等）需求量为 1Mt/a。氧化铝企业主要包括：华锦铝业生产能力 1.6Mt/a，其亚铝业、遵铝铝业生产能力各 1.2Mt/a；务川铝业生产能力 1Mt/a；广铝铝业生产能力 0.8Mt/a。按照平均水平，生产 1t 氧化铝需要约 2.4t 铝土矿，贵州氧化铝企业每年铝土矿需求量约为 14Mt。

2. 非氧化铝生产企业需求

铝精矿还可销售给省内或周边省份的一些非铝用户，其需要铝精矿的指标一般为氧化铝含量≥67%，铝硅比在 8 左右。销售给非铝用户的价格一般要高于铝用户，可有效规避氧化铝厂收购铝精矿产品时对氧化铝含量和铝硅比指标封顶的问题，从而可使企业获得更大的经济效益。

以贵州省非铝用户修文县苏达新型环保材料有限公司为例，其购买铝精矿用于生产水处理剂铝酸钙。其 2022 年采购的铝精矿氧化铝含量为 68.56%，铝硅比为 9.2、含水率为 8%，铝精矿结算价格为不含税价 610 元/吨。

再以贵州省内非铝用户成都贵强商贸有限公司为例，其购买铝精矿用于生产焊条黏合剂。其 2022 年采购的铝精矿氧化铝含量为 67.34%、铝硅比为 6.34、三氧化铁 3%、含水率为 8%，铝精矿结算价格为不含税价 503.70 元/吨。

3. 铝精矿价格分析

近年来，由于氧化铝工业的快速发展，中国铝土矿的需求量呈逐年上升趋势，但国内铝土矿资源相对不足，铝土矿供需矛盾越来越突出，高品质铝土矿价格趋涨是必然的。贵州省内的中铝华锦铝业有限公司，年产 1.6Mt 氧化铝，年需铝土矿约 3.85Mt，2022 年其采购的铝土矿指标为：氧化铝≥60%、铝硅比≥6、硫≤0.5%、水≤7%，铝土矿基价为不含税价 430 元/吨（含水率为 7%）。计价原则为每增加 1% 的氧化铝，在基价的基础上增加 5 元/吨，每增加 0.1 的铝硅比增加 5 元/吨。中铝遵义铝业有限公司，年产 1.2Mt 氧化铝，年需铝土矿约 2.88Mt，2020 年以来其采购的氧化铝≥60%、铝硅比≥6、硫≤0.5% 的原矿价格在 350~400 元/吨。国电投务川氧化铝，年产 1Mt 氧化铝，年需铝土矿 2.4Mt 左右。2022 年上半年其采购的铝土矿指标为：氧化铝≥55%、铝硅比≥5.5、硫≤0.5%，铝土矿基价为不含税价 390 元/吨（干基）。计价原则为每增加 1% 的氧化铝，在基价的基础上增加 5 元/吨，每增加 0.1 的铝硅比增加 6.5 元/吨。

（五）贵州省铝土矿产业未来发展方向

面对贵州省铝土矿资源与铝土矿产业发展不匹配、不充分的现状，为确保铝土矿资源有价元素得到综合开发利用、使资源就地转化切实践行"富矿精开"、推进贵州省内涉铝产业高质量发展、加快建成全国重要的资源精深加工基地，贵州应大力建设以省级国资平台为主体、政府协同监管、市场化运营的"贵州省铝土矿资源集中采购供给平台"，发展以贵州省地方国企为骨干的铝土矿加工产业，提高铝土矿资源利用率，稳定全省铝土矿资源供应；积极融入央企产业链，为在黔央企氧化铝、电解铝产业持续增长提供资源保障。

贵州省铝土矿资源集中采购供给平台应以实现"集中开采、集中采购"为目标，以"保本微利"为要求，积极统筹推进不同铝产业对铝土矿资源的需求供给，实现资源科学精准高效配置，规范铝土矿市场秩序，发挥国企资源优势和统筹能力，积极盘活存量铝土矿资源，做大增量，推动优质矿产资源向"链主企业"、头部企业集中，达到前端资源掌控开发、后端产业放开合作的效果；实现铝土矿资源的集采保供，增强铝及铝加工产业链、供应链的韧性和安全，为在黔氧化铝、非铝金属产业持续发展提供资源保障，促进财税增收，服务全省经济社会发展大局，助力贵州工业高质量发展。

第三节　企业"富矿精开"智能化转型必要性

一、"富矿精开"的必要性

（一）在新时代西部大开发上闯新路的重大战略选择

矿产资源富集是贵州省突出的比较优势，也奠定了贵州省工业化建设的坚实基础。贵州的煤、磷、铝、锰等49种矿产资源储量排名全国前10位，目前已发现矿种137种，占全国已发现矿种的80%。

中华人民共和国成立以来，历经"三线建设"、改革开放、西部大开发、工业强省等发展阶段的贵州工业，初步形成了门类较为齐全、规模总量不断扩大的现代产业体系，形成了深厚的产业积淀。同时，这种比较优势也为贵州省在新时代西部大开发上闯新路提供了现实的路径选择。2023年，贵州省大力建设全国重要的资源精深加工基地，引进青山、华友、华峰磷煤化工一体化项目以及江山、美锦等一批磷化工、煤化工重大项目；推动电解铝行业全面复工复产，带动铝产业稳定发展；锰加工产业转型升级取得新突破；创新建设磷矿资源集中采购供给平台，更好地保障企业对原料的需求、降低生产成本。工业经济的发展壮大，为贵州省稳增长、优结构提供了强劲动能。实践证明，贵州省因地制宜，根据本地的资源禀赋、产业基础、科研条件等，紧紧依托矿产资源产业，充分发挥资源优势在产业链建设中的关键作用，促进全省各地在新型工业化进程中，立足比较优势进一步选准主导产业，成为推动贵州在新时代西部大开发上闯新路的强大动力。

（二）服务和保障国家能源资源安全的重大政治使命

习近平总书记指出，对这样一个大国来说，保障好初级产品供给是一个重大的战略性问题；要增强国内资源生产保障能力，要加大勘查力度，实施新一轮找矿突破战略行动，提高海洋资源、矿产资源开发保护水平。

2021年以来，贵州省组织实施新一轮找矿突破战略行动，在重点成矿区带圈出56个重点调查区、91个重点勘查区，明确了21种矿产的重点找矿区域，推进实施深部探矿工程。目前，全省发现矿床点3300多处，探明大中型矿产地600多处。2023年初，国家启动新一轮找矿突破战略行动，贵州省紧盯国家战略性矿产和紧缺急需矿种，坚持以"多找矿、找好矿、找大矿"为目标，深入推进全省新一轮找矿突破战略行动，省级财政投入资金实施了117个找矿项目，获得一批新增资源。2023年，能源集团组建运营，建成投产40处井工煤矿和渝南、鑫达露天煤矿，原煤产量达153Mt，增长10.8%。在做大增量的同时，贵州省还积极盘活存量，"吃干榨净"夹缝零星矿产资源。以磷矿为例，贵州省通过试点发现，如夹缝资源得以整体开发，可盘活磷矿石资源量约130Mt，相当于新增2个大型和1个中型储量规模的磷矿山。

包括矿产资源在内的初级产品，是整个国民经济中最基础的部分，其供给状况直接关系企业的安危兴衰、经济的稳定安全。"富矿精开"，首先是找到优质矿产资源。在新一轮找矿突破战略行动中，贵州坚持加快找、有序采，新增一批锂、磷、铝、锰、镍、萤石等战略性矿产找矿成果，为全省加快打造全国重要的资源精深加工基地，以及建设新型综合能源、新能源动力电池及材料研发生产基地奠定了坚实基础。实践证明，贵州省在新时代西部大开发上闯新路，必须紧盯国家战略，服务和保障国家能源资源安全，才能统筹发展和安全，提升优势矿产资源供给能力，不断做强经济基础。

（三）加快高质量发展和现代化建设的迫切现实需要

习近平总书记指出，各地要坚持从实际出发，先立后破、因地制宜、分类指导，根据本地的资源禀赋、产业基础、科研条件等，有选择地推动新产业、新模式、新动能发展，用新技术改造提升传统产业，积极促进产业高端化、智能化、绿色化。

推进"富矿精开"是远近结合的战略举措。长期以来，贵州省矿产资源加工产业链条较短，主要集中在初级原料端。近年来，贵州省坚持安全、集约、高效、绿色开采，加快推动矿产资源精深加工产业向高端化延伸和协同耦合发展。聚焦磷、锰、锂、稀土等共（伴）生和低品位矿产资源开展选冶关键技术攻关，磷精细化工、氟碘硅等共（伴）生资源利用技术保持全球领先地位；开发铝土矿伴生关键金属浸出和分离富集技术，制定铝土矿伴生铌—镓、铝质黏土岩伴生锂、铁质岩伴生稀土等勘查技术规范和工业指标；开展低品位碳酸锰矿规模化工业化应用、高性能锰系新材料制备关键技术攻关。实施优势资源深度转化行动，推动提高煤、磷、铝、锰、重晶石等优势矿产资源就地转化率，促进产业链集聚发展。推动磷化工向电子级、食品级磷酸延伸，焦煤、无烟煤向焦化路线、煤气化路线方向延伸，电解铝向铝箔等下游高附加值产品延伸。"富矿精开"切入点在"富矿"，着力点在"精开"。实践证明，精深用矿是推进"富矿精开"的根本出路，只有推动原材料向终端消费品转变，低端产品向高端产品转变，粗加工产品向精深加工产品转变，才能延长产业链提高附加值。必须充分发挥贵州省矿业资源优势，推动矿产资源全过程高质量开发，促进产业链向下游延伸、价值链向高端跃升、创新链向前沿聚焦，加快发展矿业新质生产力，不断塑造发展新动能、新优势，为社会经济高质量发展和现代化建设打下坚实基础。

现代化工已成为贵州省重要的工业支柱产业和优势产业。当下，数字时代正在带来新一轮技术革命。习近平总书记强调，科技是第一生产力、人才是第一资源、创新是第一动力。实践证明，科技创新、人才队伍建设是"富矿精开"最为关键的支撑。贵州省以"富矿精开"为抓手助力高质量发展，必须集中力量推进矿产资源开发利用技术攻关，加强基础研究和关键技术攻关，狠抓关键领域突破、创新平台建设和人才培养引进，广泛运用物联网、大数据、云计算、人工智能等现代信息技术，让科技创新这个"关键变量"转化为推进"富矿精开"的"最大增量"。

二、智能化转型的必要性

（一）国家政策导向

政府推力是驱动智能矿山信息化标准化系统运行的重要力量，政府应该对智能矿山信息化标准化系统运行进行管制和支持。一方面，政府可通过多种途径行使管制权力，如强制要求智能矿山进行信息化标准化建设、制定和智能矿山信息化标准化相关的国标、对智能矿山信息化标准化的文件执行效果不佳的矿山企业予以警示或者制裁等；另一方面，政府可以为智能矿山信息化标准化建设提供资金、技术、人力、物力等方面的支持，协助智能矿山信息化标准化工作的开展。无论是自 2007 年提出的"两化融合、走新型工业化道路"的号召，还是 2015 年在《政府工作报告》中首次提出实施"中国制造 2025"，都将有力地促进我国智能矿山信息化建设工作，推动智能矿山信息化标准化系统运行。

2016 年 11 月，国土资源部发布了《全国矿产资源规划（2016—2020 年）》，明确提出未来 5 年要大力推进矿业领域科技创新，加快建设数字化、智能化、信息化、自动化矿山。按照绿色开发、节约集约、智能发展的思路，推动形成矿产资源精细高效勘查、智能矿山技术装备、生态矿山与资源节约、矿山绿色开采提取关键技术。

在《国家能源安全战略行动计划（2013—2020 年）》中明确提出了"四个革命、一个合作"的战略要求，国务院办公厅印发的《能源发展战略行动计划（2014—2020 年）》中，明确了"节约、清洁、安全"三大能源战略方针和"节能优先、绿色低碳、立足国内、创新驱动"四大能源发展战略，部署了增强能源自主保障能力、推进能源消费革命、优化能源结构、拓展能源国际合作、推进能源科技创新等能源发展改革的重点任务。

2016 年 12 月，国家发展改革委、国家能源局发布的《煤炭工业发展"十三五"规划》，该规划要求到 2020 年，建成集约、安全、高效、绿色的现代矿山工业体系，矿山信息化、智能化建设取得新进展，建成一批先进高效的智慧矿山，促使矿山企业生产效率大幅提升，全员劳动工效达到 1300 吨/人·年以上。

2017 年，国务院办公厅发布《安全生产"十三五"规划》，要求在矿山领域实施"机械化换人、自动化减人"，推广应用工业机器人、智能装备等，减少危险岗位人员数量和人员操作。推动矿山企业建设安全生产智能装备、在线监测监控、隐患自查自改自报等安全管理信息系统。推动企业安全生产标准化达标升级。推进矿山安全技术改造，创建矿山煤层气（瓦斯）高效抽采和梯级利用、粉尘治理、兼并重组矿山水文地质普查，以及大中型矿山机械化、自动化、信息化和智能化融合等示范企业，建设智能矿山。

《"十三五"资源领域科技创新专项规划》指出，为全面提升我国矿山行业的生产技术水平，推动传统行业的转型升级，充分利用现代通信、传感、信息与通信技术，实现矿山生产过程的自动检测、智能监测、智能控制与智慧调度，有效提高矿山资源综合回收利用率、劳动生产率和经济效益收益率。

党的十八大要求"推动'两化'深度融合，坚持'四化'同步发展"，提出了《"互联网+"行动的指导意见（2015—2018年）》行动计划。以促进制造业创新发展为主题，提质增效为中心，信息化与工业化深度融合为主线，推进智能工厂与智能制造，实现传统产业进行改造实现升级换代。

党和政府将信息化建设作为创新社会治理模式、推动提升经济效益、增强社会管理水平、提高安全保障能力的重要抓手，提出"没有信息化就没有现代化"，对信息化建设要求"统一谋划、统一部署、统一推进、统一实施"。

（二）矿山行业转型升级需求

通过智能信息技术的应用，使矿山具有人类般的思考、反应和行动能力，实现物物、物人、人人的全面信息集成和响应能力，主动感知、分析并快速做出正确处理的矿山系统，将人为因素降低到最低程度，矿山企业的人财物产销存等能协同、自动运作，实现矿山企业的集约、高效、可持续发展。新一代互联网、云计算、智能传感、通信、遥感、卫星定位、地理信息系统等各项技术的成熟与融合，实现数字化、智能化的管理与反馈机制，为智能矿山发展提供了技术基础。在芬兰、加拿大、瑞典等发达国家已为此目标发展了20多年，我国正处于起步阶段。

我国智能矿山建设主要体现在一些信息化系统的建设上，面临的主要问题有：缺乏总体建设标准，矿山企业的建设规划水平参差不齐，导致建设的很多系统功能不完善、可操作性差，低水平重复建设现象严重；信息资源和系统集成存在困难，"数字鸿沟"和"信息孤岛"现象严重，难以形成统一的信息资源，系统集成困难重重，导致各系统产生的珍贵数据无法得到深度利用。

经济步入新常态，矿山行业处于四期叠加，即"需求增速放缓期、过剩产能和库存消化期、环境制约强化期、结构调整攻坚期"，矿山行业必须不失时机地变化革新，促进转型升级。以云计算、物联网、大数据为代表的新一代信息技术与传统矿山行业融合创新，从而促成矿山迈入"智慧化"阶段，将对行业整体提升科技实力、树立品牌形象、提高经营质量等方面产生重大而深远的影响。同时，应推动矿山行业的发展进入新形态，并形成新的产业增长点，促使传统矿山行业转型升级。

（三）用工"荒"问题的需要

近年来，我国的老年化越来越明显，劳动力资源明显减少。加上20世纪50年代和60年代出生的人，很多已退休，以及一些大学毕业生又不愿意到生产一线做体力活和简单的操作活，而一些需要技术的岗位由于缺乏专业性人才，导致这些活没有人干，出现了劳动力结构性失衡现象。

按照现在的政策，预计到2050年，我国60岁以上的人口占33%以上，而当下我国快速进入独生子女独挡天下的时代，矿山低层次的劳动力已经产生了巨大的危机。随着时间的推移，矿山企业面临找不到员工的问题。

随着人口老龄化趋势的加快和劳动人口比重开始下降，我国农村富余劳动力短缺将是一个长期的趋势，必须要有长期的应对策略。单纯地依靠廉价劳动力成本，从事低端的加工制造来发展经济的模式，已经很难维系企业乃至整个中国经济的长远发展。

如何从产业链的低端走向高端，从简单的来料加工转变为核心技术研发、产品架构设计、物流仓储管理等产业链中附加值高的环节，应该是我国企业现在亟须思考的问题。我国农村所能够提供的富余劳动力现在看来已经出现短缺，如不尽早加快产业的转型升级，"用工荒"将长期难以解决，中国经济的高速发展也将难以为继。

同时，在注重产业升级时，还应该注重技术的升级，从以往简单地依靠廉价人力成本，到能够充分利用科学技术来代替人力，提高劳动生产率也是解决"用工荒"问题的一个重要途径。实现减人增效，通过机械化换人、自动化减人、智能化提质增效来提升企业的综合竞争力，同时缓解矿山人员流失、人才短缺的问题。

（四）当地政府发展的需要

当一座城市的经济总量不断增强、人口不断增加时，城市管理和社会建设就会面临许多的挑战，传统的发展模式难以为继，迫切需要新理念、新技术和新思路，以解决城市整体发展遇到的各种问题，促进城市治理精细化，实现经济发展的新跃升，不断满足居民对城市生活环境的新需求。

近年来，各级当地政府积极推进智慧城市和智能矿山建设。一是建立矿山交易统一结算平台。推进线上线下融合发展，通过市场手段和行政措施，引导产、供、销上下游关联企业进入平台交易，提供方便快捷的金融信贷服务，实现矿山产品、物资供应的统一结算。二是基础网络传输系统建设。完善境内矿山井上、井下网络建设，实现井上和井下各个分系统的一体化管理。三是推进井下无人智能开采工程。2018年，建设拥有"有人巡视、无人值守"智能化开采工作面的示范矿山。四是推广应用机器人开采，加快工业机器人等技术和装备在矿山生产中的应用。

（五）企业发展需要

智能矿山建设以公司发展战略为指引，以信息化与工业化融合发展规划为指导，以"信息标准化"为基础，坚持需求导向，充分运用云计算、大数据、物联网、移动互联网、人工智能技术，将工业技术、信息技术、管理技术高度融合，践行统一规划、分步实施的建设思路，突出风险预控，优化管理，最终将矿山打造成安全、协同、共享、高效的智能矿山。

第四节　成黔集团"富矿精开"智能化建设

一、"富矿精开·贵铝集采"平台建设的必要性

《关于推进铝产业高质量发展的指导意见》明确提出，到 2027 年，铝产业高质量发展取得积极成效，产业体系构建取得积极进展，形成较为完善的"铝土矿资源开发—金属冶炼/非金属应用—精深加工"铝产业链，产业发展层次和竞争力明显提升，为全国重要的资源精深加工基地建设提供有力支撑。到 2035 年，铝产业高质量发展取得显著成效，产业生态体系构建取得重要进展，铝产业链更加完善，产业发展层次和竞争力进一步提升，建成全国重要的铝精深加工基地。

（一）铝土矿供给总量需增加

截至 2023 年底，贵州省铝及非铝产业对铝土矿的需求总量约 1.5Mt，根据省内现有矿业权配置情况，现有铝土矿资源量及开采设计产能均能满足当前需求。但由于铝土矿资源赋存地质条件差，矿石开采难度大、成本高、效率低，全省大中型矿山相对少，规模化开采程度较低，且部分民营矿山长期停产停建等一系列原因造成实际产能不足 11Mt（中央企业每年自采量约 3.2Mt），每年仍需从广西、云南等地采购以及澳大利亚等地区进口 4Mt 矿石才能满足当前生产需求。并且，华锦二期 1.6Mt 氧化铝和国电投二期 1Mt 氧化铝生产线的建设，按 1：2.4 矿耗计算，仍有超 6Mt 铝土矿供应缺口。同时，贵州省铝及铝加工产业发展增速缓慢，氧化铝产能仅占全国的 6.37%，电解铝产能仅占全国的 3.23%。以氧化铝产能增速为例，2021 年较全国同期低 33.9%，2022 年较全国同期低 23.4%，远远低于全国平均发展水平，

氧化铝、电解铝生产商未达到设计生产规模。需要进一步盘活现有存量资源，整合0.3Mt以下的小型矿山，优化开发布局，保障铝土矿资源供应。

（二）铝土矿资源配置需优化

贵州省铝土矿资源配置方式部分尚停留在老传统、老观念上，简单理解资源配置就是配置矿业权，未统筹考虑不同铝产业对原矿产品、初级产品等资源的不同需求。矿山企业与上中下游产业企业之间未建立有效的供需协作平台，未形成经济高效的本地供应链，中下游加工企业由于受制于上游原材料供应，纷纷提出矿业权配置要求，但矿产资源勘查开采并非其所长，长此以往，将造成资源闲置，制约产业发展。同时，部分国有企业掌握大量优质资源，依靠转让矿业权维持运营，导致资源流向不具备就地转化或深加工的企业，并且，由于准入门槛和退出机制不完善，企业勘查开发无紧迫感，容易出现长期"圈而不探、占而不采"现象，严重制约资源勘查开发利用效率。

（三）铝土矿利用水平需提高

一是选冶技术长期没有突破，铝土矿共（伴）生的锂、钪、稀土等暂不能有效利用，影响相关精深用矿产业链延伸，经济价值未能显现。二是高硫型铝土矿约占50%，占比较高，不能满足氧化铝生产的需要，目前只能低价销售用于配矿，产生的经济价值较低；中低品位铝土矿尚未得到有效综合利用，资源利用效益不高，采富弃贫现象明显。三是采矿固体废弃物、赤泥无害化资源化利用等尚未取得实质性进展，环境保护压力大。

（四）供应链体系需完善

因未建立铝土矿全产业链协同发展机制和供应链体系，现有供应商资源分散且质量参差不齐，市场响应速度和灵活性明显不足，导致铝土矿产量、库存、产品种类、价格波动等因素对铝土矿需求产业的采购成本、经营利润和产业发展有显著影响，不利于产业发展，且具有一定的市场风险，需搭建省级平台提供公开透明的采购流程，吸引和引导更多供应商参与，保障中下游产业需求。

（五）信息化监管需优化

通过参与省委改革办关于"贵州省矿产资源领域产销运环节税收数字化治理对策研究"课题调研发现，受区域利益制约，地方各级系统数据互通性弱、效率低、可靠性差，各类数据收不上来无法标准化，导致铝土矿资源产、销、运环节税收治理存在盲区，监管流程跨度长，监管手段不到位，铝土矿就地转化率低，造成地方政府财税流失。同时，地方平台采取"封关"等非市场化手段，破坏统一大市场的建设，形成铝土矿全国价格洼地，导致高品质铝土矿资源外流，严重阻碍体系化建设和良性有序发展。需构建省级平台实现全省资源统筹配置，加强过程监管，确保企业遵守相关法律法规和行业标准，助力全产业链改造升级。

二、平台概述

（一）平台名称及实施主体

平台名称："富矿精开·贵铝集采"平台；

实施主体：贵州成黔企业（集团）有限公司（以下简称成黔集团）。

（二）平台建设背景

贵州省是矿产资源大省，全省铝土矿保有资源量达 1160Mt，仅次于山西省和广西省，位居全国第三位。

2024 年 2 月 19 日，贵州省委、省政府召开全省"富矿精开"推进大会，会上明确指出，推进"富矿精开"是在新时代西部大开发上闯新路的重大战略选择；推进"富矿精开"是贵州省服务和保障国家能源资源安全的重大政治使命；推进"富矿精开"是贵州省加快高质量发展和现代化建设的迫切现实需要。

贵州成黔集团始终致力于成为千亿元铝产业发展的资源保障者，成黔集团将发挥省级国资平台的政策、资源和资金优势，以科技创新为引领，加强人才队伍建设，聚焦铝土矿资源产业化开发利用和新能源项目推广应用，在"富矿精开"政策要求背景下，建立贵州省铝土矿资源集中采购供给平台（以下简称"富矿精开·贵铝集采"平台），保障省内铝矿企业和重大项目矿产品需求，构建贵州省铝土矿资源产业集群，为铝土矿及铝加工产业探索发展新质生产力，创造更高价值，持续良性发展，进一步打造坚实基础和可靠后盾。

（三）平台建设目标

1. 助力推进"富矿精开"政策落地，以"精准配矿"激发铝土矿产业新质生产力

"精准配矿"是"富矿精开"政策落地的重要环节，是建设新型铝矿产业链，保障铝加工企业原料良性供给，提升铝土矿原料价值的核心手段之一。建设"富矿精开·贵铝集采"平台，就是要把精准配矿落到实处，依托数字化运营、精细化管理、科学化调度、一体化统筹、全域化覆盖、线上协同，让铝土矿的采购、供给、销售、管理都能更精准、更精细、更精益。

2. 全力建设"数字生态"协同平台，以"全链互联"打造铝土矿采销高效率模式

借助"富矿精开·贵铝集采"平台，将各级各类单位进行有机串联，打通业务各环节，形成全省铝矿产业数字生态圈。贵州省铝矿产业数字生态圈，将成为全省铝矿产业从业者线上高效协同、全链路全行业覆盖、消减彼此信息差的创新型聚合体。"富矿精开·贵铝集采"平台，就是这个数字生态圈的核心承载平台。

3. 致力成为"质优价廉"行业标杆，以"国企担当"保障铝土矿资源合理性定价

目前，成黔集团的铝土矿供给市场占有率逐步提升。"富矿精

开·贵铝集采"平台建成上线后，成黔集团将借助平台的集约性、先进性、高效性等优势，不断提高自身在全省铝土矿供给侧的市场地位和市场占比。

三、平台架构及内容

（一）平台架构

"富矿精开·贵铝集采"平台致力于打造一个集约化、标准化、数字化的区域综合型铝土矿产业服务生态系统。

"富矿精开·贵铝集采"平台主要包括行业监管子系统、集采集供子系统、精准配矿子系统、物流运输子系统、信用管理子系统、数据分析子系统等功能模块。并能集成市级集采平台、智慧矿山等应用，实现省市联动，实现区域矿山企业智慧矿山系统数据的动态实时调阅。

（二）设计原则

1. 高位统筹、分期建设

高位统筹、分期建设，就是要以政策要求为引领，以核心需求为抓手，既要兼顾全局、考虑长远，又要通过深入调研、科学设计，先覆盖核心痛点，解决"用起来、用得好"的问题，再兼顾功能拓展，解决"用得深、用得广"的问题。

2. 小步快跑、快速迭代

小步快跑、快速迭代，就是要以先进技术为工具，以实际反馈为圭臬，既能快速开发上线、抢占先机，打好"闪电战"，解决核心痛点，又能不断识别需求、升级迭代，打好"阵地战"，提升平台价值。

3. 注重安全、讲求开放

注重安全、讲求开放，就是要以数据安全为底线，以互利共赢为目标，既要严格保障平台的信息安全、数据安全、业务安全，又要能在未来的生态对接中提供必要的接口，不让平台成为被行业遗弃的孤岛。

（三）系统架构

①IaaS。运行的 IaaS 环境使用成黔集团私有云平台，提供安全稳定可靠的 IT 基础设施支撑。

②技术平台。平台采用基于 k8s 的容器管理，具备资源弹性、稳定运维的特性。

③应用层。前后端分离、分布式微服务架构，基于 Java 生态的成熟实践的技术选型。提供丰富的应用能力，PC 端、移动端多种平台接入方式。

（四）云平台架构设计

云平台总体架构主要由基础设施层、资源池层、云服务层、展现层和管理域组成。

（五）国产密码整体架构设计

密码服务体系框架包括密码资源层、通用密码服务层、典型密码服务层。通过统一接口提供证书解析、认证、信息保护等服务。为各信息系统提供对应的密码服务，切实响应国家信息技术创新节点，所有服务支持在信创环境下运行。如图 1-8 所示。

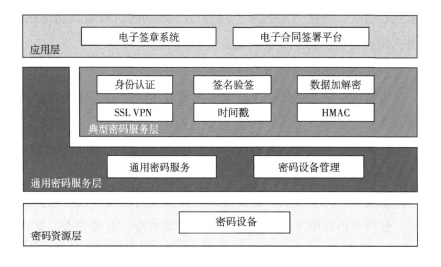

图 1-8　国产密码架构

（六）网络安全设计

①等保测评。网络安全中的等级保护测评（等保测评）是对信息系统进行安全评估，确定其安全等级，并评估安全措施是否达标的过程。

②代码审计。网络安全中的代码审计旨在发现和修复软件代码中的安全漏洞，提高软件安全性和可靠性，降低安全事故和数据泄露风险。

③堡垒机。即在一个特定的网络环境下，为了保障网络和数据不受来自外部和内部用户的入侵和破坏。

④EDR 杀毒。EDR（终端检测与响应）保护计算机免受恶意软件威胁。提供全面防护，提高应对复杂网络威胁的能力，确保终端设备安全。

（七）详细建设方案

"富矿精开·贵铝集采"的建设旨在围绕"产供销运管"五个核心环节，实现资源的集中采购、统一调配和高效管理。通过省地联动，实现省级平台与地方平台的集成应用，从而优化流程、提升效率、降低成本，满足上游供应商和下游产业需求的同时，并为行业主管部门提供数据服务。系统核心功能包括以下 6 个方面：

1. 行业监管子系统

①资源管理。实现全省铝土矿资源储量、矿权基本情况及分布、矿山企业基本情况展示。

②集成应用。集成市、州、区、县矿产资源管理系统，实现区域矿山企业智慧矿山系统数据的动态实时调阅。

③税收治理。实现铝土矿资源"量、价、质、流"等各方面数据汇总服务。

2. 集采集供子系统

①供应商管理。集成"CA 账号认证"，实现供应商入驻、资质审核和信息管理。优先加入成黔集团现有供应商，支持在线查询合同、

客户需求和结算数据，进行业务协同。未来可扩展服务商注册，提供咨询、信息、物流和资金等产业服务。

②客户管理。集成 CA 认证，支持企业客户注册、信息管理、资质审核。客户可提交需求计划，查询历史订单、合同、结算等。支持按年度/季度提交需求计划，平台保供。

③商品管理。发布和管理铝土矿原矿及二级商品信息。首先，满足铝土矿原矿需求，客户提交需求计划，平台保供。其次，支持氧化铝、铝锭等大宗标准产品线上交易。最后，引入第三方服务商，商品扩展至信息服务、检测服务等。

④价格管理。提供原矿基础价格+量奖制度，支持二级商品价格体系，实现多维度管理。平台可按客户、品位定价，结合量奖返给供应商。根据下游客户企业设置不同规则。平台结算后自动按比例返给供应商，激励其上平台。支持二级商品标准定价挂牌交易。

⑤需求管理。客户在线提报年度、月度用矿需求，选择品位、数量、需求时间。平台按月分析需求满足情况，统计客户、需求量、供应商、供给量。

⑥计划管理。根据客户需求生成采购计划，指导矿山生产。平台整合需求等级，通过计划与供给规则进行仓库调度，不足时生成生产计划或采购计划，指导矿山生产供给。

⑦合同管理。集成"CA 电子签章"，管控合同全生命周期，确保业务规范、高效、风险可控。合同数据结构化，方便线上查询。整合电子签章能力，保障合同安全合规，实现供需高效协同，提高效率。同时，实现合同执行监管和分析。

⑧支付管理。支持多方式线上支付，实时跟踪交易流程，包括订单状态更新、发货通知等。线下完成支付，线上上传凭证更新订单。集成供应链金融、信用额度，提供多种支付方式，构建平台生态。

⑨结算管理。简化结算流程，通过规则自动生成结算单。供需双

方周期性结算，自动生成单据。支持线上开票及线上/线下付款。

⑩平台基础功能。支持集采平台日常管理需要，包括组织权限管理、消息通知管理、审批管理。

⑪移动端。集采业务移动化，实现供销运全场景移动协同，提高处理效率。

3. 精准配矿子系统

①库存管理。支持库位管理、出入库、盘点，提升仓储效率。仓库与集采平台联动，快速查询库存，支持需求指派与承运调度。未来需支持多仓管理与联动，推荐最优方案，快速发货。

②配矿管理。按规则保供，支持政策或市场调配。运营人员整合需求，优先保供重点企业，实现集中采购与供给。

4. 物流运输子系统

实现物流全流程跟踪，涵盖订单管理、配送路径优化、运输状态跟踪，支持电动重卡。货物流和运输物流全面在线化、可视化管理。配送人员填写配送信息。推广物流管理线上化，填报信息者优先结算。

5. 信用管理子系统

建立征信评价体系，支撑产业链金融服务，建立针对会员及重点企业的征信评价体系，为产业链金融服务提供数据支持。通过多维度评价客户企业，包括下游的企业评价、贡献、属性和付款情况，以及上游的开采、加工、生产、运输、质量、安全和环保等方面。此评价体系将为保障供给、融资、授信等业务提供数据支撑。

6. 数据分析子系统

通过集采平台收集平台业务数据，实现集采平台数据收集、统计与分析。收集产、供、销、运、管等多维度数据，实现多维度经营分析看板，多层级数据穿透，全方位数据展示。未来汇总全省市数据后，可基于业务数据结合计算模型，提前预测分析，实现集采平台的智能化。

四、项目建设路径

"富矿精开·贵铝集采"平台将遵循高位统筹、分期建设、小步快跑、快速迭代、注重安全、讲求开放的思路进行建设。项目一期规划初步搭建"富矿精开·贵铝集采"平台，构建技术底座，基本完成业务线上化。

（一）一期速赢：搭建数字化平台

1. 平台搭建和业务线上化

通过平台搭建、业务线上化迁移，首先实现成黔集团铝土矿业务交易线上化、数字化，推动线上线下快速融合，沉淀业务数据并进行数据展示。此外，依托平台能力，实现铝土矿资源集中开采，为下游企业保供给。

2. 构建完整的技术底座

构建完整的技术底座，实现敏捷开发和快速迭代，支撑平台和业务持续发展，夯实基础。

3. 省市联动

集成市、州、区、县矿产资源管理系统，实现区域矿山企业智慧矿山系统数据的动态实时调阅。

4. 主要功能模块

①平台功能模块。行业监管子系统：资源管理、集成应用。集采集供子系统：供应商管理、客户管理、商品管理、价格管理、需求管理、计划管理、合同管理（录入合同）。精准配矿子系统：配矿管理。数据分析子系统：数据报表（部分）。

②移动端。部分功能。

③系统集成。集成 CA 账号认证、集成清镇市矿产资源管理系统。

④技术底座。技术平台及可持续迭代技术服务体系。

（二）二期升级：服务拓展与升级

在一期建设的基础上，项目二期将聚焦平台服务的拓展与升级，实现产业生态的全闭环、丰富线上业务模式、强化数据分析及应用。

通过二期建设，平台实现产业线上业务闭环，对成黔集团铝土矿业务（供、销、运）交易进行线上闭环管理与运营，提升交易效率，降低成本。在业务模式上，实现原矿资源产品自营+二级产品撮合的业务模式，扩大平台业务体量，提升平台运营服务能力。在数据分析与应用方面，构建集采平台数据分析与管理体系，深度挖掘数据价值。

二期主要涉及的平台功能模块有以下7个：

集采集供子系统：合同管理（在线合同）。

精准配矿子系统：库存管理。

物流运输子系统：物流对接。

信用管理子系统：会员管理。

数据分析子系统：数据报表（部分）。

移动端：部分功能。

系统集成：集成CA电子签章，集成外部行业数据与资讯。

（三）未来规划：资源聚合与运营创新

未来，平台发展将着眼于资源聚合与运营创新，通过整合在线支付、供应链金融、拓展增值服务及集成至协同办公平台等途径，深挖平台价值、激发平台活力、扩大平台影响。

①建立平台生态。通过在线支付能力接入，平台供给和交易实现线上支付、线上开票、线上结算。

②扩展供应链金融。供应链金融将以平台交易数据为基础，集产业金融和金融科技能力于一体，联通金融机构，为供应商与交易伙伴解决平台交易融资"刚需"。

③配合业务监管——税收治理。实现铝土矿资源"量、价、质、流"等各方面数据汇总，为行业主管部门提供数据服务。

④增值服务拓展。拓展更多数据、技术、物流服务，服务产业上下游，扩大平台品牌效用和服务范围。

最后，依托协同办公平台的即时通信、统一待办、音视频、在线协同文档、知识库、单点登录、开放接口、角色门户、移动端交互等能力，可以让平台的易用性、泛用性更上一层楼。

主要涉及的功能模块有以下 5 个：

集采集供子系统：支付管理、结算管理。

信用管理子系统：供应链金融。

行业监管子系统：税收治理。

数据分析子系统：数据报表（部分）。

系统集成：对接在线支付和金融财务系统。集成政府行业监管系统，提供数据服务。

五、项目效益分析

（一）协同效益分析

1. 节约协同时间

通过平台的在线化流程，以及后续集成的协同办公平台提供的即时通信、统一待办、消息通知等能力，做到协同过程自动流转、及时触达，减少了"人找人""人问人""人求人"所耗费的时间，提升协同的流畅度。

2. 规范协同动作

平台所有的流程都基于统一标准制定，避免了人为操作带来的不规范、不合理，让业务流程运转更通畅，也让平台产生的数据更加真实有效。

3. 消减信息偏差

在平台上，所有信息按照角色权限进行公开，用户能够实时查询到自己权限范围内的数据，这就避免了信息来源不同带来的信息不及时、不对等、不正确、不全面等问题。

4. 降低管理难度

平台提供了组织架构、角色权限的管理，基于此类功能，能够从系统对不同人员进行分权分域确定操作、数据权限，也能够很好地锁定业务流程中各环节处理人员，这对发现问题、解决问题有极大帮助，降低了业务的管理难度。

（二）经济效益分析

1. 节约业务开展成本

数字化平台的使用，首先从最直观上来讲，就是能做到开展业务的"无纸化"。"无纸化"所节约的，不仅限于打印纸张本身产生的成本，还包含传统业务模式下产生的交通费、差旅费、会务费等需要面对面沟通带来的费用。

2. 优化供应链结构

作为覆盖生产、供给、采购、销售、加工等环节的业务模式，供应链结构的优化无疑是最大的"节流"项。平台致力于打通供应链各环节，缩短各环节间的距离，消减信息差，优化供应链结构，从而节约各环节产生的成本。

3. 带来更多商机

在公司经营方面，"开源"要比"节流"更为重要，通过平台的集约化经营，降低铝产品加工企业的采购成本，吸引更多下游企业入驻，让上游资源供应商持续稳定获得更多商机。

（三）社会效益分析

1. 树立行业标杆

"富矿精开·贵铝集采"平台一旦用好用深，就能在行业内起到很好的带头作用，成为数字化平台助力行业升级转型的良好范例。

2. 稳定资源价格

平台引入大量加工企业后，成黔集团在贵州铝土矿的供给上就掌握了较高话语权，就能够发挥国企的调控作用，稳定铝土矿资源价格，保障下游加工企业利益。

3. 助力区域经济

基于平台做到精准配矿，所以能盘活资源、盘活市场、激活创新，让行业经济正向引领区域经济向好向快发展。

4. 推动产业升级

通过平台和成黔集团的努力，影响产业上中下游各级企业积极寻求数字化手段来转型升级，从而推动整个产业的转型升级，让矿业也能"老树新花"。

第二章　露天矿山管理业务分析

第一节　业务板块划分

在国有露天矿山的智能化转型过程中，管理业务的优化与重构是至关重要的一环。露天矿山作为资源开采的重要基地，其管理业务的复杂性和多样性不言而喻。为了更好的系统阐述智能化转型过程中的管理问题，应从"人、机、环、安、数、审"六个维度对露天矿山的管理业务板块进行阐述与分析。

一、人员管理的维度

在露天矿山的管理业务中，人始终是最核心、最活跃的要素。智能化转型不仅仅是技术的革新，更是人的思维方式和工作方式的转变。因此，从人的维度出发，需要对人力资源和组织架构进行优化。

（一）人力资源的优化配置

智能化转型要求露天矿山必须具备一支高素质、专业化的人才队伍。这要求在人力资源配置上做出调整，确保关键岗位上有合适的人才。具体来说，需要加强对员工的技能培训和知识更新，使他们能够适应智能化设备和技术的要求。同时，还需要引进一批具备智能化技术背景和矿山生产经验的专业技术人员，为露天矿山的智能化转型提供智力支持，图2-1为矿业公司智能化、自动化矿山建设蓝图。

（二）组织架构的灵活调整

传统的露天矿山组织架构往往存在灵活性不足的问题，难以适应快速变化的市场环境和技术革新。因此，在智能化转型过程中，需要对组织架构进行灵活调整，使其更加扁平化、高效化，要打破部门壁垒，促进不同部门之间的沟通与协作。同时，还需要设立专门的智能化转型团队或部门，如智能办、信息中心、智能保障办公室等，负责推动智能化技术在露天矿山的应用和推广。

二、设备管理的维度

在露天矿山的管理业务中，矿山设备是生产力的重要体现。智能化转型要求必须引进先进的智能化技术和设备，以提高生产效率和安全性。

（一）智能化技术的引进

随着物联网、大数据、人工智能等技术的不断发展，露天矿山有了更多智能化转型的选择。引进智能化的监控系统，实现对矿山生产过程的实时监控和数据分析。应用智能化的调度系统（见图2-2）。优化矿山的生产计划和资源配置。智能化技术和装备的引进，将极大地提高露天矿山的管理水平和生产效率。

（二）智能化设备的更新换代

除了智能化技术外，还需对露天矿山的设备进行更新换代。传统的矿山设备往往存在能耗高、效率低、安全性差等问题。而智能化的矿山设备则具有更高的自动化程度、更精确的控制能力和更强的安全保障。因此，应积极引进和应用智能化矿山设备，如无人驾驶的矿用卡车、智能化的破碎机等，以提高露天矿山的生产效率和安全性。

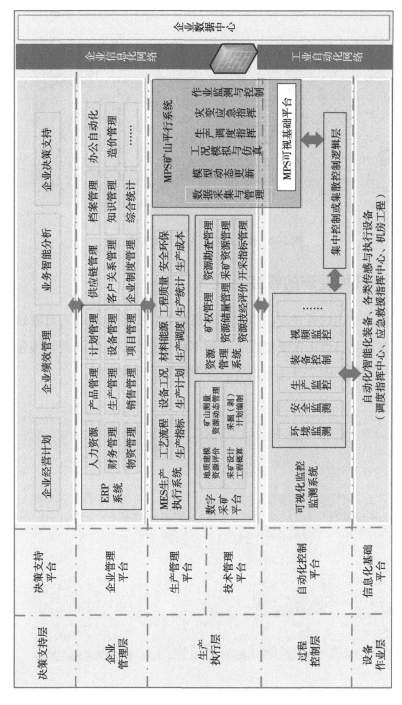

图 2-1　矿业公司智能化、自动化矿山建设蓝图

图 2-2　智能化矿山卡车调度系统

三、环境管理的维度

在露天矿山的管理业务中，环境保护和可持续发展是不可或缺的一环。智能化转型不仅要提高生产效率和安全性，还要注重环境保护和可持续发展，图 2-3 为贵州省息烽磷矿生活区俯瞰图。

图 2-3　贵州省息烽磷矿生活区俯瞰图

（一）环境保护措施的强化

露天矿山的开采活动往往会对环境造成一定的影响，如土地破坏、水土流失、空气污染等。因此，在智能化转型过程中，必须强化环境保护措施。具体来说，可以应用智能化的环保监测技术，对矿山的开采活动进行实时监控和数据分析，确保开采活动符合环保标准；还可以采用智能化的土地复垦技术，对开采后的土地进行生态修复和再利用，图2-4为露天矿山无人机测绘生态修复图。

图2-4　露天矿山无人机测绘生态修复图

（二）可持续发展战略的制定与实施

除了环境保护外，还需关注露天矿山的可持续发展。这要求在制定发展战略时，必须充分考虑资源的高效利用、能源的节约以及社会的和谐发展。具体来说，可以应用智能化的资源管理技术，实现资源的高效开采和利用；还可以推广智能化的节能技术，降低矿山的能耗和排放；同时，还需加强与地方政府的沟通与合作，共同推动露天矿山的可持续发展。

四、安全管理的维度

在露天矿山管理业务中，安全管理是至关重要的一环，它直接关系到矿工的生命安全、生产效率和企业的可持续发展。安全管理涉及多个维度，从制度建设、技术防范到应急响应，每一个环节都不可或缺。

（一）制度建设与管理

1. 安全生产责任制

建立健全全员安全生产责任制是露天矿山安全管理的基石。需明确各级管理人员和操作人员的安全生产责任，形成从上至下、全员参与的安全管理网络。通过签订安全生产责任书、制定详细的考核标准，确保安全责任落实到人，形成人人关心安全、人人负责安全的良好氛围，图2-5为露天采矿场设备管理员安全生产责任制。

2. 安全管理制度

完善的安全管理制度是保障矿山安全生产的重要手段。应制定包括安全检查制度、事故报告制度、安全教育培训制度等在内的多项安全管理制度，并确保这些制度得到有效执行。通过定期检查和评估制度执行情况，及时发现和纠正存在的问题，不断优化安全管理流程。

（二）技术防范与监测

1. 边坡稳定性监测

露天矿山边坡稳定性是安全管理的重点之一。应建立完善的边坡监测系统，利用边坡雷达、全球导航卫星系统（GNSS）等高精度测量仪器对边坡进行定期位移监测。同时，结合地质勘查和数值模拟分析，预测可能发生的滑坡、崩塌等灾害，及时采取防范措施，图2-6为边坡安全监测预警平台。

露天采矿场设备管理员安全
生产责任制

Through the process agreement to achieve a unified action policy for different people, so as to coordinate action, reduce blindness, and make the work orderly.

编制：＿＿＿＿＿＿＿＿＿
日期：＿＿＿＿＿＿＿＿＿

图 2-5　露天采矿场设备管理员安全生产责任制

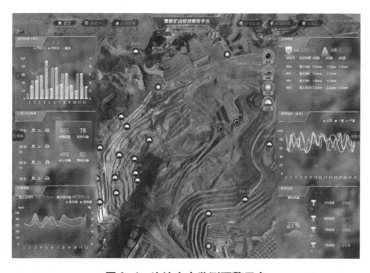

图 2-6　边坡安全监测预警平台

2. 爆破作业安全

爆破作业是露天矿山开采中高风险环节之一。需制定严格的爆破设计方案和安全操作规程，确保爆破效果和安全。在爆破器材管理方面，应建立严格的采购、运输、储存和使用管理制度，确保爆破器材的安全可控。此外，还需合理设置爆破安全距离，防止对人员和设备造成伤害。图 2-7 为露天矿爆破穿孔作业现场图。

图 2-7　露天矿爆破穿孔作业现场图

3. 防尘与防水排水

露天矿山开采过程中会产生大量粉尘和废水，对环境和矿工健康构成威胁。因此，企业需采取有效的防尘措施，如实施湿式作业、注重个体防护、加强通风除尘等。同时，建立完善的防水排水系统，确保矿区排水畅通无阻，防止水患事故发生，例如，在矿区建造截水沟等，如图 2-8 所示。

（三）人员培训与安全意识提升

1. 安全教育培训

提高矿工的安全意识和操作技能是预防事故的重要手段。企业应定期开展安全教育培训活动，包括安全规章制度、安全操作规程、应急救援知识等内容。新员工必须经过三级安全教育才能上岗作业；特种作业人员、车辆驾驶人员等必须持证上岗。通过教育培训，使矿工全面掌握所需的安全知识，提高自我保护能力，图2-9为贵州省息烽磷矿安全培训图。

图2-8 矿山排洪措施（截水沟）

图2-9 贵州省息烽磷矿安全培训

2. 安全文化建设

推进企业安全文化建设是提升安全管理水平的有效途径。企业应通过宣传、教育、培训等多种手段营造浓厚的安全文化氛围，使安全理念深入人心。通过举办安全知识竞赛、安全演讲比赛等活动激发矿山从业人员参与安全管理的积极性；通过表彰先进典型树立榜样力量带动全员参与安全管理。

（四）应急响应与救援

1. 应急救援预案制定

针对露天矿山可能发生的各类事故制定完善的应急救援预案是保障矿工生命安全的重要措施。企业应明确应急组织、通信联络、现场处置、医疗救护、安全防护等方面的具体措施；定期组织应急救援演练活动，提高应急救援队伍的实战能力和协同作战水平；确保在事故发生时能够迅速、有效地进行处置，降低事故损失和影响范围，图2-10为应急预案实施流程。

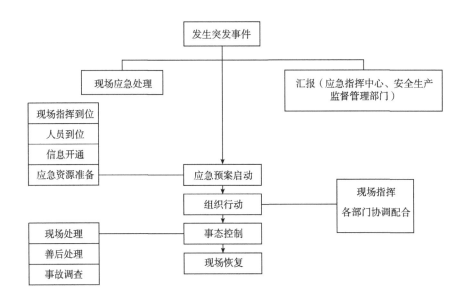

图2-10 应急预案实施流程

2. 事故调查与处理

事故发生后及时开展事故调查与处理工作是总结经验教训、防止类似事故再次发生的关键环节之一。应成立专门的事故调查小组对事故原因进行深入分析，查找事故根源；根据事故调查结果制定针对性的整改措施并督促落实；对事故责任人进行严肃处理并通报全矿以儆效尤；同时加强事故案例教育，提高全员的安全防范意识。

五、数据管理的维度

在露天矿山管理业务中，数据管理是一个核心且多维度的领域，深刻地影响着矿山的运营效率、资源利用、安全生产，以及长期可持续发展。

（一）数据采集与整合

露天矿山的数据采集工作涵盖地质勘探、开采进度、设备状态、环境监测、人员安全等多个关键方面。为了确保所采集数据的准确性和完整性，需要运用先进的技术手段，如物联网（IoT）、传感器网络、遥感技术等，实现实时、全面的数据采集。这些数据不仅包括结构化数据，如设备运行参数、产量统计等，还包括非结构化数据，如视频监控、人员行为记录等。

数据采集后，接下来的关键步骤为数据整合。由于数据来源多样，格式各异，因此需要建立一个统一的数据整合平台。这个平台应具备数据清洗、转换和整合的能力，能够将不同来源、不同格式的数据转化为可供分析和决策使用的标准化数据资产。在数据整合的过程中，还需要注重数据的质量和一致性，确保数据的准确性和可靠性。

（二）数据存储与管理

随着矿山运营时间的推移，数据量会不断累积，形成一个庞大的数据资产库。为了有效管理和利用这些数据，需要建立一个高效、安全的数据存储和管理系统。这个系统应能支持大规模数据的存储，并具备数据备份、恢复和容灾能力，以确保数据的可靠性和可用性。

在数据存储方面，可以采用分布式存储技术，如 Hadoop、Ceph 等，实现数据的高可用性和扩展性。同时，为了保障数据的安全性，还需要采用加密技术、访问控制机制等，防止数据泄露和非法访问。

在数据管理方面，需要建立统一的数据目录和元数据管理体系。通过对数据进行分类、编目和索引，可以提高数据的可查找性和可访问性。此外，还需要建立数据治理机制，确保数据的合规性和一致性，图 2-11 为数据存储示意图。

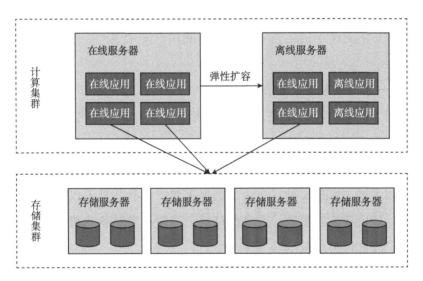

图 2-11　数据存储示意图

资料来源：笔者自绘。

（三）数据分析与挖掘

数据的真正价值在于其背后隐藏的信息和知识。通过对露天矿山运营数据的深入分析和挖掘，可以发现隐藏的规律、趋势和关联性，为矿山管理提供有力的决策支持。

数据分析可以采用统计学方法、机器学习算法等，对开采数据、设备状态数据、环境监测数据等进行深入分析。例如，通过对开采数据的分析，可以优化开采计划，提高资源利用率；通过对设备状态数据的分析，可以预测设备故障，提前进行维护和更换；通过对环境监测数据的分析，可以及时发现环境风险，采取相应的防治措施。

数据挖掘则更注重从大量数据中提取出有价值的信息和知识。通过关联分析、聚类分析、异常检测等手段，可以发现数据之间的关联和规律，为矿山管理提供新的视角和思路。

（四）数据可视化与交互

为了让矿山管理人员更加直观地了解矿山的运营状况，需要将数据分析结果以可视化的形式展示出来。数据可视化技术可以将复杂的数据转化为图表、图像等易于理解的形式，帮助管理人员快速把握数据背后的信息和知识。

在数据可视化方面，可以采用各种图表工具、仪表盘、地图等可视化元素，将关键指标、趋势、异常等信息以直观的方式呈现出来。同时，还可以结合交互式技术，让管理人员能够根据自己的需求进行数据查询、分析和挖掘，提高决策的效率和准确性。

（五）数据安全与隐私保护

在露天矿山管理业务中，数据的安全性和隐私保护非常重要。由于矿山运营数据涉及商业秘密、个人隐私等敏感信息，因此需要建立完善的数据安全和隐私保护机制。

在数据安全方面，可以采用加密技术、访问控制机制、数据脱敏等手段，确保数据在存储、传输和使用过程中不被泄露和滥用。同时，还需要建立数据备份和恢复机制，以应对可能的数据丢失或损坏情况。

在隐私保护方面，需严格遵守相关法律法规，确保个人隐私权不受侵犯。对于涉及个人隐私的数据，需要进行脱敏处理或匿名化处理，防止个人信息泄露，图2-12为大数据安全技术框架。

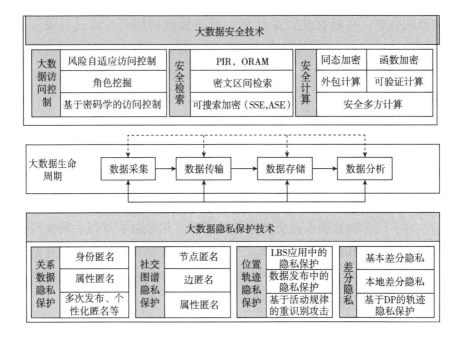

图2-12　大数据安全技术框架

资料来源：马婧. 网络实名制下的公民隐私权保护［D］. 河南大学，2013。

（六）数据驱动的管理决策

数据管理的目的是支持更加科学、合理的管理决策。通过充分利用矿山运营数据，管理人员可以更加准确地把握矿山的运营状况和发展趋势，制订更加符合实际情况的管理策略和计划。

数据驱动的管理决策需要建立在数据分析和挖掘进度的基础上。通过对历史数据的分析和对未来趋势的预测，管理人员可以制订更加精准的开采计划、设备维护计划、环境保护措施等。同时，数据还可以作为管理人员与相关部门、合作伙伴进行沟通和协作的重要依据，从而促进矿山管理的协同化和智能化。

实现数据驱动的管理决策还需要建立相应的数据文化和组织架构。需要培养数据意识和数据分析能力，能够充分利用数据进行工作改进和创新。同时，还需要建立跨部门的数据共享和协作机制，促进数据在矿山企业内部的流通和利用。

六、审计管理的维度

在信息技术迅猛发展的今天，智能化转型已经成为一家全球性的企业必然的发展趋势。作为国民经济的重要支柱，国有企业在促进国家经济发展、保障国家战略安全等方面的作用十分关键。面对日益激烈的市场竞争和不断变化的经济环境，国有企业必须积极推进智能化转型，以提高企业的核心竞争力和可持续发展能力。

国企监管体系中不可或缺的重要内容——审计，也面临着前所未有的机遇和挑战。如何创新审计理念、方法和技术，适应数字化时代的需要，进而使审计工作的效率和效益得到显著提高，是当前国有企业审计工作的重要课题。国有企业必须重视审计人员的培训和发展，提供必要的资源和支持，以确保审计工作能够与时俱进，充分发挥其在企业监督体系中的作用。审计工作只有在理念、方法、技术等方面不断创新，才能促进审计工作效率的提高，才能保证企业在激烈的市场竞争中立于不败之地。

（一）审计环境的变化

1. 信息技术环境的变化

随着智能化转型的推进，国企智能化的大环境已经发生巨大变化。审计人员必须对前沿技术有深入的了解，掌握大数据、人工智能、云计算、物联网等相应的审计方法和工具。这些技术的运用还需要审计师有较高的专业技能，同时提高了审稿的效率。

2. 业务流程的变化

智能化转型深刻影响国企经营进程。对这些业务中潜在的风险点，审计人员需要全面了解新的业务模式和流程，做到心中有数。这就要求审计人员制订更加周密的审计计划和方案，确保审计工作全面、有效的开展。

3. 组织架构的变化

国有企业往往需要适应智能化转型的需要，才能调整和改变组织结构。审计人员必须适应新的组织模式和管理机制，加强与各部门的沟通与协作，才能保证审计工作顺利进行。

（二）审计对象的变化

1. 数据成为审计的重要对象

智能化转型让企业的数据量陡增，而资料的真实性、完整性、准确性则成了审核重点。审计人员需要掌握数据采集、存储、分析和应用的方法，对企业的数据进行全面的审计，确保数据的可靠性和有效性。

2. 信息系统成为审计的关键领域

随着智能化转型的深入，国有企业的信息系统变得越来越复杂和重要。信息系统的安全性、可靠性、有效性成为审计工作的重点领域。审计人员需要对企业的信息系统进行深入的审计，确保其正常运行，防止潜在的风险和问题。

3. 数字化业务成为审计的新内容

智能化转型催生一系列新型数字化业务，包括智能制造、智能物流和数字金融等。审计人员需要了解这些数字化业务的特点和风险，对数字化业务进行审计，确保其合规性和效益性。

（三）审计方法的变化

1. 大数据审计方法的应用

大数据技术的应用，使审计人员能够分析挖掘企业海量数据，查找潜在风险点与问题。大数据审计方法包括数据收集、数据清洗、数据分析、数据可视化等，这些方法可以帮助审计人员在风险评估和发现问题方面更有效地发挥作用。

2. 持续审计方法的推广

智能化转型使企业的业务活动更加频繁和复杂，传统的定期审计已经难以满足企业的需求。持续稽核方式能对企业的经营活动进行实时监控和稽核，发现问题及时采取措施，从而提高了稽核工作的及时性和准确性。

3. 智能化审计方法的探索

人工智能技术的应用使审计工作面临新的机遇。智能化审计方式能够显著提高审计工作效率和质量，使审计人员能够更好地应对智能化风险评估、智能化审计程序设计、智能化审计报告生成等复杂多变的审计环境。

（四）审计人员的要求

1. 具备信息技术知识

在智能化转型的背景下，审计人员需要掌握大数据、人工智能、云计算、物联网等先进技术，并了解信息技术的发展趋势和应用场景。这样不仅有利于审计人员更好地了解企业的技术环境，还可以提高审计工作的专业性和精准性。

2. 具备数据分析能力

现代审计工作的一项重要内容是资料分析。审计人员需要掌握能够深入分析挖掘企业数据、查找潜在风险点和问题的数据分析方法及使用工具。这就要求审计人员具备扎实的数据分析能力，以应对数据审计不断增长的需求。

3. 具备创新思维和能力

智能化转型带来了许多新的挑战和机遇，审计人员需要具备创新思维和能力，才能够适应智能化转型带来的变化，探索新的审计方法和技术。这不仅对提高审计工作效率有好处，而且可以加强前瞻性和应变能力。

4. 具备沟通协作能力

在智能化转型的过程中，审计人员需要与企业各部门进行有效的沟通和协作，共同推动审计工作的开展。这就要求审计人员具有良好的沟通能力和协作能力，能够建立良好的工作关系，以保证审计工作顺利进行。

（五）国企数字化转型背景下审计应对措施

审计部门在国有企业智能化转型的大背景下，面临的挑战和机遇前所未有。为了有效应对这些变化，审计部门必须采取一系列创新的应对策略，以确保审计工作的质量和效率。

1. 完善审计制度与规范

①制定数字化审计标准。传统的审核标准和规范已经很难满足现代企业在数字化转型大潮中的需求。因此，审计部门需要制定一套全新的智能化审计标准和规范，明确审计的目标、范围、程序和方法。这些标准和规范应当充分考虑智能化环境的特点，为审计工作提供科学、系统的指导，确保审计工作顺利进行。

②建立数据安全审计制度。数据安全成为企业最大的担忧之一。审计部门要建立一套完善的数据安全审计制度，加强对企业数据安全的审核，防止资料外泄、篡改等风险的发生。通过定期的审计、检查和评估，确保企业数据的安全完整，从而确保企业的核心利益。

③完善信息系统审计制度。企业智能化转型，信息系统是核心。审计部门需健全信息系统审计体系，加强安全可靠有效的企业信息系统审计。通过定期的审计评估，确保信息系统的正常运行，防止系统故障和数据丢失，保障企业业务的连续性和稳定性。

2. 加强审计信息化建设

①建设智能化审计平台。为了适应智能化转型的需求，审计部门应当建设一个功能强大的智能化审计平台。该平台可以对企业的各种数据资源进行整合，实现数据的收集、储存、分析、运用。审计人员通过这一平台，获取审计数据、处理审计数据更加便捷，审计工作效率和质量得到提高。如国家审计署建设的金审工程，对财政、银行、税务、海关等部门和重点国有企业事业单位的财务信息系统及相关电

子数据进行密切跟踪，对财政收支或者财务收支的真实、合法和效益实施有效审计监督。

②推广应用审计软件。审计软件是提高审计工作效率、提高审计工作质量的重要工具。审计部门要推广应用各类审计软件，包括资料收集软件、资料分析软件和审计管理软件。这些软件能够帮助审核人员在提高审核效率和准确度的同时，快速准确地完成审核任务。

③加强信息安全保障。信息安全已经成为企业在智能化转型过程中面临的重要课题。审计部门需要采取有效的技术手段和有效的管理措施，才能确保审计资料的安全性。通过建立完善的信息安全保障体系，审计部门在有效防范企业核心数据泄露、篡改等风险方面发挥了保护作用。

3. 培养智能化审计人才

①加强培训与教育。审计人员需要具备较高的信息技术知识和资料分析能力，才能适应智能化转型的需要。所以加强审计人员的培训和教育就变得特别重要。培训内容应涵盖大数据、人工智能、云计算、物联网等先进技术，以及多个方面的内容，如数据分析方法和工具的应用等，通过系统的培训，审计人员可以不断提升自己的专业技能，适应数字化转型带来的挑战。

②引进高端人才。为了进一步提升审计队伍的专业水平，审计部门应当积极引进高端人才，如数据分析师、软件开发工程师、网络安全专家等，以充实审计队伍的专业力量。这些高端人才可以从新的角度、用新的方法使审计质量和审计效率得到提高。

③建立人才激励机制。为激发审计人员的创新热情和工作热情，审计部门要建立一套行之有效的人才激励机制。激励机制可以有多种形式，如薪酬激励、晋升激励、荣誉激励等，以达到吸引优秀人才、留住优秀人才的目的。审计部门能够更好地调动审计人员的工作积极性，通过建立激励机制来推动审计工作整体水平的提高。

4. 创新审计方法与技术

①探索大数据审计方法。在智能化转型的大背景下，审计部门要积极探索大数据审计方法，深入分析挖掘企业数据，运用大数据技术手段，查找潜在风险点和问题，提高稽核的针对性和有效性。

②推广持续审计方法。持续稽核方式能够对企业经营活动进行实时监控和稽核，发现问题并及时采取措施。通过推广持续审计方法，审计部门可以更好地适应数字化转型带来的业务变化和挑战。连续的审计方式，既能提高审计效率，又能增强时效性和实效性。

③应用智能化审计技术。审计工作效率和质量的提高，智能审计技术是一种重要手段。通过应用智能风险评估、智能审计程序设计、智能审计报告生成等技术，审计部门可以实现更加高效和精准的审计工作。智能审计技术不仅能为审计人员减轻工作负担，而且审计工作的精确性、可靠性也会得到提高。

（六）数字化转型背景下的国企审计发展方向

审计行业的发展方向在国有企业数字化转型的背景下，呈现出新的趋势和特征。

1. 智能化审计的进一步发展

①智能风险评估的深化应用。随着人工智能技术的不断进步，审计人员可以借助这些先进技术对企业的潜在风险进行全面且深入的评估。这不仅能显著提高风险评估的精确性，还能显著提高评估工作的效率，从而更好地支持企业的决策。例如，通过大数据分析和机器学习算法，审计人员可以识别出以往难以察觉的异常模式，从而提前预警潜在的风险点。

②智能审计程序的个性化设计。针对不同企业的业务特点和风险状况，审计人员可以利用智能化工具自动设计出更加个性化和具有针对性的审计程序。这种智能化的设计方式能够确保审核更加突出重点，从而让审核更加有效、更加有的放矢。例如，对金融企业，审计程序

可能会更加关注交易的合规性和资金流动的透明度；而对制造业企业，则可能更加关注成本控制和供应链管理的效率。

③智能审计报告的自动生成。审计人员通过使用自然语言处理技术，可以实现审计报告的自动生成。这不仅大大减轻了审计人员的工作负担，还能够提高审计报告的质量和可读性，使审计报告更加清晰、准确地反映审计结果。例如，智能系统可以根据审计发现的问题自动生成建议和改进措施，为企业的决策者提供直接的参考。

2. 持续审计的全面实施

①实时监控企业的业务活动。审计人员可以借助智能化审计平台，实时监控企业经营活动。这种实时监控能够及时发现企业运营中的问题和风险，从而迅速采取相应的措施进行应对，确保企业运营的稳定性和合规性。例如，通过实时监控系统，审计人员可以实时跟踪企业的财务交易，一旦发现异常交易，系统会立即发出警报，审计人员可以迅速介入调查。

②动态调整审计计划和方案。根据企业业务的不断变化和风险状况的实时更新，审计人员需要动态调整审计计划和方案。这种灵活的调整机制能够确保审计工作的适应性和灵活性，使审计工作能够更好地服务于企业的实际需求。例如，当企业拓展新的业务领域时，审计计划可能会增加对新业务风险的评估和监控，以确保企业在新领域的稳健发展。

3. 协同审计的深入推进

①内部审计与外部审计的紧密协同。强化内审与外审之间的协作配合，形成合力，推动审计工作不断向更深、更高层次发展。内审能为外审提供企业内部的资料和数据，帮助外审对企业状况有更深入的了解；而外部审计则能提供专业的审计服务，为内部审计出谋划策，提高内部审计的专业水平。例如，内部审计小组可以提供内部流程、控制措施等方面的详细信息，在进行复杂的财务审计时，外部审计小

组则可以利用其丰富的经验和专长对这些信息进行深入的分析和评估。

②审计部门与其他监督部门的协同合作。审计部门加强与其他监督部门的协作配合，形成监督合力，促进监督效能的不断提高，如纪检监察、巡视等。通过跨部门的协同合作，可以更全面地覆盖企业的各个环节，确保企业运营的透明度和合规性。例如，在对国有企业进行审计时，审计团队可以与纪检监察部门合作，共同调查可能存在的腐败行为，确保审计结果的公正性和准确性。

4. 价值增值型审计的全面推广

①关注企业的战略目标和价值创造。审计工作既要关注企业的财务状况和合规情况，又要关注企业的战略目标，更要关注企业的价值创造情况，审计工作中要注重深入分析企业的战略规划和经营状况，将宝贵的审计意见和建议提供给企业，以实现企业可持续发展。例如，审计人员可以评估企业的研发投入是否符合长期战略目标，或者企业的市场扩张是否具有可持续性，从而为企业提供战略性的建议。

②参与企业的风险管理和内部控制。审计人员应积极参与风险管理和企业内控工作，为企业提供风险管理和内控方面的专业顾问服务。通过这种方式，审计人员可以帮助企业提高风险管理和内部控制水平，从而更好地应对各种潜在风险，确保企业的稳健运营。例如，审计人员可以协助企业建立和完善内部控制体系，制定有效的风险应对策略，从而降低企业运营过程中的不确定性和潜在损失。

总的来说，随着时代的发展和科技的进步，国有企业进行智能化转型已经成为一种不可逆转的趋势。审计工作必须在适应新环境、新需求的情况下，与时俱进，不断创新发展。首先，国有企业在智能化转型过程中，如何确保审计工作的有效性和高效性，是一个亟待解决的问题。我们需要深入研究如何利用先进的信息技术，提高审计工作的自动化和智能化水平，从而提升审计效率和质量。其次，随着智能化转型的推进，审计工作的范围和内容也将发生相应的变化。我们需要探索如何在新的环境下，重新定义审计工作的职责和任务，以确保其能够全面覆盖数字化转型中的各种风险和问题。此外，各种新的挑战和风险也必然会伴随着国有企业数字化转型的进程而来。我们需要深入研究如何在审计工作中，有效识别和应对这些新的风险，确保国有企业的资产安全和运营效率。最后，随着智能化转型的不断深入，审计工作的组织形式和管理模式也需要进行相应的调整和优化。我们需要探索如何在新的环境下，建立更加科学和高效的审计管理体系，以适应数字化转型的需求。

第二节　人员管理业务

一、露天矿山人员管理现状分析

随着科技的飞速发展和国家对资源高效利用、环境保护的日益重视，国有露天矿山正面临着前所未有的转型压力。智能化转型成为提升矿山生产效率、降低安全风险、实现可持续发展的关键路径。然而，在这一转型过程中，人员管理作为矿山运营的核心环节，其现状的优劣直接影响到转型的成败。因此，深入分析露天矿山人员管理现状，对推动智能化转型具有重要意义。

①安全管理意识淡薄，管理基础薄弱。当前，露天矿山在安全管理上的重视意识有待加强、管理水平有待提高，这主要体现在以下三个方面：

首先，管理者安全意识有待加强。管理者对安全管理的重视程度不够，其往往将经济效益放在首位，而忽视了安全生产的长期效益。

其次，员工安全意识有待提升。矿山开采工作人员素质整体偏低，缺乏必要的安全意识和自我保护能力。在作业过程中，违规操作、凭经验作业等现象时有发生，这给施工带来了较大的安全隐患。

最后，安全管理制度落实有待加强。虽然矿山企业普遍建立了较为完善的安全管理制度，但在实际执行过程中，往往存在制度落实不到位、执行不严格的问题。这导致安全管理制度形同虚设，无法真正发挥其应有的作用。

②人员结构不合理，专业技能不足。露天矿山在人员结构上也存在诸多不合理之处，主要表现在以下三个方面：

首先，年龄结构老化。部分矿山企业存在员工年龄结构老化的现象，老员工虽然经验丰富，但对新技术的接受能力和适应能力相对较弱，难以适应智能化转型的需求。

其次，专业技能不足。随着智能化设备的广泛应用，对矿山工作人员的专业技能要求也越来越高。然而，当前矿山企业普遍存在专业技能人才短缺的问题，难以满足智能化转型对人才的需求。

最后，培训机制不健全。矿山企业在员工培训方面也存在不足，培训内容单一、形式枯燥，难以激发员工的学习兴趣和积极性。同时，培训效果评估机制不健全，导致培训效果难以保证。

③激励机制不完善，员工积极性不高。激励机制是激发员工工作积极性和创造力的重要手段。然而，当前露天矿山在激励机制方面仍存在诸多不足，主要表现在以下两个方面：

首先，薪酬体系不合理。部分矿山企业的薪酬体系未能充分体现员工的劳动价值和工作贡献，导致员工对薪酬满意度不高，工作积极性受挫。

其次，精神激励不足。除了物质激励外，精神激励也是激发员工工作积极性的重要手段。部分矿山企业重物质激励，轻精神激励，导致员工工作积极性受挫。

④外委单位管理薄弱，安全隐患突出。在露天矿山生产过程中，

外委单位扮演着重要角色。然而，当前露天矿山在外委单位管理方面仍存在诸多薄弱环节，主要表现在以下三个方面：

首先，人员复杂，素质参差不齐。外委单位人员构成复杂，素质参差不齐，这给矿山安全管理带来了极大挑战。部分外委单位员工安全意识淡薄、操作技能不熟练，容易引发安全事故。

其次，管理难度大。由于外委单位与矿山企业之间存在一定的利益冲突和管理差异，导致外委单位管理难度较大。矿山企业难以对外委单位实施有效的安全监管和质量控制。

最后，安全隐患突出。外委单位在作业过程中往往存在违规操作、设备老化等问题，给矿山生产带来了极大的安全隐患。同时，外委单位与矿山企业之间的沟通协调不畅也容易导致安全事故的发生。

二、智能化转型对人员管理的影响

随着科技的飞速进步，特别是人工智能、大数据、云计算、物联网等技术的广泛应用，国有露天矿山正经历着一场前所未有的智能化变革。这一转型不仅深刻改变了矿山的生产方式和运营效率，更对人员管理产生了深远的影响。以下将从组织结构、岗位职责、技能培训、激励机制多个维度，详细分析智能化转型对人员管理的影响。

1. 组织结构的重构与优化

①扁平化趋势。智能化转型促进了矿山企业组织结构的扁平化。传统矿山企业的组织结构往往层级繁多，信息传递效率较低。而智能化技术的应用，如智能决策支持系统、自动化控制系统等，使管理层能够直接获取一线生产数据，快速做出决策，减少了中间环节，提高了管理效率。这种扁平化的组织结构使管理层更加贴近基层员工，有助于增强组织的灵活性和响应速度。

②部门融合。智能化转型还促进了矿山企业内部部门的融合与新生。随着智能化技术的应用，一些传统部门的功能可能被整合或替代，

而新的部门或岗位则应运而生。例如，数据分析部门、智能设备维护部门等成为矿山企业新的重要组成部分。这种部门间的融合与新生要求企业重新规划人员配置，优化人力资源布局。

2. 岗位职责的重新定义与扩展

①技能要求的提升。智能化转型对矿山员工的技能提出了更高的要求。传统矿山员工主要依赖体力劳动和经验操作，而智能化转型则要求员工具备更高的技术水平和学习能力。员工需要掌握智能化设备的操作、维护和管理知识，同时还需要具备数据处理、分析和决策支持等能力。这种技能要求的提升促使企业要加强员工培训，提高员工的专业素养。

②岗位职责的扩展。随着智能化技术的应用，矿山企业的岗位职责也发生了扩展。除了传统的生产操作、设备维护等职责外，员工还需要承担数据收集、分析、报告等新的职责。这些新增的职责要求员工具备更强的责任心和团队协作能力，以确保智能化系统的稳定运行和数据的准确传递。

3. 技能培训与终身学习

①技能培训的强化。智能化转型促使矿山企业加强员工培训，特别是技能培训。企业需要根据智能化转型的需求，制订针对性的培训计划，提高员工的技术水平和操作能力。培训内容可以包括智能化设备的操作、维护、故障排除以及数据处理、分析等方面的知识和技能。同时，还需要建立完善的培训评估机制，确保培训效果得到有效评估和提升。

②终身学习。智能化转型要求员工具备持续学习和自我提升的能力。随着技术的不断进步和更新，员工需要不断学习新知识、新技能以适应企业的发展需求。因此，需要倡导终身学习的理念，鼓励员工积极参与各种形式的学习活动，如在线课程、工作坊、研讨会等。同时，需要建立学习激励机制，激发员工的学习热情和积极性。

4. 激励机制的创新与调整

①绩效考核的智能化。智能化转型为矿山企业的绩效考核提供了新的手段和工具。通过智能化系统收集和分析员工的工作数据，可以更加客观、准确地评估员工的工作绩效。这种基于数据的绩效考核方式有助于减少主观因素的干扰，提高考核的公正性和准确性。同时，可以根据绩效考核结果制定个性化的激励方案，以激发员工的工作积极性和创造力。

②激励方式的多样化。智能化转型促使矿山企业创新激励方式，实现激励方式的多样化。除了传统的薪酬激励外，企业还可以采用股权激励、职业发展规划、学习机会等非物质激励方式吸引和留住人才。这些激励方式可以更好地满足员工的不同需求，提高员工的归属感和忠诚度。

三、智能化转型对人员管理业务的构建策略

智能化人员管理系统的整体框架旨在通过现代信息技术和智能算法，实现对矿山人员全生命周期的智能化管理。该系统集成了数据采集、数据处理、数据分析及应用四大功能模块，形成了一个闭环的智能化管理体系。

1. 数据采集层

数据采集层是智能化人员管理系统的基石，负责实时、准确地收集矿山人员相关的各类数据，包括但不限于人员基本信息、实时位置信息、工作表现数据、健康与安全数据等。通过多样化的数据采集手段，如物联网传感器、RFID 标签、GPS 定位设备等，系统能够构建出一个人员行为与环境互动的全方位数据网络。

2. 数据处理层

数据处理层负责对采集到的原始数据进行清洗、整合、转换和存储，确保数据质量，为后续分析提供标准化、结构化的数据资源，通

过数据清洗技术去除重复、错误、不完整的数据，通过数据整合技术将来自不同源的数据融合到一个统一的数据平台中，通过数据转换技术将数据格式化为适合分析的形式，最后通过数据存储技术将数据安全地保存在数据库中。

3. 数据分析层

数据分析层是智能化人员管理系统的核心，运用大数据分析、机器学习等先进技术对处理后的数据进行深度挖掘和分析，提取有价值的信息，通过构建各种分析模型，如行为分析模型、风险评估模型、绩效预测模型等，对人员行为、工作表现、安全风险等方面进行全面评估，为管理决策提供科学依据。

4. 应用层

应用层是智能化人员管理系统的最终输出端，将分析结果转化为实际应用场景，直接服务于矿山的人员管理、安全生产、培训教育等各个环节，通过构建一系列智能化应用模块，如智能排班与调度系统、在线培训与安全教育系统、智能绩效考核系统等，实现人员管理的智能化升级。

5. 关键技术应用详解

（1）人员定位与追踪

人员定位与追踪是智能化人员管理系统的基础功能之一，对提高矿山作业的安全性和效率具有重要意义。通过 GPS、RFID 等技术的综合运用，系统能够实现对矿山人员的实时定位和追踪，确保管理人员能够随时掌握人员分布和动态情况。

①GPS 技术。

优势：GPS 技术具有全球覆盖、高精度、实时性强等优点，在户外开阔区域能够提供准确的位置信息。

应用场景：适用于矿山外围区域、运输车辆追踪等场景。

挑战与解决方案：尽管 GPS 技术在露天矿山的外部区域表现优

异，但在矿山内部、隧道或深坑等信号受限区域，其定位精度可能会受到影响。为解决这一问题，可以采用差分 GPS（DGPS）技术，通过地面基站提供精确的时间和位置校正信息，以提高 GPS 接收器的定位精度。此外，还可以结合其他定位技术（如 RFID、蓝牙信标等）作为补充，在 GPS 信号不可用的区域提供定位服务。

②RFID 技术。

工作原理：RFID 技术通过无线电波进行非接触式数据通信，实现标签与读写器之间的信息交换。在矿山中，RFID 标签通常附着在员工的工牌、安全帽或设备上，而读写器则部署在关键区域和出入口。当标签进入读写器的读取范围时，会自动发送其存储的信息（如员工 ID、位置信息等）给读写器，从而实现人员的实时定位和追踪。

优势：RFID 技术具有成本低、部署灵活、抗干扰能力强等优点，在矿山内部等 GPS 信号受限的区域具有显著优势。此外，RFID 系统还可以与门禁系统、考勤系统等集成，实现多功能一体化管理。

挑战与解决方案：RFID 技术的挑战主要在于标签的读取范围和精度。为提高读取范围，可以采用高灵敏度的读写器和优化的天线设计；为提高精度，可以采用多读写器协同工作或结合其他定位技术（如蓝牙信标）进行辅助定位。

（2）智能排班与调度

智能排班与调度是智能化人员管理系统的核心功能之一，通过算法优化人力资源配置，提高工作效率和安全性，基于矿山作业需求、人员能力、工作时间限制等多种因素，自动生成最优的排班和调度方案。

①优化算法。智能排班与调度系统通常采用遗传算法、蚁群算法、模拟退火算法等优化算法，根据预设的目标函数（如成本最小化、效率最大化等）进行求解。这些算法能够在复杂约束条件下找到接近最优的排班和调度方案。

②机器学习。随着机器学习技术的发展，智能排班与调度系统还可以引入机器学习模型来预测人员需求、评估人员能力等。通过不断学习历史数据和实时信息，系统能够更准确地理解作业需求和人员状态，从而生成更加合理的排班和调度方案。

应用场景：主要适用于日常排班、临时调度、人力资源优化等方面。

日常排班：根据矿山作业计划和人员能力，自动生成日常排班表，确保各岗位人员充足且能力匹配。

临时调度：在突发情况或特殊任务下，快速响应并调整排班和调度方案，确保任务顺利完成。

人力资源优化：通过长期的数据分析和优化迭代，不断调整排班和调度策略，提高人力资源利用效率并降低成本。

（3）在线培训与安全教育

在线培训与安全教育是智能化人员管理系统的重要组成部分，通过虚拟现实（VR）、增强现实（AR）等新型培训方式，提供沉浸式的学习体验，增强员工的应急处理能力和安全意识。

①VR技术。通过模拟真实工作环境和危险场景，VR技术能够为员工提供身临其境的学习体验。员工可以在虚拟环境中进行设备操作、故障排查、应急演练等训练，提高员工技能水平和应对能力。

②AR技术。AR技术将虚拟信息叠加到现实世界中，为员工提供实时的指导和支持。在培训过程中，员工可以通过AR设备查看设备的内部结构、工作原理和维修步骤等信息，加深对知识的理解和掌握。

优势与应用：VR技术与AR技术的优势与应用主要体现在以下三个方面：

①沉浸式学习。VR技术和AR技术能够模拟真实场景和情境，使员工在虚拟环境中进行学习和训练，提高学习的趣味性和有效性。

②降低培训成本。相比传统的实地培训和模拟训练方式，VR技

术和 AR 技术能够大大降低培训成本和风险。员工可以在安全的环境中进行反复练习和模拟操作，无须担心设备损坏或人身伤害等问题。

③个性化教学。VR 技术和 AR 技术还能够根据员工的学习进度和能力水平进行个性化教学。系统可以根据员工的反馈和表现调整教学内容和难度级别，确保每位员工都能获得最适合自己的培训体验。

（4）智能绩效考核

智能绩效考核是智能化人员管理系统的关键功能之一，通过大数据分析技术实现绩效指标的精准评估和管理。该功能基于员工的工作表现数据、任务完成情况、技能水平等多种因素进行综合评估，为员工的晋升、奖惩等提供科学依据。

大数据分析技术主要包括以下五个方面：

①数据收集与整合。智能绩效考核系统首先需要收集员工的工作表现数据、任务完成情况、技能水平等多方面的信息，可以来自不同的数据源（如考勤系统、生产管理系统、培训记录等），并通过数据整合技术将这些信息整合到一个统一的数据平台中。

②指标设定与评估。在数据整合的基础上，系统需要设定一套科学合理的绩效指标体系。这些指标应该能够全面反映员工的工作表现和能力水平，并与企业的战略目标和业务需求相契合。然后系统会根据这些指标，对员工的数据进行深度挖掘和分析，采用统计方法、机器学习算法等技术手段，对员工的绩效进行客观、精准的评估。

③统计方法。利用描述性统计、推断性统计等方法，对员工的工作数据进行汇总、分类、比较和预测，从而得出员工的绩效表现。

④机器学习算法。通过训练机器学习模型，系统能够自动识别并预测员工的绩效趋势，发现潜在的高绩效员工或需要改进的员工。机器学习算法可以处理复杂的非线性关系，考虑多个变量之间的相互作用，从而提供更准确的绩效评估结果。

⑤自然语言处理（NLP）。在涉及员工评价、反馈等文本数据时，

NLP 技术可以帮助系统理解并提取关键信息，用于绩效评估。NLP 技术能够分析员工的语言风格、情感倾向等，为绩效评估提供额外的维度。

应用场景：大数据分析技术智能绩效考核的应用主要体现在以下三个方面：

①定期绩效评估。根据设定的评估周期（如月度、季度、年度），系统自动对员工进行绩效评估，并生成评估报告。评估报告包含员工的绩效得分、优势、不足及改进建议等信息，为管理层提供决策支持。

②实时绩效监控。系统还可以实时监控员工的工作表现，对异常情况进行预警和提醒。例如，当员工的工作效率突然下降或任务完成情况不佳时，系统可以自动发出警报，帮助管理层及时采取措施进行干预。

③个性化绩效提升计划。基于员工的绩效评估结果和个性化需求，系统可以生成个性化的绩效提升计划。这些计划包括针对性的培训建议、工作指导、资源分配等，旨在帮助员工提高绩效水平并实现个人发展目标。

（5）应急管理系统

应急管理系统是智能化人员管理系统中不可或缺的一部分，它构建了一个快速响应的应急指挥平台，旨在提升矿山企业在面对突发事件时的危机处理能力。

①物联网（IoT）。通过部署物联网传感器和设备，实时监测矿山环境参数（如气体浓度、温度、湿度等）和关键设施状态（如设备运行状态、人员分布等）。一旦检测到异常情况或触发预警条件，系统能够立即启动应急响应机制。

②通信与调度。应急管理系统集成了多种通信手段（如语音通话、视频会议、短信通知等），确保在紧急情况下能够快速、准确地传递信息和指令。系统还支持一键式报警和紧急呼叫功能，方便员工在紧急情况下迅速求助。

③智能决策支持。结合大数据分析和人工智能算法，应急管理系统能够在紧急情况下提供智能决策支持。系统可以分析历史数据和实时信息，预测事件发展趋势和潜在影响范围，为管理层提供科学合理的决策建议。

应用场景：应急管理系统主要应用场景包括以下三个方面：

①紧急事件响应。当矿山发生紧急事件（如火灾、坍塌、有毒气体泄漏等）时，应急管理系统能够迅速启动响应机制，协调各方资源进行救援和处置。系统通过通信与调度功能，确保信息畅通无阻，指挥有序有力。

②应急演练与培训。为了提高矿山员工的应急处理能力和团队协作能力，应急管理系统还可以支持应急演练和培训工作。通过模拟真实场景和情境，系统能够帮助员工熟悉应急流程和操作规范，提高应对突发事件的能力和水平。

③风险评估与预防。通过大数据分析和人工智能算法的应用，应急管理系统还能够对矿山的风险因素进行持续监测和评估。系统可以预测潜在的安全隐患和危机事件，并提前制定预防措施和应对方案，降低事故发生的概率和影响程度。

四、智能化人员管理面临的挑战与对策

1. 智能化人员管理面临的挑战

①技术认知与接受度低。在智能化转型过程中，最大的挑战之一来自于人员对新技术的认知和接受度。长期以来，矿山从业人员习惯于传统的作业方式，对智能化设备的操作和维护缺乏必要的技能和知识，这种心态不仅影响了新技术的推广和应用，也制约了矿山智能化转型的进程。

②数据管理与分析能力不足。智能化管理依赖于大量的数据收集、处理和分析。然而，在露天矿山中，由于历史原因和技术条件的限制，

数据管理和分析能力普遍较弱。一方面，矿山信息化基础薄弱，数据采集和存储手段落后；另一方面，缺乏专业的数据分析人才和工具，导致海量数据无法得到有效利用，严重制约了智能化决策的制定和优化调整的实施。

③安全隐患与风险控制难度增加。智能化转型虽然提高了矿山作业的效率和准确性，但同时带来了新的安全隐患和风险控制难题。智能化设备和系统的复杂性增加了故障发生的可能性；同时，数据泄露和网络安全问题也可能对矿山运营造成严重影响。如何确保智能化设备和系统的安全稳定运行？如何有效防范和应对各种安全风险？这些都是智能化人员管理必须面对的重要问题。

④组织结构与人员配置不适应。智能化转型要求矿山企业重新构建组织结构、优化人员配置。然而，在露天矿山中，由于历史遗留问题和制度惯性等因素的影响，组织结构和人员配置往往难以适应智能化转型的需求。一方面，传统的管理层级和部门划分限制了信息的流通和资源的共享；另一方面，人员结构和技能水平无法满足智能化设备和系统操作、维护的需求，导致出现管理效率低下和资源浪费的问题。

⑤人力资源开发与培训滞后。智能化转型对人才的需求提出了更高的要求。然而，在露天矿山中，人力资源开发与培训往往滞后于智能化转型的步伐。一方面，缺乏针对智能化转型的专项培训计划和课程体系；另一方面，培训资源有限且分配不均导致部分员工无法获得必要的培训机会，制约了员工技能水平的提升和智能化转型的深入推进。

2. 应对策略

①加强宣传教育与技能培训。针对对新技术认知不足和接受度低的问题，应积极开展宣传教育和技能培训工作。通过举办专题讲座、现场演示、经验交流等形式普及智能化技术的重要性和优势；同时制

订详细的培训计划和课程体系，进行系统性、针对性的技能培训。通过提高技能水平和认知能力激发员工参与智能化转型的积极性和创造力。

②构建智能化数据管理体系。针对数据管理与分析能力不足的问题，矿山企业应构建智能化数据管理体系。首先，加强信息化建设，完善数据采集和存储手段，实现数据的实时采集和集中存储；其次，引进先进的数据分析工具和技术，提高数据分析能力；最后，建立健全数据管理制度，确保数据的质量和安全。通过构建智能化数据管理体系为智能化决策提供有力支持。

③强化安全管理与风险控制。针对安全隐患与风险控制难度增加的问题，矿山企业应强化安全管理与风险控制工作。首先，加强智能化设备和系统的安全评估和检测，确保其符合相关标准和规范；其次，建立完善的安全管理制度和应急预案，提高应对突发事件的能力；最后，加强网络安全防护和数据加密技术，确保数据的传输和存储安全。通过强化安全管理与风险控制工作，为智能化转型提供有力保障。

④优化组织结构与人员配置。针对组织结构与人员配置不适应的问题，应优化组织结构和人员配置。首先，根据智能化转型的需求重新构建组织结构，打破传统的管理层级和部门划分，以便实现信息的流通和资源的共享；其次，根据岗位需求和员工技能水平进行人员配置，确保每个岗位都能配备合适的人选；最后，建立灵活的人才流动机制，鼓励员工跨部门、跨岗位交流和学习，从而提高员工的综合素质和适应能力。

⑤加强人力资源开发与培训。针对人力资源开发与培训滞后的问题，应加强人力资源开发与培训工作。首先，制订详细的人力资源开发计划，明确人才需求和培养方向；其次，引进先进的培训资源和工具，建立完善的培训体系；最后，鼓励员工参加各种形式的培训和学习活动，进而提高员工的技能水平和综合素质。通过加强人力资源开

发与培训工作，为智能化转型提供有力的人才支撑。

⑥推动智能化技术与生产流程的深度融合。智能化转型不仅仅是引入新技术和新设备，更重要的是将这些新技术、新设备与矿山的生产流程深度融合，实现生产过程的智能化、自动化和高效化。因此，应深入分析现有生产流程中的瓶颈和痛点，结合智能化技术的特点，制定针对性的解决方案。例如，利用物联网技术实现设备间的互联互通，通过大数据分析来优化生产调度和资源配置，利用人工智能算法来预测设备故障和维护需求等。这些措施将显著提升矿山的生产效率和资源利用率。

⑦鼓励技术创新与研发。技术创新是推动智能化转型的重要动力。矿山企业应加大对智能化技术的研发投入，鼓励技术创新和研发活动。可以设立专门的研发机构或团队，与高校、科研机构等合作，共同开展关键技术的研究和攻关。同时，建立激励机制，对在技术创新中做出突出贡献的个人或团队给予表彰和奖励，激发员工的创新热情和创造力。

⑧推广智能化管理工具和方法。智能化管理工具和方法的应用可以显著提升矿山企业的管理效率和决策水平。例如，利用 ERP（企业资源计划）系统实现资源的全面管理和优化配置；利用 CRM（客户关系管理）系统提升客户服务质量和市场响应速度；利用 BI（商业智能）工具进行数据挖掘和分析，为决策提供有力支持。矿山企业应积极推广这些智能化管理工具和方法，并结合自身实际情况进行定制化和优化，以更好地满足企业管理的需求。

⑨吸引和留住高端人才。智能化转型需要高端、专业化的人才的支撑。应制定具有竞争力的人才引进政策，吸引国内外优秀人才加入。同时，通过提供优厚的薪酬福利、良好的工作环境和广阔的发展空间等措施，留住现有高端人才。此外，还可以建立人才梯队和后备力量培养机制，确保企业人才队伍的持续稳定发展。

⑩建立多元化的人才激励机制。多元化的人才激励机制是激发员工积极性和创造力的重要手段。应建立包括薪酬激励、股权激励、职业发展激励等在内的多元化激励机制。通过制定合理的薪酬结构和绩效考核体系，确保员工的付出得到应有的回报；通过股权激励等方式将员工的利益与企业的长远发展紧密联系在一起；通过提供广阔的职业发展空间和晋升机会，激发员工的职业追求和成就感。

第三节 环境管理业务

一、露天矿山环境管理现状分析

（一）露天矿山环境管理现状

1. 土地资源破坏严重

露天开采过程中，不可避免地对土地资源造成一定的破坏。这主要体现在矿山工业广场的建设、矸石堆放、开山修路、地面塌陷及矿山剥离等方面，这不仅占用了大量土地资源，还导致山体、斜坡稳定性受到影响，可能诱发崩塌、滑坡等地质灾害。同时，矿山排放的废石（渣）堆积于山坡或沟谷，在暴雨等极端天气条件下极易引发泥石流等自然灾害。

2. 水资源污染与破坏

露天矿山开采过程中，对水资源的影响同样不容忽视。矿山采矿活动涉及疏干排水，改变了地下水自然流场及补、排条件，打破了大气降水、地表水、地下水的均衡转化。此外，选冶废水未达标排放也是导致矿区附近地表水体遭受污染的重要原因。这些废水中的有害物质如重金属、硫化物等，会对农田灌溉、人畜饮水以及整个生态系统造成严重影响。

3. 大气及噪声污染

露天矿山开采过程中产生的大量粉尘是大气污染的主要来源之一。矿石开采、破碎、筛分、转运等环节均会产生大量粉尘，不仅影响矿区及周边地区的大气环境质量，还会对人们的身体健康造成危害。此外，矿山开采设备运行中产生的噪声也是污染的一种表现形式，其高强度、持续性的噪声污染会对周边居民和生态环境造成严重影响。

4. 生态破坏与生物多样性丧失

露天矿山开采活动对生态环境的影响是全方位的。除了上述的土地资源、水资源和大气污染外，矿山开采还会破坏原有的植被覆盖和生态系统结构，导致生物多样性丧失。植被破坏后，土壤侵蚀加剧，水土流失严重，进一步加剧了生态环境的恶化。同时，矿山开采过程中产生的废弃物和污染物也会对周边地区的生态系统造成长期影响，图 2-13 为露天矿环境破坏情况。

图 2-13 露天矿环境破坏情况

资料来源：视觉中国旗下网站。

5. 法规政策执行不力

尽管国家已经出台了一系列关于矿山环境保护的法律法规和政策措施，但在实际执行过程中仍存在诸多问题。一方面，部分矿山企业环保意识淡薄，为了追求经济利益而忽视环境保护责任；另一方面，监管部门在执法过程中存在力度不够、监管不到位等问题，导致一些违法行为得不到有效遏制。

（二）露天矿山环境管理存在的问题与挑战

1. 技术水平有限

当前，露天矿山环境管理技术水平相对有限，难以满足日益严格的环境保护要求。例如，在粉尘治理方面，虽然已有一些成熟的除尘技术和先进设备，但在实际应用中仍存在效果不理想、运行成本高等问题。此外，在废水处理、生态修复等方面也缺乏高效、经济的解决方案。

2. 资金投入不足

露天矿山环境管理需要大量的资金投入用于技术研发、设备购置、污染治理和生态修复等方面。然而，由于历史原因和经济利益的驱动，部分矿山企业在环境管理方面的投入不足，导致环境治理效果不理想。同时，政府在矿山环境治理方面的投入也有限，难以满足日益增长的治理需求。

（三）对策建议

1. 加强技术创新与研发

技术创新是提升露天矿山环境管理水平的关键。未来应加大对环境管理技术的研发投入力度，鼓励企业、高校和科研机构等合作开展技术研发和成果转化。重点研发高效除尘技术、废水处理技术、生态修复技术等关键技术，提高环境治理效果和资源利用效率。

2. 加大资金投入力度

资金投入是保障露天矿山环境管理有效实施的重要基础。未来应建立多元化的资金投入机制，加大政府财政投入力度；同时引导社会资本参与矿山环境治理和生态修复项目，通过税收优惠、补贴政策等方式激励企业增加环保投入。此外，还应探索建立环境保护基金，为长期、大规模的矿山环境治理项目提供资金支持。

3. 推动智能化转型

智能化转型是提升露天矿山环境管理水平的重要途径。通过引入物联网、大数据、人工智能等现代信息技术，实现矿山开采、环境监测、污染治理等环节的智能化管理。例如，利用无人机进行环境监测和生态评估，利用智能传感器实时监测污染物排放情况，利用大数据分析优化环保设施运行参数等。智能化转型将显著提高矿山环境管理的效率和准确性，降低管理成本和风险。

4. 实施绿色矿山建设

绿色矿山建设是露天矿山环境管理的长期目标。通过实施绿色矿山建设，推动矿山企业转变发展方式，实现资源节约、环境友好和经济效益的协调发展。绿色矿山建设应贯穿于矿山规划、设计、建设、运营和闭坑全过程，注重生态环境保护、资源高效利用和社区和谐发展。同时，建立绿色矿山评价指标体系，对矿山企业进行定期评估和考核，激励其不断提升环境管理水平。

二、智能化转型对环境管理的影响

（一）技术革新带来的变革

1. 物联网技术的应用

物联网技术通过连接各种智能设备，实现了对环境的全面感知和实时监控。在环境管理中，物联网传感器可以部署在各种关键区域，持续收集环境数据，如空气质量、水质状况、土壤湿度等。这些数据通过无线网络实时传输到中央处理系统，为管理者提供了前所未有的环境信息透明度。

物联网技术的引入，使环境管理不再局限于定期的、点状的采样分析，而是转变为连续的、面状的全面监测。这种转变不仅提高了环境监测的时效性，还为及时发现和解决环境问题提供了有力支持。

2. 遥感技术的贡献

遥感技术利用卫星或无人机等高空平台，远距离感知和监测地面环境。通过遥感图像，可以迅速识别出地表的污染状况、植被覆盖情况等重要环境信息。这种技术特别适用于大范围的环境监测和评估，为管理者提供了宏观的环境视角。

在环境管理中，遥感技术可以帮助管理者快速定位污染源，评估污染程度和范围，为后续的治理工作提供科学依据。此外，遥感技术还可以用于监测生态保护区的状况，确保生态修复项目的有效实施。

3. 大数据分析的潜力

大数据分析技术为环境管理带来了全新的数据分析方法。通过整合来自各种来源的庞大数据集，包括实时监测数据、历史记录、遥感图像等，大数据分析可以揭示出环境变化的深层次规律和趋势。

在环境管理中，大数据分析不仅有助于发现环境问题，还能预测未来可能出现的环境风险，对制定前瞻性的环境管理策略至关重要，可以帮助管理者在问题出现之前就采取有效的预防措施。

（二）管理模式的创新

1. 实时监测与动态管理

智能化转型推动了环境管理从静态向动态的转变。通过实时监测技术，管理者可以随时掌握环境的最新状况，并根据数据变化及时调整管理策略。这种动态管理方式更加灵活和高效，有助于快速应对各种突发环境事件。

2. 预警预测系统的建立

基于大数据分析和机器学习技术，可以构建环境预警预测系统。这类系统能够分析历史数据和实时监测数据，预测未来环境指标的变化趋势，并在达到预警阈值时自动发出警报，大大提高了环境管理的主动性和预防性。

3. 精准治理的实现

智能化手段还为环境管理带来了精准治理的可能。通过对环境数据的深入挖掘和分析，可以准确识别出环境问题的根源和关键影响因素。这使治理措施能够更加精确地针对问题核心，提高治理效率和效果。

（三）效率与效果的双重提升

1. 提高环境监测精度

智能化转型显著提高了环境监测的精度。物联网传感器的高灵敏度和遥感技术的高分辨率使环境数据的收集更加准确和全面。同时，大数据分析技术能够对这些数据进行深度挖掘和处理，进一步提升了监测结果的精确性。

精度的提升意味着管理者能够更准确地了解环境的真实状况，为制定科学有效的管理策略提供坚实基础。

2. 加快污染治理速度

通过智能化手段，污染治理的速度得到了显著提升。实时监测和预警预测系统能够及时发现环境问题，为管理者提供足够的反应时间。同时，精准治理策略确保了治理措施的高效实施，缩短了污染治理的周期。

污染治理速度的提升不仅有助于减轻环境问题的负面影响，还能降低治理成本，提高环境管理的整体效益。

3. 优化生态修复方案

智能化转型还为生态修复项目的规划和实施提供了有力支持。通过遥感技术和大数据分析，可以准确评估生态受损区域的状况和修复潜力。这使生态修复方案能够更加科学的制定，避免资源的浪费和无效投入。

同时，智能化监测手段可以实时跟踪生态修复项目的进展情况，确保修复措施的有效实施。这种优化的生态修复方案不仅提高了修复效率，还有助于提升生态系统的整体健康水平。

三、智能化环境管理业务构建策略

（一）系统总体架构

智能化环境管理系统是一个复杂的综合体系，其核心在于实现环境数据的全面感知、智能分析和科学决策。系统总体架构通常包括数据采集层、数据传输层、数据存储层、数据分析层、决策支持层以及用户交互层等关键组成部分。

①数据采集层。利用多样化的传感器网络（包括无人机、卫星遥感、地面传感器等）实现对大气、水体、土壤、噪声等环境要素的实时监测。这些传感器能够捕获高精度、高频次的环境数据，为后续分析提供丰富的数据源。

②数据传输层。借助物联网技术，实现监测数据的安全、快速传输至数据中心。该层负责数据的初步处理（如数据压缩、加密）和传输协议的适配，确保数据的实时性和完整性。

③数据存储层。采用分布式存储架构，构建高性能、可扩展的数据仓库。该层不仅能存储原始监测数据，还能存储经过处理和分析的中间结果及最终报告，为数据分析和决策支持提供数据支撑。

④数据分析层。运用大数据分析、机器学习等 AI 技术，对海量环境数据进行深度挖掘和智能分析。通过构建预测模型、关联规则挖掘等手段，发现数据背后的规律和趋势，为环境风险的早期预警和精准治理提供科学依据。

⑤决策支持层。结合 GIS、可视化技术等，构建智慧化决策支持系统。该系统能够自动整合分析成果，生成直观的决策支持报告和可视化图表，为管理层提供科学依据和决策建议。

⑥用户交互层。开发用户友好的交互界面，支持 Web 端、移动端

等多种访问方式。通过简洁明了的操作界面和实时更新的数据展示，方便公众、企业、政府部门等不同用户群体获取环境信息、参与环境管理和监督。

（二）系统集成与互操作性

在构建智能化环境管理系统时，应注重系统的集成性和互操作性。通过制定统一的数据标准和接口规范，实现不同监测设备、不同软件系统之间的无缝对接和数据共享，不仅可以避免信息孤岛和重复建设，还能提高系统的整体性能和效率。同时，加强与其他城市管理系统的联动（如智慧交通、智慧水务等），形成跨领域、跨部门的协同管理机制，进一步提升环境治理的效能。

（三）关键技术应用

1. 无人机与卫星遥感技术

无人机以其灵活性高、成本低、覆盖范围广等优势，在环境监测中发挥着重要作用。通过搭载高分辨率相机、红外热像仪、光谱仪等传感器，无人机可以实现对特定区域环境的快速巡查和精细监测。例如，在森林火灾监测中，无人机可以及时发现火情并传输实时画面至指挥中心，为灭火行动提供有力支持。卫星遥感技术则以其宏观视野和周期性监测能力，为环境监测提供了全局性的数据支持。通过定期拍摄高分辨率卫星图像，可以监测土地利用变化、植被覆盖情况、水体污染等环境问题。

2. 地面传感器网络

构建密集的地面传感器网络是实现环境要素连续、实时监测的重要手段。传感器类型应多样化，以满足不同环境要素监测的需求。例如，空气质量监测站可以监测 $PM_{2.5}$、SO_2、NO_x 等污染物浓度；水质监测仪可以监测水体中的 pH 值、溶解氧、重金属含量等指标；噪声监测仪则可以监测城市噪声污染情况。通过智能优化传感器布局和采集频率，可以提高监测效率和数据质量。

3. 大数据分析技术

大数据分析技术能够处理海量、复杂的环境数据，提取有价值的信息和规律。通过构建数据仓库和数据分析平台，可以对监测数据进行深度挖掘和关联分析。例如，利用时间序列分析技术可以预测未来一段时间内的空气质量变化趋势；利用聚类分析技术可以发现不同区域之间的环境差异和相似性；利用关联规则挖掘技术可以发现不同环境要素之间的相互影响关系。这些分析结果可以为环境风险的早期预警和精准治理提供科学依据。

4. AI 算法应用

引入机器学习、深度学习等 AI 算法可以进一步提高数据分析的智能化水平。AI 算法能够自动学习历史数据中的特征模式，识别异常数据和潜在风险。例如，在空气质量监测中，AI 算法可以识别出污染物浓度的异常波动并及时发出预警信号；在水质监测中，AI 算法可以预测水体污染事件的发生概率和影响范围。这些预警信息可以为管理层提供及时的决策支持，防止环境污染事件的扩散和恶化。

5. 决策辅助工具

开发智能化的决策辅助工具是构建智慧化决策支持系统的关键。这些工具能够自动整合和分析各类环境数据，生成决策建议报告和可视化图表。例如，在空气质量管理中可以开发空气质量预测模型和污染预警系统；在水资源管理中可以开发水资源调度系统和水质监测预警系统。这些工具为管理层提供了直观的决策支持界面和科学依据。

6. 情景模拟与预测

利用情景模拟技术可以对未来环境发展趋势进行预测和评估。通过设定不同的政策情景和治理方案，模拟其可能产生的环境影响和经济效益。例如，在气候变化研究中可以模拟不同温室气体排放情景下的气候变化趋势；在城市规划中可以模拟不同建设方案对城市环境的影响。这些情景模拟结果可以为管理层提供多方案选择的机会和科学依据。

四、智能化环境管理业务面临的挑战与对策

（一）数据采集与整合难题

在智能化环境管理系统中，数据采集是首要环节。然而，由于环境监测点分布广泛、类型多样，数据采集面临诸多难题。一方面，不同监测设备之间的数据格式、传输协议可能不一致，导致数据整合困难；另一方面，部分偏远地区或复杂环境下的监测设备难以部署和维护，影响数据采集的完整性和准确性。其解决方案可以从以下三个方面考虑：

①统一数据标准。推动制定统一的环境监测数据标准和传输协议，确保不同设备之间的数据兼容性和可交换性。

②智能化设备研发。加强智能化监测设备的研发，提高设备的适应性和稳定性，降低部署和维护成本。

③物联网技术应用。利用物联网技术实现监测设备的远程监控和智能管理，提高数据采集的效率和可靠性。

（二）数据分析与挖掘难题

环境数据具有海量、复杂、多维的特点，传统的数据分析方法难以有效挖掘数据背后的规律和趋势。同时，随着监测数据的不断增加，数据存储和处理的压力也越来越大。其解决方案可以从以下三个方面考虑：

①大数据与 AI 技术融合。运用大数据和人工智能技术，对海量环境数据进行深度挖掘和分析，发现数据背后的规律和趋势。

②云计算与边缘计算结合。利用云计算平台强大的数据处理能力，结合边缘计算的低延迟特性，实现数据的高效处理和分析。

③构建智能分析模型。根据环境管理需求，构建针对性的智能分析模型，如预测模型、分类模型等，为环境决策提供科学依据。

（三）系统集成与互操作性难题

智能化环境管理系统往往涉及多个子系统和不同技术平台的集成，不同系统之间的互操作性成为一大难题。此外，随着系统规模的扩大和功能的增加，系统的复杂性和维护难度也随之上升。其解决方案可以从以下三个方面考虑：

①制定统一接口标准。推动制定统一的系统接口标准和数据交换标准，确保不同系统之间的无缝对接和数据共享。

②采用微服务架构。采用微服务架构设计系统，将系统拆分为多个独立的服务模块，降低系统耦合度，提高系统的可扩展性和可维护性。

③加强系统测试与验证。在系统开发过程中加强测试和验证工作，确保系统的稳定性和可靠性。同时，建立完善的系统维护机制，及时处理系统运行过程中出现的问题。

第四节　设备管理业务

一、设备管理业务现状与问题分析

（一）传统设备管理模式概述

1. 设备采购

传统设备采购的流程往往基于经验判断和市场调研，缺乏系统的需求分析和成本效益评估。根据生产计划和预算，提出设备采购需求，经过内部审批后，通过招标或询价方式选择供应商。采购过程中，对设备的技术参数、性能指标、售后服务等方面的考量可能不够全面，导致采购的设备不能完全满足生产需求或存在质量隐患。

2. 安装调试

设备到货后，由专业的安装团队进行安装调试。这一过程包括设备的安装定位、电气接线、机械调试、软件配置等。传统模式下，安装调试往往依赖于技术人员的个人经验和技能水平，缺乏标准化的操作流程和质量控制机制。此外，安装调试过程中的数据记录不完整，难以为后续的设备管理和维护提供有力支持。

3. 日常维护

日常维护是保持设备良好运行状态的重要手段。传统模式下，日常维护主要依赖于定期检查和保养，如更换润滑油、清洁设备、紧固螺栓等。然而，这种维护方式往往存在滞后性和盲目性，不能及时发现并处理潜在故障。同时，由于设备信息不透明，维护人员难以准确判断设备的实际状况，导致维护效率低下，成本高昂。

4. 故障维修

当设备发生故障时，需要进行及时维修以恢复生产。传统模式下，故障维修通常采取"头痛医头、脚痛医脚"的方式，即根据故障现象进行局部修复，缺乏对故障根源的深入分析和预防措施的制定。此外，由于备件管理混乱，维修过程中常出现备件短缺或库存积压的情况，影响维修效率和成本控制。

5. 报废处理

设备达到使用寿命或无法修复时，需要进行报废处理。传统模式下，报废处理往往缺乏规范的流程和标准，导致资源浪费和环境污染。同时，对报废设备的剩余价值评估不足，未能实现资源的最大化利用。

（二）设备管理业务面临的挑战

1. 设备信息不透明，管理决策缺乏数据支持

在传统设备管理模式中，设备信息往往分散在各个部门或管理者手中，难以形成统一的数据平台。这导致管理层在做出设备采购、维护、报废等决策时缺乏充分的数据支持，容易出现决策失误。例如，

由于无法准确掌握设备的运行状况和维修历史，管理层可能无法准确评估设备的剩余价值和使用寿命，从而做出不合理的报废决策。

2. 维护保养不及时，导致设备非计划停机频繁

传统设备管理模式下，维护保养往往依赖于定期检查和保养计划。然而，这种维护方式存在滞后性和盲目性，不能及时发现并处理潜在故障。当设备出现故障时，往往需要停机进行维修，导致生产中断和成本增加。此外，由于维护保养不及时或不到位，设备的磨损和老化速度加快，进一步增加了非计划停机的风险。

3. 备件管理混乱，库存积压与短缺并存

备件管理是设备管理的重要组成部分。然而，在传统设备管理模式下，备件管理往往存在混乱现象。一方面，由于缺乏科学的库存管理和预测分析机制，备件库存容易出现积压现象，占用大量资金和资源；另一方面，当设备发生故障需要维修时，又常常出现备件短缺的情况，影响维修效率和生产进度。这种库存积压与短缺并存的现象不仅增加了企业的运营成本和管理难度，还降低了企业的市场竞争力。

4. 安全隐患难以实时监控，事故风险高

露天矿山作业环境复杂多变，存在诸多安全隐患。然而，在传统设备管理模式下，安全隐患往往难以得到实时监控和有效防控。一方面，由于设备信息不透明和监测手段有限，管理人员难以及时发现并处理设备的安全隐患；另一方面，由于维护保养不及时和备件管理混乱等原因，设备的安全性能得不到有效保障。这些因素都会增加事故发生的风险，对矿山企业的安全生产构成了严重威胁。

二、智能化转型对设备管理的影响

（一）技术革新带来的变革

1. 物联网技术在设备管理中的应用前景

物联网技术通过传感器、RFID、GPS 等设备将物理世界与数字世

界紧密相连，实现了设备之间、设备与云端之间的信息交互与共享。在设备管理领域，物联网技术的应用前景广阔。

①实时数据采集。物联网技术能够实时采集设备的运行状态、工作环境、使用效率等多维度数据，为设备管理提供丰富的数据源。这些数据经过处理后，可以形成设备的"数字孪生"，帮助管理者全面了解设备的实际情况。

②远程监控与控制。借助物联网技术，管理者可以实现对设备的远程监控与控制，无须亲临现场即可了解设备的运行状况，并进行必要的调整和优化。这大大提高了管理效率，降低了人力成本。

③智能诊断与预警。物联网技术结合智能算法，可以对设备数据进行深度分析，提前发现潜在故障并发出预警信号，使管理者有足够的时间采取措施避免设备停机或事故发生。

2. 大数据在设备管理中的应用前景

大数据技术的出现，使海量数据的处理和分析成为可能。在设备管理领域，大数据技术为管理者提供了强大的决策支持工具。

①预测性维护。基于大数据分析，管理者可以预测设备的维护周期和故障点，制订更加科学合理的维护计划。这不仅可以降低设备的维护成本，还可以减少非计划停机时间，提高设备的可靠性和生产效率。

②优化资源配置。通过大数据分析，管理者可以了解设备的使用情况和性能差异，从而优化设备的配置和使用计划。例如，可以将性能较好的设备安排在关键生产环节，提高整体生产效率；对于性能较差的设备则进行及时更换或升级。

③智能决策支持。大数据技术还可以为管理者提供智能决策支持服务。通过对历史数据的挖掘和分析，管理者可以发现设备运行中的规律和趋势，为未来的设备管理决策提供有力依据。

3. 人工智能在设备管理中的应用前景

人工智能技术的飞速发展，为设备管理带来了更加智能化的解决方案。

①故障智能诊断。利用 AI 技术中的机器学习算法和深度学习模型，可以对设备故障进行智能诊断。这些算法能够自动识别故障特征并给出相应的解决方案或建议，大大缩短了故障排查和修复的时间。

②智能优化调度。AI 技术还可以帮助管理者实现设备的智能优化调度。通过对设备使用情况和生产需求的综合分析，AI 算法可以自动调整设备的运行参数和使用计划，以达到最优的生产效率和资源利用率。

③自适应学习。AI 技术具有强大的自适应学习能力。在设备管理过程中，AI 系统可以不断学习和积累经验，逐渐提升自身的诊断精度和调度效率。这种自适应学习能力使 AI 系统在设备管理领域具有广泛的应用前景和巨大的发展潜力。

（二）管理模式的创新

1. 实时监测与预警

在智能化转型的背景下，设备管理实现了从被动应对到主动预防的转变。通过物联网技术实现设备状态的实时监测和预警，管理者可以及时发现并处理潜在问题，避免设备故障和事故的发生。这种实时监测与预警机制不仅提高了设备管理的效率和精度，还降低了企业的运营风险和成本。

①实时数据采集与分析。物联网传感器实时采集设备的运行状态数据并传输至云端或本地数据中心进行处理和分析。这些数据包括设备的温度、压力、振动、转速等关键参数以及工作环境中的温度、湿度、粉尘浓度等信息。通过对这些数据的综合分析可以判断设备的健康状况和潜在风险。

②预警系统建设。基于数据分析结果建立预警系统对潜在风险进行分级预警。当设备数据出现异常或超出预设阈值时系统会自动发出预警信号提醒管理者关注并采取相应的措施。预警系统还可以根据历

史数据和经验模型预测设备故障的发展趋势，从而为管理者提供更加准确的决策支持。

2. 预防性维护

传统的维护方式往往是在设备出现故障后才进行维修，这种"事后补救"的方式不仅成本高而且影响生产效率。而基于大数据分析的预防性维护策略则能够在设备故障发生前进行维护，从而减少非计划停机时间和维修成本。

①维护周期预测。通过对设备历史数据的分析可以找出设备维护周期的规律并结合当前设备的运行状态预测未来的维护需求。这种预测不仅考虑了设备的运行时间和使用强度，还考虑了设备的工作环境和使用条件等因素，使预测结果更加准确可靠。

②维护计划制订。根据预测结果制订科学合理的维护计划，明确维护的时间、内容、方式等要素。维护计划还可以根据生产需求和设备优先级进行调整以确保关键设备的可靠性和生产效率。

③维护效果评估。在维护完成后对维护效果进行评估以验证预防性维护策略的有效性并不断优化和完善维护策略。评估内容包括设备的运行状态、维护成本、生产效率等多个方面。

3. 智能化调度

智能化调度是设备管理智能化的重要体现之一。通过优化设备使用计划提高设备利用率和工作效率，从而降低生产成本和能耗。

①生产需求预测。根据历史生产数据和市场需求预测未来的生产需求，为设备调度提供依据。预测结果可以帮助管理者合理安排生产计划避免生产过剩或不足的情况发生。

②设备性能评估。对设备的性能进行评估，了解设备的生产能力、效率、稳定性等关键指标。评估结果可以为设备调度提供重要参考，帮助管理者选择最适合当前生产任务的设备组合。

③智能调度算法。基于生产需求预测和设备性能评估结果，采用

智能调度算法对设备使用计划进行优化。调度算法可以考虑多种因素如设备的生产能力、能耗、维护周期等，以实现最优的资源配置和提高生产效率。

4. 远程故障诊断

远程故障诊断是智能化转型带来的另一项重要变革。利用 AI 技术远程分析设备故障不仅可以缩短维修时间，还可以降低维修成本和风险。

①故障数据收集。通过物联网技术将设备故障数据实时传输至远程故障诊断中心。这些数据包括设备的故障代码、故障现象、运行环境等信息。

②智能诊断分析。利用 AI 技术中的机器学习算法和深度学习模型对故障数据进行智能诊断分析。这些算法能够自动识别故障特征并给出相应的解决方案或建议。诊断结果还可以结合历史数据和经验模型进行验证以提高诊断的准确性和可靠性。

③远程维修指导。根据诊断结果远程指导现场维修人员进行维修操作。维修人员可以通过视频通话、语音指导等方式与远程故障诊断中心进行实时沟通，进而获取技术支持和解决方案。这种远程维修方式不仅缩短了维修时间，还降低了维修成本和风险。

三、智能化设备管理业务构建策略

（一）智能化设备管理业务的核心价值

1. 提升开采效率

智能化设备管理系统通过实时监控设备运行状态、优化调度策略、实现远程操控等功能，能够显著提升矿山开采效率。例如，通过智能调度系统合理安排开采作业顺序，减少设备等待时间；通过远程操控技术实现设备的无人化作业，降低人工干预成本，提高作业连续性。

2. 保障安全生产

智能化设备管理系统具备实时监测与预警功能，能够及时发现设备故障和安全隐患，避免事故的发生。同时，通过智能分析算法对设备数据进行深度挖掘，预测潜在风险并提前采取措施进行防范，进一步提升矿山的安全生产水平。

3. 优化资源配置

智能化设备管理系统能够精准掌握设备的使用情况、维护需求及备件库存等信息，为资源的优化配置提供科学依据。通过合理安排设备的维护计划、优化备件库存管理等方式，降低库存成本，提高资源利用效率。

（二）智能化设备管理业务构建策略

1. 设备信息管理模块建设

①设备档案建立。建立全面、准确的设备档案是智能化设备管理的基础。设备档案应包括设备的基本信息（如型号、规格、生产厂家等）、安装位置、购买日期、保修期限、历次维修记录等关键信息。通过数字化手段将设备档案进行电子化存储和管理，便于随时查询和调用。

②全生命周期管理。实现设备的全生命周期管理，即从设备采购、安装、调试、运行、维护到报废的全过程进行跟踪和管理。通过智能化手段对设备的运行状态进行实时监控和数据分析，及时发现并解决潜在问题，确保设备在整个生命周期内都能保持良好的运行状态。

2. 实时监测与预警模块建设

①数据采集与传输。利用物联网技术构建设备互联网络，实现设备数据的实时采集与传输。通过安装传感器和通信模块，将设备的运行状态、环境参数等数据实时传输到数据中心进行处理和分析。

②状态监测与预警。利用大数据分析算法对采集到的设备数据进行处理和分析，评估设备的运行状态是否正常。当设备运行状态出现异常或接近预警阈值时，系统会自动发出预警信号并通知相关人员进

行处理。同时，通过智能分析算法预测设备未来的维护需求并提前制订维护计划。

3. 预防性维护模块建设

①数据分析与预测。基于大数据分析技术，对设备的历史运行数据进行深度挖掘和分析，发现设备维护的规律和趋势。通过机器学习算法对设备故障进行智能诊断并预测未来可能发生的故障类型和维修时间。

②维护计划制订与执行。根据数据分析结果制订详细的维护计划并安排相应的维修资源。通过智能调度系统优化维护作业顺序和时间安排，确保维护工作的顺利进行。同时，对维护计划的执行情况进行跟踪和评估，不断优化维护策略和提高维护效率。

4. 备件管理模块建设

①库存监控与优化。利用物联网技术实时监控备件的库存数量和种类信息。通过大数据分析算法预测未来备件的需求量和种类，优化库存结构和减少库存成本。同时，建立备件紧急采购机制，确保备件的及时供应。

②供应链管理。加强与供应商的合作与沟通，建立稳定的供应链关系。通过信息化手段实现供应链各环节的协同作业和信息共享，提高供应链的整体效率和响应速度。

5. 远程故障诊断与支持模块建设

①远程监控与诊断。通过远程监控技术实时查看设备的运行状态和故障信息。利用人工智能算法对设备故障进行智能诊断并快速定位故障原因。同时提供在线技术支持服务以及为管理人员提供故障诊断、维修指导等技术支持。

②远程操控与作业。在条件允许的情况下实现设备的远程操控和自动化作业。通过 5G、无线传输等先进技术实现设备操作的远程化和智能化，从而降低人工干预成本和提高作业效率与安全性。

四、智能化设备管理业务面临的挑战与对策

（一）异构设备集成难题

在露天矿山中，往往存在多种品牌、多种型号的机械设备，这些设备之间的通信协议、数据格式各不相同，导致在智能化集成过程中存在巨大障碍。如何实现这些异构设备的无缝对接，实现数据的统一采集、处理与分析，是智能化设备管理面临的首要技术难题。

（二）大数据处理与分析挑战

智能化设备管理涉及海量数据的收集、存储、处理与分析。随着设备数量的增加和监测精度的提高，数据量呈指数级增长。如何高效地处理这些数据，提取有价值的信息，为决策提供支持，是另一个重要的技术挑战。同时，如何确保数据的安全性和隐私性也是不可忽视的问题。

（三）实时性与可靠性要求

矿山生产对智能化系统的实时性和可靠性要求极高。系统需要能够实时响应设备状态变化，准确判断故障并采取措施，避免生产中断和安全事故。然而，在实际应用中，由于网络延迟、设备故障等因素，往往难以达到理想的实时性和可靠性要求。

（四）智能化算法与模型适应性

智能化设备管理依赖于先进的算法和模型来优化生产流程、预测设备状态等。然而，矿山生产环境复杂多变，不同矿山之间的地质条件、气候条件等差异显著，导致算法和模型的适应性成为一大难题。如何开发出具有强适应性的算法和模型，以满足不同矿山的需求，是智能化转型的关键。

（五）解决方案

1. 建立统一的数据交互标准

针对异构设备集成难题，可以通过建立统一的数据交互标准来解

决。国家或行业协会应制定相关标准，明确设备之间的通信协议、数据格式等要求，促进设备之间的互联互通。同时，矿山企业可以采用中间件技术或数据网关等方式，实现异构设备的数据转换和集成。

2. 构建高效的大数据处理与分析平台

为了应对大数据处理与分析的挑战，可以构建高效的大数据处理与分析平台。该平台应具备高并发处理能力、分布式存储能力和强大的数据分析能力。通过采用云计算、边缘计算等技术手段，实现数据的快速处理和实时分析。同时，加强数据安全保护措施，确保数据在传输、存储和处理过程中的安全性和隐私性。

3. 优化系统架构与算法设计

为提高系统的实时性和可靠性，需要优化系统架构和算法设计。系统架构应采用模块化设计思想，将不同功能模块独立部署并相互协作；同时采用冗余备份和容错机制来提高系统的可靠性。在算法设计方面，应充分考虑矿山生产环境的复杂性和不确定性因素，采用自适应算法和机器学习技术来提高算法的适应性和准确性。

4. 加强技术研发与合作

针对智能化算法与模型适应性的难题，需要加强技术研发与合作。矿山企业应积极与科研机构、高校及高新技术企业合作，共同开展技术研发和创新工作。通过引进消化吸收再创新的方式，提升自主创新能力；同时关注国际前沿技术的发展动态，及时跟进和引进新技术、新成果。

第五节　安全管理业务

一、露天矿山安全管理现状分析

矿产资源作为工业生产的重要基础，开采活动日益频繁。露天矿山作为矿产资源开采的主要形式之一，具有作业环境开放、作业面大、影响因素多等特点，因此，安全管理问题尤为突出。

传统安全管理模式在露天矿山安全管理中发挥了重要作用，但随着矿山开采规模的扩大、技术设备的更新以及外部环境的变化，其局限性日益显现，主要存在以下四个问题：

①安全风险识别与评估不全面，缺乏系统性。传统安全管理往往侧重于对已知风险的控制和防范，而对潜在风险的识别与评估则显得力不从心。特别是在复杂多变的露天矿山作业环境中，风险因素众多且相互关联，单一的风险识别方法难以全面覆盖，导致风险评估结果不够准确，难以为安全管理决策提供有力支持。此外，缺乏系统性的风险评估体系，使风险管理工作难以形成闭环，难以实现对风险的有效控制和持续改进。

②安全信息传递不畅，应急响应速度慢。露天矿山作业区域广、人员分散，加之信息传递渠道不畅、信息传递效率低下等因素，导致在紧急情况下难以迅速传递信息、协调资源、启动应急预案。这不仅影响了应急响应的速度和效果，还可能加剧事故的严重性和后果。因此，加强安全信息系统的建设和管理，提高信息传递的效率和准确性，是提升露天矿山应急管理水平的关键。

③安全隐患整改不及时，闭环管理不到位。在安全检查过程中发现的安全隐患，如果不能得到及时有效的整改和跟踪管理，就可能成为引发事故的导火索。然而，在实际工作中，由于种种原因（如责任不清、资金不足、技术难题等），部分安全隐患往往得不到及时整改或整改不彻底。同时，由于缺乏有效的闭环管理机制和监督机制，使隐患整改工作难以形成闭环管理链条，难以保证隐患整改的彻底性和有效性。

④安全教育培训形式单一，效果有限。传统安全教育培训方式多以课堂讲授为主，形式单一、内容枯燥，难以激发员工的学习兴趣和

积极性。此外，由于员工素质参差不齐、接受能力有限等因素，导致培训效果往往不尽如人意。为了提高安全教育培训的针对性和实效性，需要采用多种形式的培训方式（如案例分析、模拟演练、现场教学等），并结合员工的实际需求和岗位特点进行定制化培训。同时，需要建立完善的培训效果评估机制，对培训效果进行定期评估和反馈调整。

二、智能化转型对安全管理的影响

能源和产业的智能化转型已成为不可逆转的趋势，安全管理作为保障生产运营稳定、保护人员财产安全的重要环节，其重要性日益凸显。物联网（IoT）、大数据、人工智能（AI）等先进技术的引入，不仅为安全管理注入了新的活力，还推动了管理模式的深刻变革。本文将从技术赋能安全管理的角度，深入分析物联网、大数据、人工智能等技术在安全管理中的应用潜力，并探讨由此带来的管理模式革新。

（一）技术赋能安全管理

1. 物联网技术在安全管理中的应用

物联网技术通过传感器、RFID 标签、无线通信网络等设备，实现了物理世界与数字世界的无缝连接，为安全管理的实时监控和预警提供了可能。在能源、化工、建筑等高风险行业，物联网技术被广泛应用于作业现场的监测与控制。

①实时监控与预警系统。通过在关键区域部署传感器，物联网技术能够实时监测作业现场的温度、压力、气体浓度等关键参数，一旦超过安全阈值，立即触发预警机制，通知相关人员采取措施，避免事故的发生。例如，基于"全无线"传输的受限空间作业风险管控系统，采用"无线互联网+移动物联网"技术，实现了受限空间作业安全管理的实时"监测、监控、预警"，有效预防了受限空间作业事故。

②物资追踪与监控。在应急物资管理方面，物联网技术通过为物

资贴上 RFID 标签或安装传感器，实现了对物资位置的实时追踪和状态监控。这不仅提高了救援效率，还确保了物资的安全性与完整性。

2. 大数据在安全管理中的应用

大数据技术通过对海量数据的收集、处理和分析，能够揭示数据背后的规律和趋势，为安全管理提供科学依据。

①风险智能评估与决策支持。利用大数据和 AI 算法，可以对历史事故数据进行深入分析，识别出潜在的风险因素和事故规律，为管理者提供风险评估和决策支持。例如，智能决策支持系统能够基于大数据和云计算技术，为决策者提供实时、准确、全面的信息支持和决策建议，帮助企业在金融、医疗、教育、交通等领域实现风险预警和智能决策。

②数据分析与预测。通过对历史数据和实时信息的综合分析，大数据技术能够预测未来的物资需求和供应情况，为物资管理和调配提供数据支持。同时，还能对能源需求进行预测，帮助能源企业优化资源配置，提高能源供应的可靠性和安全性。

3. 人工智能在安全管理中的应用

人工智能技术的引入，使安全管理更加智能化、自动化。AI 不仅能够处理和分析数据，还能学习数据和做出决策，为安全管理提供了强大的技术支持。

①智能安全监测。人工智能技术可以通过深度学习、自然语言处理等方法，对海量数据进行自动分类、分析和挖掘，及时发现并报告安全漏洞和威胁。在恶意攻击、数据泄露等事件发生时，AI 能够迅速响应，为安全管理提供有效支持。

②风险评估与预测。AI 技术可以为企业和组织建立风险评估模型，通过模拟各种可能发生的安全事件，找出可能的漏洞和缺陷，以便在事件真正发生之前采取措施。在金融行业中，AI 可以通过对交易数据的分析预测潜在的欺诈交易，防止损失发生。

③智能应急管理系统。基于 AI 技术的智能应急管理系统能够构建快速响应的应急机制，提高事故处理效率。在事故发生时，AI 系统能够迅速分析事故原因，提供应急预案，并协调各方资源进行救援。

（二）管理模式的革新

随着物联网、大数据、人工智能等技术的广泛应用，安全管理模式也迎来了深刻的变革。以下分别从实时监控与预警系统、风险智能评估与决策支持、智能应急管理系统以及交互式安全教育培训四个方面进行探讨。

1. 实时监控与预警系统

传统的安全管理往往依赖于人工巡查和定期检查，这种方式不仅效率低下，还容易遗漏潜在的风险因素。物联网技术的引入，使实时监控与预警系统成为可能。通过在关键区域部署传感器和监控设备，系统能够实时监测作业现场的各项参数，并在发现异常情况时立即发出预警信号。这不仅提高了安全管理的效率，还大大降低了事故发生的概率。

2. 风险智能评估与决策支持

大数据和 AI 技术的结合，为风险智能评估与决策支持提供了强大的技术支持。通过对历史事故数据的深入分析和学习，系统能够识别出潜在的风险因素和事故规律，为管理者提供风险评估和决策支持。这种基于数据的决策方式更加科学、客观，能够有效避免人为因素的干扰和误判。同时，AI 技术还能够根据实时数据对风险评估结果进行动态调整，确保决策的准确性和及时性。

3. 智能应急管理系统

智能应急管理系统是基于物联网、大数据、AI 等技术构建的一种快速响应的应急机制。在事故发生时，系统能够迅速分析事故原因、评估事故影响范围，并提供应急预案和救援方案。同时，系统还能够协调各方资源进行救援，确保救援工作顺利进行。这种智能化的应急管理系统不仅提高了事故处理的效率，还降低了事故造成的损失和影响。

4. 交互式安全教育培训

传统的安全教育培训往往采用听讲座、观看视频等形式进行，这种方式难以真实地模拟危险环境和训练工人的应急反应能力。虚拟现实（VR）、增强现实（AR）等技术的引入，为安全教育培训带来了全新的解决方案。通过模拟和训练，工人可以在安全的环境中提高自己的安全意识和技能。例如，施工安全模拟 VR 培训可以让工人身临其境地体验危险场景，学习正确的操作步骤和应急反应方法，从而在实际操作中更加严格遵守安全规定。

三、智能化安全管理业务构建策略

（一）智能安全管理体系建设概述

智能安全管理体系是以现代信息技术为支撑，集成风险识别、实时监控、预警预防、应急响应、教育培训等多功能于一体的综合性安全管理体系。该体系通过数据分析、智能决策、自动化控制等手段，实现对安全风险的全过程管理，能够有效提升企业的安全管理效能和应急响应能力。

（二）风险识别与评估体系

1. 全面的风险数据库建设

风险识别与评估是安全管理的基础，而建立全面的风险数据库则是实现精准评估的前提。企业应基于行业特点、自身业务流程及历史事故数据，构建涵盖各类风险因素的风险数据库。该数据库应包括但不限于物理安全、网络安全、信息安全、环境安全、人员安全等多个维度，确保风险因素的全面覆盖。

2. 动态风险评估机制

传统风险评估往往侧重于静态分析，难以适应快速变化的安全环境。智能安全管理体系要求建立动态风险评估机制，通过实时监测、大数据分析等手段，及时捕捉安全风险的变化趋势，动态调整风险评估结果。例如，利用 AI 算法对海量数据进行深度挖掘，识别潜在的风险模式，为管理者提供及时的风险预警和决策支持。

（三）实时监测与预警平台

1. 集成传感器与数据融合

实时监测与预警平台是智能安全管理体系的核心组成部分。该平台通过集成各类传感器（如温度传感器、压力传感器、振动传感器、气体浓度传感器等），实现对作业现场、生产设备、安全设施等关键要素的实时监测。同时，通过数据融合技术，将来自不同传感器、不同系统的数据进行整合处理，形成全面、准确的安全信息图谱。

2. 智能预警与联动响应

在实时监测的基础上，平台应具备智能预警功能。一旦监测到异常数据或潜在风险，系统应立即触发预警机制，通过声光报警、短信通知、邮件提醒等多种方式通知相关人员。同时，平台还应具备联动响应能力，根据预设的应急预案自动触发相应的处置措施（如自动切断电源、启动消防系统、调度救援队伍等），确保风险的及时控制和消除。

（四）应急响应与处置系统

1. 应急预案优化与智能化

应急预案是应急响应与处置系统的基石。智能安全管理体系要求对应急预案进行持续优化和智能化改造。一方面，通过大数据分析技术，对应急预案的有效性进行评估和调整；另一方面，利用 AI 技术实现应急预案的智能化执行，如智能调度救援资源、自动生成处置方案等。此外，还应加强员工应急预案的培训和演练，提高员工的应急响应能力和协同作战能力。

2. 快速响应与高效处置

在应急事件发生时，快速响应和高效处置是减少损失、控制事态发展的关键。智能安全管理体系通过集成物联网、大数据、AI等技术手段，实现应急信息的快速传递和共享；通过自动化控制和智能决策支持系统，实现应急资源的快速调度和有效配置；通过实时监测和动态评估技术，实现对应急事件的持续跟踪和处置效果评估。

（五）安全教育培训平台

1. 交互式安全培训课程开发

传统的安全教育培训往往采用单向灌输的方式，难以激发员工的学习兴趣和参与度。智能安全管理体系要求开发交互式安全培训课程，通过虚拟现实（VR）、增强现实（AR）、在线模拟等技术手段，为员工提供沉浸式的学习体验。这种方式不仅能够提高员工的安全意识和技能水平，还能够增强员工应对复杂安全场景的能力。

2. 个性化学习路径规划

不同岗位、不同经验的员工在安全知识和技能方面的需求存在差异。智能安全管理体系通过大数据分析技术，对员工的学习行为、掌握程度等信息进行深度挖掘和分析；根据分析结果为员工制定个性化的学习路径规划；为员工提供针对性的学习资源和指导建议；帮助员工更加高效地掌握安全知识和技能。

3. 学习效果评估与反馈

学习效果的评估与反馈是确保安全教育培训效果的关键环节。智能安全管理体系通过在线测试、模拟演练等方式对员工的学习效果进行评估；根据评估结果为员工提供反馈建议和改进措施；同时根据员工的学习情况和进步速度动态调整学习计划和课程难度；确保员工能够持续提升自身的安全素质和能力水平。

四、智能化安全管理面临的挑战与对策

（一）露天采矿安全管理转型的必要性

1. 法规政策的推动

随着国家对矿山安全生产的重视，政府出台了一系列法规政策，要

求加强矿山安全管理和监管。这些政策不仅提高了矿山安全生产的标准，还推动了矿山安全管理向智能化、信息化方向转型。通过引入智能化技术，提高矿山安全监管的效率和准确性，降低安全事故的风险。

2. 安全事故的警示

矿山安全事故的频繁发生给行业带来了深刻的警示。传统的矿山安全管理方式存在诸多弊端，如人为因素导致的误判、漏判等。智能化技术的应用可以实现对矿山生产过程的全面监测和预警，及时发现和排除安全隐患，降低安全事故的风险。

3. 可持续发展的要求

随着全球对环保和可持续发展的重视，露天采矿行业也面临着越来越大的压力。传统的开采方式往往会对环境造成破坏和污染。智能化技术的应用可以通过优化开采工艺、提高资源利用率、降低碳排放等方式，实现矿山的可持续发展。

（二）露天采矿安全管理转型的对策

1. 加强智能化设备的应用

在露天采矿中，应大力推广智能化设备的应用。例如，无人驾驶卡车可以通过智能调度系统实现合理配车、优化配车，从而提高运输效率；智能钻机可以通过实时监测和智能控制，从而提高钻孔的精度和效率；智能挖掘机可以通过远程操控和自动化作业，从而降低人力成本和安全风险。

2. 建设智能化管理系统

建设智能化管理系统是实现露天采矿安全管理转型的重要手段。通过建设智能综合管控平台，实现对矿山地质、钻爆、采剥、辅助生产、安全监控等系统的全面集成和智能管理。这些系统通过数据共享和智能分析，为矿山管理者提供了全面的决策支持，进而提高了矿山的管理水平和生产效率。同时，通过引入智能预警系统，可以实现对矿山生产过程的全面监测和预警，及时发现和排除安全隐患，图2-14

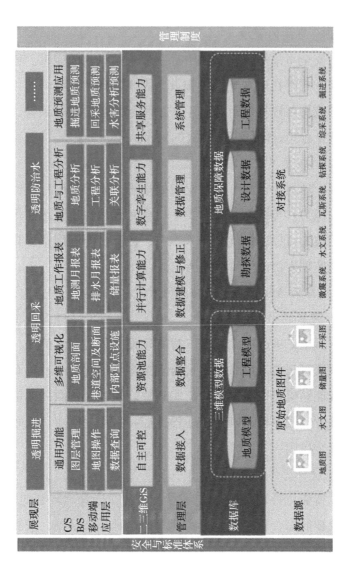

图2-14 智慧矿山地质保障系统

为智慧矿山地质保障系统。

3. 加强安全监管和隐患排查

安全监管和隐患排查是露天采矿安全管理的重要环节。通过加强安全监管和隐患排查，可以及时发现和排除安全隐患，降低安全事故的风险。具体措施包括：加强对矿山生产过程的全面监测和巡查；建立安全隐患排查机制，定期对矿山进行安全隐患排查；对员工加强安全培训和教育，提高员工的安全意识和操作技能。

第六节　数据管理业务

一、露天矿山数据管理现状分析

1. 数据来源与类型

在露天矿山的运营过程中，数据作为矿山管理的核心要素，贯穿于采矿活动的每一个环节。这些数据不仅反映了矿山的生产状况、设备运行状态，还关乎到矿山的安全管理和环境保护。根据数据来源和性质的不同，可以将露天矿山的数据大致分为以下四类：

（1）生产数据

生产数据是露天矿山最基础也是最重要的数据类型之一，它直接反映了矿山的生产效率和经济效益。生产数据包括但不限于以下四类：

①产量数据。包括每日、每周、每月的矿石开采量、精矿产量等，这些数据是评估矿山生产能力的重要指标。

②品位数据。矿石中有用成分的含量，如铁矿石中的铁含量，它是评价矿石质量的关键参数。

③能耗数据。采矿过程中消耗的电力、燃油等能源量，其对成本

控制和节能减排具有重要意义。

④作业效率数据。如设备利用率、人员劳动生产率等，其反映矿山运营效率的高低。

（2）设备数据

设备数据是露天矿山运营不可或缺的一部分，记录了设备的运行状态、维护情况和使用寿命等信息。设备数据主要包括以下三个方面：

①运行状态数据。包括设备的开机时间、停机时间、故障次数等，其用于监控设备的运行效率和稳定性。

②维护记录数据。设备的定期保养、维修记录，以及更换零部件的记录，其有助于预测设备故障和制订维护计划。

③性能参数数据。如发动机转速、油温、油压等，其反映设备的健康状况和工作性能。

（3）安全数据

安全数据是保障矿山安全生产的重要基础，它记录了矿山安全管理的各个环节。安全数据包括以下三个方面：

①事故隐患数据。通过安全检查发现事故隐患点、风险源等，是预防事故发生的重要依据。

②事故记录数据。包括事故发生的时间、地点、原因、损失等信息，用于分析事故原因、总结教训和制定防范措施。

③安全培训数据。包括员工的安全培训记录、考试成绩等，其反映员工的安全意识和技能水平。

（4）环境数据

环境数据是评估矿山对环境影响的重要指标，包括大气质量、水质、土壤污染等方面。环境数据主要有以下三类：

①环境监测数据。如空气质量监测站的 $PM_{2.5}$、SO_2 等污染物浓度数据，水质监测点的 pH 值、重金属含量等数据。

②生态影响数据。如植被破坏情况、水土流失量、生物多样性变

化等，反映矿山开采对生态环境的影响。

③排放标准数据。矿山废水、废气等的排放标准执行情况，是环保监管的重要依据。

2. 数据管理现状

尽管露天矿山在生产过程中产生了大量数据，但当前的数据管理现状却不容乐观，存在诸多问题亟待解决。

①数据孤岛现象严重。在露天矿山中，不同部门、不同系统之间往往存在数据壁垒，导致数据无法有效共享和流通。这种数据孤岛现象不仅降低了数据的利用效率，还增加了数据管理的难度和成本。例如，生产部门可能拥有详细的产量和品位数据，但安全部门却难以获取这些信息以评估生产过程中的安全风险；同样，财务部门需要了解设备的维护成本，但可能无法从设备管理部门直接获取相关数据，图2-15 为企业信息孤岛示意图。

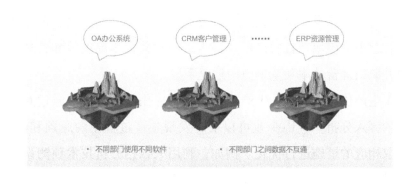

图 2-15　企业信息孤岛示意图

资料来源：http：//ylsass.com.cn/。

②数据质量不高。数据质量是数据管理的核心问题之一。在露天矿山中，由于数据来源多样、采集方式不一、人为因素干扰等原因，导致数据质量参差不齐。数据错误、缺失、重复等问题屡见不鲜，严

重影响了数据分析和决策的准确性。例如，设备数据可能因传感器故障或人为操作不当而失真；生产数据可能因统计口径不一或记录失误而产生误差。

③数据处理能力有限。随着大数据时代的到来，露天矿山产生的数据量呈爆炸式增长。然而，许多矿山企业仍沿用传统的数据处理方式，如使用 Excel 等软件进行人工处理和分析，导致数据处理效率低下且难以应对海量数据的处理需求。此外，矿山企业在数据分析方面的能力也相对有限，缺乏专业的数据分析人才和先进的分析工具，难以充分挖掘数据的潜在价值。

④数据安全意识薄弱。数据安全是矿山数据管理不可忽视的重要方面。然而，在实际工作中，许多矿山企业往往忽视数据安全的重要性，缺乏完善的数据安全管理制度和防护措施。数据泄露、非法访问、恶意攻击等安全事件时有发生，给矿山企业的生产经营带来严重损失。

3. 数据应用现状

尽管当前露天矿山在数据管理方面存在诸多问题，但数据在矿山运营管理中的应用却日益广泛和深入。通过数据驱动决策和管理已成为提升矿山运营效率和竞争力的重要手段。

①生产优化。数据在生产优化方面的应用最为广泛。通过对生产数据的深入分析，矿山企业可以及时发现生产过程中的瓶颈和问题，并采取相应的措施进行优化。例如，利用大数据分析技术预测设备故障和维修需求，提前制订维修计划以减少停机时间；通过监测产量和品位数据的变化趋势，调整采矿计划和选矿工艺以提高生产效率和产品质量。

②设备管理。在设备管理方面，数据也发挥着重要作用。通过对设备数据的实时监测和分析，矿山企业可以掌握设备的运行状况和性能参数，及时发现设备故障和潜在问题并进行处理。同时，还可以根据设备的维护记录和使用寿命等信息，制订科学的维护计划和更换策

略，以延长设备的使用寿命并降低维护成本。

③安全管理。安全管理是矿山运营中至关重要的环节之一。通过数据分析技术可以实现对矿山安全风险的全面评估和预警。例如，利用事故隐患数据和事故记录数据构建事故预警模型，预测潜在的安全风险并采取相应的防范措施；通过对安全培训数据的分析，评估员工的安全意识和技能水平并制订相应的培训计划，以提高员工的安全素质。

④环境保护。环境保护是矿山企业必须承担的社会责任之一。通过环境监测数据和生态影响数据的分析，可以评估矿山开采对环境的影响程度，并制定相应的环保措施。例如，通过对大气质量和水质监测数据的分析，了解污染物的排放情况，并采取相应的治理措施，以减少对环境的污染；通过对生态影响数据的分析，了解植被破坏情况和生物多样性变化等信息，并制订生态修复计划，以恢复生态环境。

⑤数据驱动决策的实践案例。在实际应用中，许多矿山企业已经开始尝试利用数据进行决策和管理并取得了显著成效。例如，某大型露天铁矿通过引入大数据分析技术实现了对生产过程的实时监控和智能调度。该系统能够自动收集并分析生产数据、设备数据和安全数据等信息，并根据分析结果自动生成调度指令和维修计划。通过该系统的应用，该铁矿的生产效率提高了约20%，同时降低了约15%的维护成本。另外，该铁矿还利用数据分析技术对矿山的安全风险进行评估和预警，成功预防了多起潜在的安全事故。

二、智能化转型对数据管理的影响

在当今科技飞速发展的时代，智能化转型已成为各行各业不可逆转的趋势。对露天矿山而言，智能化转型不仅意味着生产方式的革新，更对数据管理产生了深远的影响。数据作为矿山运营的核心资产，在智能化背景下其价值被重新认识，数据管理模式发生深刻变革，同时，数据技术迎来了前所未有的革新。

1. 数据价值的重新认识

在智能化转型的浪潮中，数据不再仅仅是记录矿山运营情况的工具，而是被赋予了更加重要的战略意义。数据被视为矿山的核心资产，是驱动矿山运营优化、提升决策效率和实现可持续发展的关键要素。具体而言，数据在矿山运营中的潜在作用体现在以下四个方面：

①决策支持。智能化转型使数据成为决策的重要依据。通过对海量数据的深入挖掘和分析，矿山企业能够发现运营过程中的问题、识别潜在的风险，并据此制定科学的决策方案。例如，利用大数据分析技术预测设备故障、优化生产计划、评估市场风险等，为矿山企业的决策提供有力支持。

②运营优化。数据在矿山运营优化中发挥着重要作用。通过对生产数据、设备数据、安全数据等的实时监测和分析，矿山企业能够及时调整生产策略、优化资源配置、提高生产效率。例如，利用物联网技术实现设备的远程监控和智能调度，减少设备空置率和能耗；通过数据分析发现生产过程中的瓶颈环节并采取措施进行改进等。

③创新驱动。数据是创新驱动发展的核心动力。在智能化转型过程中，矿山企业可以利用数据驱动的创新模式推动技术进步和产品升级。例如，通过数据挖掘发现新的矿藏资源、开发新的采矿技术、改进选矿工艺等；利用人工智能技术实现矿山的自动化、智能化生产等。这些创新不仅提升了矿山的生产效率和经济效益，还推动了整个行业的转型升级。

④风险管理。数据在矿山风险管理中也发挥着重要作用。通过对安全数据、环境数据等分析评估矿山面临的安全风险和环境风险，并采取相应的措施进行防范和应对。例如，利用大数据分析技术预测潜在的安全事故并提前采取预防措施；通过环境监测数据评估矿山开采对生态环境的影响并制定相应的环保措施等。这些措施有助于降低矿

山运营的风险和成本，保障矿山的可持续发展。

2. 数据管理模式的变革

智能化转型推动了数据管理模式从分散、被动向集中、主动转变。这种转变不仅提高了数据管理的效率和准确性，还促进了数据的共享和利用。

①从分散到集中。在传统的数据管理模式中，各部门往往各自为政，数据散落在不同的系统和平台中难以形成有效的整合和利用。而在智能化转型过程中，通过建立统一的数据平台和标准实现各部门之间的数据集成和共享。这种集中化的数据管理模式有助于消除数据孤岛现象，从而提高数据的利用效率和准确性。同时，集中化的数据管理模式还有助于实现数据的全生命周期管理，从数据的采集、存储、处理到分析、应用等各个环节都进行统一规划和管理，确保数据的质量和安全性。

②从被动到主动。传统的数据管理往往是被动的，即根据业务需求进行数据的收集和分析。而在智能化转型过程中，数据管理变得更加主动。通过实时监控和预警系统主动发现数据中的异常和趋势，并及时采取措施进行处理。这种主动性的数据管理模式有助于及时发现和解决潜在的问题，避免问题的扩大和恶化。同时主动性的数据管理模式还有助于挖掘数据的潜在价值，发现新的业务机会和增长点。

3. 数据技术的革新

智能化转型离不开数据技术的支持。大数据、云计算、人工智能等技术的广泛应用为数据管理带来了前所未有的革新。

①大数据技术的应用。大数据技术为矿山企业提供了处理海量数据的能力。通过大数据技术可以对矿山运营过程中产生的各种数据进行快速采集、存储和处理，并发现其中的规律和趋势。例如，利用大数据分析技术预测设备故障、优化生产计划、评估市场风险等。这些应用不仅提高了矿山企业的运营效率，还降低了运营成本。

②云计算技术的应用。云计算技术为矿山企业提供了灵活高效的数据存储和计算能力。通过云计算技术可以将矿山企业的数据存储在云端，实现数据的集中管理和共享。同时，云计算技术提供了强大的计算能力支持矿山企业进行复杂的数据分析和挖掘工作。这种灵活高效的数据存储和计算能力有助于矿山企业更好地应对数据量的快速增长和数据处理需求的不断提高。

③人工智能技术的应用。人工智能技术为矿山企业带来了智能化的数据处理能力。通过人工智能技术可以实现数据的自动分类、识别和分析等工作，提高数据处理的效率和准确性。同时，人工智能技术可以根据数据的变化趋势进行预测和决策支持，为矿山企业的运营提供有力的支持。例如，利用机器学习算法预测设备故障并提前进行维护；利用自然语言处理技术对安全数据进行自动分析和评估等。这些智能化的数据处理能力有助于矿山企业更好地应对复杂多变的运营环境，进而提高决策的科学性和准确性。

4. 智能化转型对数据管理的深远影响

智能化转型对数据管理的影响不仅体现在上述几个方面，还对整个矿山的运营模式和业务流程产生深远的影响。

①推动业务流程的优化。智能化转型使矿山企业的业务流程更加高效和灵活。通过数据驱动的业务流程优化可以消除不必要的环节和冗余的操作，从而提高业务处理的速度和准确性。同时智能化转型还可以实现业务流程的自动化和智能化，降低人工干预的程度，减少人为错误和疏漏的发生。

②促进组织结构的变革。智能化转型要求矿山企业打破传统的组织结构模式，建立更加灵活和高效的组织结构。在智能化转型过程中，数据管理部门将扮演更加重要的角色，成为连接各部门之间的桥梁和纽带。同时，智能化转型要求矿山企业培养具备数据思维和数据技能的人才队伍，以适应数据驱动的发展需求。

③增强企业的竞争力。智能化转型有助于提升矿山企业的竞争力。通过数据驱动的管理和决策，矿山企业能够更加精准地把握市场动态和客户需求，进而制定更加科学和有效的市场策略。同时智能化转型还有助于提高矿山企业的生产效率和产品质量，降低运营成本和提高营利能力。这些优势将有助于矿山企业在激烈的市场竞争中脱颖而出，实现可持续发展。

三、智能化数据管理业务构建策略

在当今数字化时代，数据已成为企业最宝贵的资产之一，对于矿山、制造业、金融服务业等各行各业而言，智能化数据管理不仅是提升运营效率的关键，更是实现战略转型和持续创新的重要驱动力。以下将围绕数据治理体系建设、数据平台建设两个方面，深入探讨智能化数据管理业务的构建策略。

1. 数据治理体系建设

数据治理是智能化数据管理的基础，它涉及数据全生命周期的管理，包括数据的收集、处理、存储、分析、共享和销毁等各个环节。一个完善的数据治理体系能够确保数据的质量、安全性和合规性，为企业的决策提供坚实的数据支撑。

①制定数据管理制度和标准。首先，企业需要制定一套全面的数据管理制度，明确数据管理的目标、原则、流程、责任等，确保数据管理的规范化和制度化。同时，还应建立统一的数据标准，包括数据格式、命名规范、编码规则等，以保证数据的一致性和可比性。这些制度和标准应涵盖数据的全生命周期，从数据源头的采集到最终的数据销毁，都应有明确的指导和要求。

②明确数据所有权、使用权和管理权。在数据治理体系中，必须明确数据的所有权、使用权和管理权。数据所有权是指数据的归属权，通常属于数据的生产者或合法拥有者；使用权是指对数据进行访问、

处理、分析等操作的权限；管理权则是指对数据资产进行组织、协调、控制和监督的权利。通过明确这些权利，可以确保数据在合法、合规的前提下得到充分利用和保护。

③建立数据质量管理体系。数据质量是数据治理的核心。为了确保数据的准确性、完整性和时效性，企业需要建立数据质量管理体系，包括数据质量监控、评估、改进等机制。通过定期的数据质量检查，及时发现并纠正数据中的问题；通过数据质量评估，了解数据质量的整体状况，为数据治理提供决策依据；通过数据质量改进，不断优化数据处理流程和技术手段，提升数据质量水平。

④实施数据安全管理。数据安全是数据治理的重要组成部分。随着数据量的不断增长和数据应用场景的日益丰富，数据安全风险也日益凸显。为了保护数据免受未经授权的访问、泄露和破坏，企业需要实施全面的数据安全管理措施。这包括制定数据安全策略、建立数据安全管理制度、加强数据安全培训、采用数据加密、访问控制、审计追踪技术手段等。同时，需要建立数据安全应急响应机制，以应对可能发生的数据安全事件。

2. 数据平台建设

数据平台是智能化数据管理的核心基础设施，它为企业提供了数据集中存储、共享、交换和分析的能力。一个高效、稳定、可扩展的数据平台能够显著提升企业的数据处理能力和决策效率。

①构建统一的数据平台。为了打破数据孤岛现象，实现数据的集中存储和共享，企业需要构建统一的数据平台。该平台应能够整合来自不同业务系统、不同部门的数据资源，形成统一的数据视图。同时，平台应支持多种数据格式和协议，以便与各种数据源进行无缝对接。通过统一的数据平台，企业可以更加便捷地获取所需的数据资源，为数据分析和决策提供支持。

②引入大数据分析工具和技术。随着大数据技术的不断发展，越

来越多的企业开始利用大数据分析工具和技术来提升数据处理和分析能力。这些工具和技术包括数据挖掘、机器学习、自然语言处理等，它们能够帮助企业从海量数据中提取有价值的信息。为了充分发挥大数据技术的优势，企业需要在数据平台中引入这些工具和技术，并为其提供充足的计算资源和存储资源。同时，需要培养一支具备大数据分析和挖掘能力的专业团队，以支持企业的数据分析和决策工作。

③打造可视化数据展示平台。可视化数据展示平台是连接数据、技术与业务用户的桥梁。通过可视化技术，企业可以将复杂的数据转化为直观的图表、仪表盘等形式，使管理层和一线员工能够轻松理解数据背后的含义和趋势。这有助于提升企业的决策效率和执行力。为了打造高效的可视化数据展示平台，企业需要选择适合自身业务需求和技术架构的可视化工具和技术；同时，需要注重用户体验设计，确保平台界面友好、操作简便、响应迅速。

四、智能化数据管理业务的智能化转型面临的挑战与对策

在数字化转型的浪潮中，智能化数据管理业务的构建与实施不仅是企业提升竞争力的关键步骤，也是推动业务创新、优化运营效率的重要途径。然而，这一转型过程并非一帆风顺，企业需面对技术、组织、文化及人才等多方面的挑战。笔者将深入探讨这些挑战，并提出相应的对策与解决方案。

1. 技术挑战与解决方案

（1）数据集成与整合难题

在智能化数据管理转型中，企业往往面临多源异构数据的集成与整合问题。不同业务系统、不同部门之间的数据格式、标准、质量参差不齐，难以实现无缝对接和高效整合。这不仅增加了数据处理的复杂度，也影响了数据的质量和可用性。

数据集成与整合难题的解决方案有以下三点：

①建立统一的数据标准与规范。制定详细的数据标准、编码规则、命名规范等，确保数据的一致性和可比性。

②采用数据集成工具与技术。利用 ETL（Extract-Transform-Load）工具、数据湖、数据仓库等技术手段，实现多源数据的抽取、转换、加载和整合。

③引入数据治理平台。构建数据治理平台，对数据质量、安全、合规性进行全面管理，确保数据的准确性和时效性。

（2）大数据处理与分析能力不足

随着数据量的爆炸式增长，传统数据处理和分析方法已难以满足企业需求。大数据处理需要更高的计算能力和存储资源，同时需要先进的算法和模型来挖掘数据价值。

大数据处理与分析能力不足的解决方案有以下三点：

①升级 IT 基础设施。采用云计算、分布式存储等先进技术，提升数据处理能力和存储效率。

②引入大数据分析工具。利用 Hadoop、Spark 等大数据处理框架，以及机器学习、深度学习等先进算法，提升数据分析的精度和效率。

③建立数据科学团队。组建专业的数据科学团队，负责大数据分析和挖掘工作，为企业决策提供有力支持。

（3）数据安全与隐私保护问题

在智能化数据管理过程中，数据安全与隐私保护成为企业关注的重点。如何确保数据在传输、存储、处理过程中的安全性，防止数据泄露和非法访问，是企业面临的重要挑战。

数据安全与隐私保护问题的解决方案有以下三点：

①加强数据加密与访问控制。采用数据加密技术保护敏感数据，同时实施严格的访问控制策略，确保数据只能被授权用户访问。

②建立数据安全管理体系。制定数据安全管理制度和流程，定期

进行安全风险评估和漏洞扫描，及时发现并修复安全隐患。

③加强员工安全意识培训。定期对员工进行数据安全意识和技能培训，提高员工对数据安全的重视程度和应对能力。

2. 组织与文化变革

智能化数据管理转型要求企业打破传统部门壁垒，实现数据的跨部门共享与协作。这可能导致现有组织结构的调整和优化，以适应新的业务模式和需求。

组织与文化变革措施有以下三点：

①建立数据管理部门。成立专门的数据管理部门，负责数据战略的制定、数据资产的管理以及数据治理的实施。

②推行扁平化管理。减少管理层级，提高决策效率，确保数据能够快速流动和共享。

③建立跨部门协作机制。通过跨部门项目团队、定期沟通会议等方式，促进各部门之间的数据共享和协作。

智能化数据管理业务的智能化转型是企业应对数字化挑战、实现可持续发展的关键途径。然而，这一转型过程并非一蹴而就，企业需要面对技术、组织、文化及人才等多方面的挑战。通过加强技术创新与研发投入、推动组织与文化变革、培养与引进专业人才等措施，企业可以逐步克服这些挑战，实现智能化数据管理的全面转型。

未来，随着技术的不断进步和应用的深入拓展，智能化数据管理将为露天矿山企业带来更多的机遇和价值。露天矿山企业需保持敏锐的市场洞察力和创新精神，不断优化和完善智能化数据管理体系，以应对日益复杂多变的市场环境和技术变革。同时，露天矿山企业还需加强与其他行业，以及其他露天矿山企业和机构的合作与交流，共同推动智能化数据管理技术的发展和应用，为数字化转型和数字经济的繁荣贡献力量。

第三章　露天矿山智能化管理相关理论

第一节　管理理论概述

管理理论是近代以来所有管理思想与实践的综合体现，它涵盖了从古典管理理论到现代管理理论，再到当代管理理论的广泛内容。这些理论不仅为管理者提供了科学的指导方法，还推动了企业、组织乃至整个社会的不断进步。

一、管理理论的发展历程

（一）古典管理理论阶段

古典管理理论是管理理论最初形成和发展的阶段，主要盛行于19世纪末至20世纪初（见图3-1）。这一阶段的管理理论侧重于从管理职能、组织方式等方面研究企业的效率问题，对人的心理因素考虑较少或根本不去考虑。

①科学管理理论。由弗雷德里克·温斯洛·泰勒（Frederick Winslow Taylor）（见图3-2）提出，强调通过科学的方法来分析工作过程，提高工作效率。泰勒认为，工人是"经济人"，应追求经济利益

最大化，因此他提出了工作定额、标准化、差别计件工资制等管理措施，以激发工人的生产积极性。科学管理理论为后来的管理理论发展奠定了重要基础。

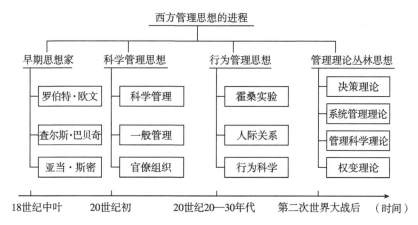

图 3-1　西方管理思想的发展历程

资料来源：www. guayunfan. com。

图 3-2　"科学管理之父"——弗雷德里克·温斯洛·泰勒

资料来源：http：//baike. baidu. com/。

②古典组织理论。以马克斯·韦伯（Max Weber）（见图3-3）为代表，他提出了理想官僚组织体系理论。韦伯认为，建立一种高度结构化的、正式的、非人格化的官僚组织体系是提高劳动生产率的最有效形式。这一理论强调了组织结构的权威性和规范性，该理论对后来的组织结构设计产生了深远的影响。

图3-3 "组织理论之父"——马克斯·韦伯

资料来源：http：//baike.baidu.com/。

（二）现代管理理论阶段

现代管理理论阶段主要指20世纪中期以来管理理论的发展，这一时期的管理理论更加注重人的因素和组织环境的复杂性。

①人际关系理论。该理论由埃尔顿·梅奥（Elton Mayo）等提出，其强调员工的社会和心理需求对生产效率的影响。人际关系理论认为，工人不仅仅是"经济人"，还是"社会人"，他们渴望得到尊重，具有归属感和成就感。因此，管理者应该关注员工的需求和感受，建立良

好的人际关系，以提高员工的满意度和生产效率，图3-4为人际关系的构成。

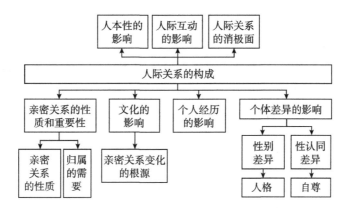

图3-4　人际关系的构成

资料来源：杜娟．论西方现代管理理论与世界管理发展新趋势［J］．安阳师范学院学报，2022（3）：92-94。

②行为科学学派。20世纪50年代以后，行为科学学派逐渐成为管理理论的主流。这一学派主要研究个体行为、团体行为与组织行为，重视研究人的心理、行为等对高效率地实现组织目标的影响作用。行为科学学派强调通过激励、沟通、领导等方式来调动员工的积极性和创造力，以实现组织目标，图3-5是不同的人各层次需求的强度不同示意图。

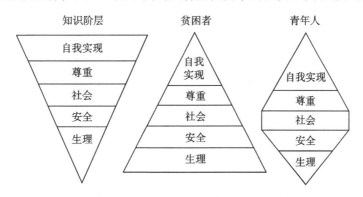

图3-5　不同的人各层次需求的强度不同示意图

资料来源：刘春凤，胡宝民，李子彪．管理学理论形成和发展综述［J］．商业时代，2007（32）：46-47。

151

③系统理论。该理论将组织视为一个系统，强调各个部分之间的相互作用和影响。系统理论认为，组织是一个开放的系统，需要与环境进行物质、能量和信息的交换。因此，管理者应该从整体出发，考虑组织的各个部分之间的关系和相互作用，以实现组织的整体优化。

④权变理论。该理论认为管理应根据不同情境采取不同策略，没有一成不变的最佳管理方法。权变理论强调管理的灵活性和适应性，认为管理者应该根据组织的内外部环境变化及时调整管理策略和方法，图 3-6 为权变理论示意图。

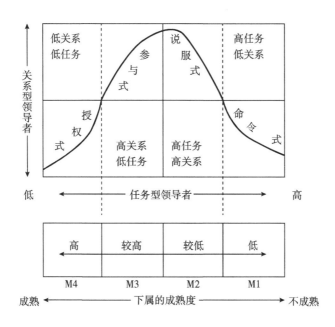

图 3-6　权变理论示意图

资料来源：zhuanlan.zhihu.com。

（三）当代管理理论阶段

当代管理理论阶段是指 20 世纪 80 年代以来管理理论的新发展，这一时期的管理理论更加注重创新和变革。

①战略管理理论。研究如何制定和实施组织战略，以应对日益复

杂和变化多端的外部环境。战略管理理论强调组织的长期发展和竞争优势，认为管理者应该具备战略眼光和全局观念，制定科学合理的战略规划并有效实施。

②创新管理理论。研究如何激发和管理创新，以适应快速变化的市场和技术环境。创新管理理论认为，创新是组织发展的不竭动力，管理者应该鼓励员工创新思维和创造力的发展，建立有利于创新的组织文化和制度环境。

③知识管理理论。随着知识经济时代的到来，知识管理理论逐渐受到重视。这一理论强调对组织内部和外部的知识资源进行有效的识别、获取、整合和利用，以提高组织的竞争力和创新能力。

（四）矿山管理理论

传统矿山管理理论是以生产管理理论、组织管理理论和安全管理理论为基础的综合性理论体系。这些理论共同构成了矿山管理的核心框架，指导着矿山企业的运营和管理实践。

首先，生产管理理论在传统矿山管理中占据重要地位。泰勒的科学管理原理和亨利·福特的大规模生产线理论为矿山生产提供了有效的指导。科学管理原理强调通过科学的方法和标准化操作来提高生产效率，这在矿山生产中同样适用。通过优化工作流程、提高工人技能水平以及实施合理的激励机制，矿山企业能够实现更高效、更稳定的生产。而大规模生产线理论则启示矿山企业要注重生产流程的连贯性和高效性，通过细化分工和协作，实现生产线的顺畅运转。

其次，组织管理理论对传统矿山管理而言也是至关重要的。韦伯的科层制理论为矿山企业的组织结构设计提供了参考。在科层制理论下，矿山企业能够建立起明确的层级关系和职责划分，确保各级管理人员和员工都能够明确自己的职责和权力范围。这种组织结构有助于提高管理效率，确保企业决策的有效执行。同时，现代组织理论的引入使矿山企业更加注重员工的个人发展和团队协作能力，从而提升企业整体的竞争力和创新能力。

最后，安全管理理论是传统矿山管理中不可或缺的一部分。海因里希事故因果连锁理论和事故预防原则为矿山安全管理提供了有力的支持。这些理论强调从源头上预防事故的发生，通过加强安全意识培训、完善安全管理制度以及定期进行安全检查和评估等措施，确保矿山生产的安全稳定。在矿山管理中，安全始终是第一位的，因此安全管理理论的实践应用对保障员工生命安全和企业稳定发展具有重要意义。

二、生产管理理论

生产管理是一个复杂而广泛的管理领域，旨在确保生产过程的高效和顺利进行。在众多生产管理理论中，泰勒的科学管理原理（Taylorism）和福特的大规模生产线理论（Fordism）（见图 3-7）对矿山生产产生了深远的影响。本节将从这两个理论的基本原理出发，探讨它们如何应用于矿山生产，并分析其对生产效率、成本控制、质量管理以及工人技能提升等方面的具体影响。

图 3-7　福特 T 型车大规模生产线

资料来源：motor city muscle. cars. com。

（一）泰勒的科学管理原理对矿山生产的影响

弗雷德里克·温斯洛·泰勒于20世纪初提出的科学管理原理，是一种以提高劳动效率为核心的管理方法。泰勒原理通过工作分解、科学管理、规范化和标准化工作过程，极大地提升了生产效率。在矿山生产中，这一原理的应用主要体现在以下四个方面：

①工作分解与标准化。泰勒原理强调将复杂的工作分解为简单的、可重复的任务，并对这些任务进行标准化操作。在矿山生产中，这种原理可以应用于采矿、选矿、运输等各个环节。例如，采矿作业可以被分解为钻孔、爆破、装载、运输等具体任务，每项任务都有明确的操作标准和流程。通过标准化作业，不仅可以提高工人的操作效率，还能减少因操作不当导致的事故和损失。

②科学管理。泰勒原理倡导科学管理，强调对生产过程的精细控制和优化。在矿山生产中，这意味着需要制订详细的生产计划，合理安排生产资源和人力，确保生产过程的顺利进行。同时，还需要建立科学的绩效评估体系，对工人的工作表现进行客观评价，并根据评价结果给予相应的奖励或惩罚。这种管理方式能够激发工人的工作积极性，提高生产效率。

③技能培训与激励。泰勒原理还强调对工人的技能培训和激励。在矿山生产中，工人的技能水平直接影响生产效率和安全。因此，企业需要加强对工人的技能培训，提高工人的专业技能和操作能力。同时，还需要建立有效的激励机制，如绩效奖金、晋升机会等，以激发工人的工作热情和创造力。

④成本控制与效益提升。泰勒原理的应用有助于矿山企业实现成本控制和效益提升。通过精细化管理，企业可以精确计算各项生产成本，制订合理的预算和采购计划。同时，通过优化生产流程和资源配置，降低生产成本，提高经济效益。此外，标准化作业和科学管理还有助于减少生产过程中的浪费和损失，提高资源利用效率。

（二）亨利·福特的大规模生产线理论对矿山生产的影响

亨利·福特的大规模生产线理论是20世纪初工业革命的标志性成果之一。该理论通过引入流水线生产方式，实现了生产过程的标准化和自动化，极大地提高了生产效率和产量。在矿山生产中，大规模生产线理论的应用主要体现在以下四个方面：

①流水线生产方式。福特的大规模生产线理论将生产过程分解为一系列连续的、相互衔接的工序，并通过流水线方式组织生产。在矿山生产中，这可以应用于矿石的破碎、筛分、选矿等工序。通过引入流水线生产方式，可以实现生产过程的连续性和高效性，提高生产效率和产量。同时，流水线生产方式还有助于减少生产过程中的等待时间和浪费现象，降低生产成本。

②自动化与机械化。福特的大规模生产线理论强调自动化和机械化生产。在矿山生产中，这可以体现在采矿设备的自动化和机械化改造上。例如，采用自动化挖掘机、装载机、运输车等设备，可以大幅减少人工操作环节，提高生产效率和安全性。同时，自动化和机械化生产有助于降低工人的劳动强度和提高工作环境质量。

③标准化与模块化。大规模生产线理论还强调生产过程的标准化和模块化。在矿山生产中，这可以体现在设备的标准化和模块化设计上。通过采用标准化的设备和零部件，可以降低设备的维护成本和更换难度；通过模块化设计，可以实现设备的快速组装和拆卸，提高生产灵活性和响应速度。这种标准化和模块化生产方式有助于矿山企业实现快速响应市场需求和降低成本的目标。

④规模效应与成本控制。大规模生产线理论的应用有助于矿山企业实现规模效应和成本控制。通过大规模生产，企业可以降低单位产品的生产成本和固定成本分摊；通过优化生产流程和资源配置，提高生产效率和经济效益。此外，大规模生产还有助于提高产品质量和稳定性，满足市场需求并增强企业竞争力。

（三）泰勒理论与福特理论的综合影响

泰勒的科学管理理论和福特的大规模生产线理论在矿山生产中的应用并不是孤立的，而是相互补充、相互促进的。将两者结合起来应用于矿山生产，可以产生更为显著的效果。

①提升生产效率与产量。泰勒科学管理理论通过工作分解、科学管理和技能培训等手段提高了工人的操作效率和技能水平；福特的大规模生产线理论则通过流水线生产方式、自动化和机械化等手段实现了生产过程的连续性和高效性。两者结合应用可以大幅提升矿山生产的效率和产量。

②优化资源配置与降低成本。泰勒科学管理理论强调对生产过程的精细控制和优化资源配置；福特的大规模生产线理论则通过标准化和模块化生产方式降低了设备的维护成本和更换难度。两者结合应用可以进一步优化矿山生产的资源配置和降低生产成本。

③提高产品质量与稳定性。泰勒科学管理理论通过标准化作业和科学管理提高了产品的质量和稳定性；福特的大规模生产线理论则通过自动化和机械化生产降低了人为因素对产品质量的影响。两者结合应用可以进一步提高矿山生产的产品质量和稳定性。

④促进工人技能提升与职业发展。泰勒科学管理理论强调对工人的技能培训和激励；福特的大规模生产线理论则通过自动化和机械化生产降低了工人的劳动强度并提高了工作环境质量。两者结合应用可以促进矿山工人的技能提升和职业发展，增强工人的工作积极性和创造力。

三、组织管理理论

组织管理理论在矿山组织结构设计中的应用，从韦伯的科层制到现代组织理论，经历了从古典管理理论到行为科学管理理论，再到现代管理理论的演进过程。在这一历程中，马克斯·韦伯提出的科层制理论（Bureaucracy）以及后续的现代组织理论，对矿山组织结构设计产生了深远的影响。

（一）韦伯的科层制理论在矿山组织结构设计中的应用

韦伯的科层制理论强调一种理性化、制度化、专业化的组织结构模式，具有专门化、权力等级、规章制度以及非人格化四大基本特征。这些特征在矿山组织结构设计中的应用主要体现在以下四个方面：

①专门化与劳动分工。在矿山组织中，科层制通过明确的劳动分工和职责划分，实现了各岗位的专业化和专门化。例如，采矿、选矿、运输等各个环节被细分为不同的工作任务，由具备相应技能的工人负责。这种分工不仅提高了工作效率，还促进了专业技能的积累和提升。

②权力等级与决策流程。科层制组织具有清晰的权力等级结构，上级对下级拥有明确的指挥权和监督权。在矿山组织中，这种权力等级结构有助于确保生产指令的迅速传达和执行，减少决策过程中的混乱和延误。同时，通过明确的决策流程和责任机制，可以确保决策的科学性和有效性。

③规章制度与标准化操作。科层制组织强调规章制度的建立和完善，通过标准化操作规范工人的行为。在矿山生产中，这种规章制度不仅有助于保障生产安全，还能提高生产效率和产品质量。例如，制定严格的安全操作规程和设备维护标准，可以降低事故风险并延长设备使用寿命。

④非人格化管理。科层制组织中的管理活动遵循客观、公正的原则，避免个人情感和偏见对管理决策的影响。在矿山组织中，这种非人格化管理有助于建立公平、公正的工作环境，提高工人的工作积极性和满意度。同时，这种管理方法也有助于减少管理中的腐败和权力滥用现象。

（二）现代组织理论在矿山组织结构设计中的拓展

随着管理实践的不断发展和外部环境的变化，现代组织理论在矿山组织结构设计中的应用逐渐拓展。这些理论包括系统理论、权变理论、学习型组织等，它们为矿山组织结构设计提供了新的思路和方法。

①系统理论。系统理论强调组织是一个由多个相互关联、相互作用的子系统组成的整体。在矿山组织设计中，可以运用系统理论的思想，将各个生产环节和职能部门视为一个整体系统中的子系统，通过优化系统结构和功能来提高整体效率。例如，通过加强各部门之间的协调和沟通，实现资源共享和优势互补，提高生产效率和产品质量。

②权变理论。权变理论认为组织应根据内外部环境的变化灵活调整其结构和策略。在矿山组织中，权变理论的应用体现在根据市场需求、技术进步和法规政策等因素的变化，及时调整生产计划和组织结构。例如，当市场需求发生变化时，企业可以灵活调整产品结构和生产规模；当技术进步时，企业可以引入新的生产技术和设备来提高生产效率和产品质量。

③学习型组织。学习型组织强调组织应具有持续学习和创新的能力。在矿山组织中，学习型组织的应用体现在鼓励员工不断学习和掌握新知识和技能，提高个人和组织的创新能力。例如，通过定期举办培训和学习活动，提高员工的专业技能和综合素质；通过建立创新激励机制，激发员工的创新热情和创造力，推动矿山企业的持续发展。

综上所述，从韦伯的科层制理论到现代组织理论，组织管理理论在矿山组织结构设计中的应用不断深化和拓展，为矿山企业提供了科学、合理的组织结构设计思路和方法，有助于提高企业的生产效率、产品质量和市场竞争力。在未来，随着管理实践的不断发展和外部环境的变化，组织管理理论将继续在矿山组织结构设计中发挥重要作用。

四、安全管理理论

海因里希事故因果连锁理论及事故预防原则为构建科学、系统的安全管理体系提供了重要的理论基础和实践指导，其不仅揭示了事故发生的深层次原因，还为企业制定有效的预防措施提供了依据，该理论在矿山安全管理领域得到广泛应用。图 3-8、图 3-9、图 3-10、图 3-11 分别为矿山安全治理有关的一些示意图。

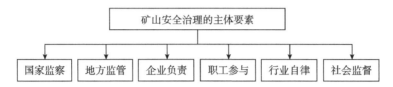

图 3-8　矿山安全治理的主体

资料来源：冯宇峰，赵一归．矿山安全治理现代化的理论框架与实现路径分析［J］．中国应急管理科学，2022（7）：77。

相关理论	体系要素
安全发展战略理论	核心要义、策略、保障体系、制度、基础、保障能力、人才队伍
安全管理3E理论	工程技术（Engineering）、强制管理（Enforcement）、教育培训（Education）
安全系统管理理论	人（Men）、机（Machine）、环境（Medium）、管理（Management）
安全生产"五要素"理论	安全文化、安全法制、安全责任、安全科技、安全投入
安全生产"成功三角"理论	立法监察、技术保障、工伤保险

图 3-9　矿山安全管理的相关理论

资料来源：冯宇峰，赵一归．矿山安全治理现代化的理论框架与实现路径分析［J］．中国应急管理科学，2022（7）：77。

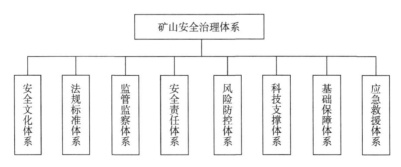

图 3-10　矿山安全治理体系

资料来源：冯宇峰，赵一归．矿山安全治理现代化的理论框架与实现路径分析［J］．中国应急管理科学，2022（7）：76。

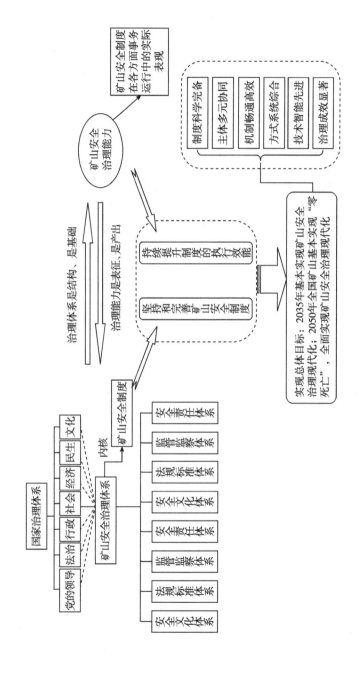

图 3-11　矿山安全治理理论框架

资料来源：冯宇峰，赵一归. 矿山安全治理现代化的理论框架与实现路径分析 [J]. 中国应急管理科学，2002（7）：79。

（一）海因里希事故因果连锁理论在矿山安全管理中的应用

海因里希事故因果连锁理论，又称多米诺骨牌理论，将事故的发生视为一系列相互关联、相互作用的因素连锁反应的结果。该理论指出，任何一起事故都不是孤立的事件，而是由一系列因素按一定顺序和方式组合而成的复杂系统。在矿山安全管理中，海因里希事故因果连锁理论的应用主要体现在以下三个方面：

①识别事故链条中的关键因素。海因里希理论强调事故链条中的每一个因素都是导致事故发生的必要条件。在矿山安全管理中，企业需要全面识别和分析可能导致事故发生的各种因素，包括人的不安全行为、物的不安全状态、管理缺陷等。通过识别这些因素，企业可以明确事故预防的重点和方向。

②切断事故链条的关键环节。海因里希理论认为，只要切断事故链条中的任何一个环节，就可以阻止事故的发生。因此，在矿山安全管理中，企业需要针对识别出的关键因素制定具体的预防措施，并确保这些措施得到有效执行。例如，通过加强安全教育培训提高员工的安全意识和操作技能；通过改善设备设施状态减少物的不安全状态；通过完善管理制度和流程消除管理缺陷等。

③建立事故预防的长效机制。海因里希理论还强调事故预防的持续性和系统性。在矿山安全管理中，企业需要建立事故预防的长效机制，将事故预防工作贯穿于生产的全过程和各个环节。这包括建立健全的安全管理制度和体系、加强安全检查和隐患排查、制定应急预案和演练等。通过这些措施的实施，企业可以形成持续、有效的事故预防能力。

（二）事故预防原则在矿山安全管理中的应用

事故预防原则是指导企业开展事故预防工作的基本准则。在矿山安全管理中，事故预防原则的应用主要体现在以下三个方面：

①预防为主，综合治理。事故预防是矿山安全管理的首要任务。

企业需要坚持预防为主的原则，将事故预防工作置于安全管理的核心地位。同时，还需要采取综合治理的措施，从人、机、料、法、环等多个方面入手，全面加强安全管理工作。

②全员参与，共同负责。事故预防需要全体员工的共同参与和共同努力。企业需要建立全员参与的安全管理机制，明确各级管理人员和员工的安全职责和任务。通过加强安全教育培训和宣传引导，提高员工的安全意识和参与度；通过建立健全的考核和奖惩机制，激发员工的安全责任感和积极性。

③持续改进，不断创新。事故预防是一个持续的过程。企业需要不断总结经验教训，查找安全管理中的薄弱环节和不足之处，并采取相应的改进措施进行完善。同时，还需要积极引进和采用先进的安全管理理念和技术手段，推动安全管理工作的不断创新和发展。

综上所述，海因里希事故因果连锁理论及事故预防原则在矿山安全管理中具有重要的应用价值。通过应用这些理论原则，企业可以全面识别和分析可能导致事故发生的各种因素，制定有效的预防措施并切断事故链条的关键环节；同时可以通过建立事故预防的长效机制和全员参与的安全管理机制等措施来加强安全管理工作并推动其不断创新和发展。

五、资源管理理论

资源优化配置与可持续发展在矿山资源管理中，资源优化配置与可持续发展理论是两个核心指导原则，它们共同构成了矿山资源管理的理论基础和实践框架。本文将从这两个方面入手，深入分析其在矿山资源管理中的实践应用，并进行相应扩展。

（一）资源优化配置在矿山资源管理中的实践

资源优化配置是指通过合理的规划、调度和管理，实现资源在不同时间、空间和用途上的最佳配置，以达到资源利用效率的最大化。

在矿山资源管理中，资源优化配置的实践主要体现在以下三个方面：

①科学规划与合理布局。矿山资源的开发需要科学规划和合理布局。通过对矿山地质条件、资源储量、市场需求等因素的综合分析，确定合理的开采规模和开采方式，避免过度开采和浪费。同时，根据地质条件和市场需求的变化，及时调整开采计划和布局，确保资源的有效供给和可持续利用。

②提高资源回收率与综合利用率。在矿山资源开发过程中，提高资源回收率和综合利用率是实现资源优化配置的关键。通过采用先进的采矿技术和设备，优化采矿工艺和流程，提高矿石的开采效率和回收率。同时，加强对矿山废弃物的综合利用，如尾矿、废石等资源的再利用，实现资源的最大化利用。

③加强资源管理与监督。资源优化配置还需要加强资源管理与监督。建立健全的矿山资源管理制度和监管体系，对矿山资源的开采、利用、储备等环节进行全面监管和动态管理。通过加强执法力度和监管手段，严厉打击非法采矿、超量开采等违法行为，保障矿山资源的合法有序开发。

（二）可持续发展理论在矿山资源管理中的实践

可持续发展是指既满足当代人的需求而又不对后代人满足其需求的能力构成危害的发展。在矿山资源管理中，可持续发展理论的实践主要体现在以下三个方面：

①保护生态环境与实现绿色发展。矿山资源开发往往会对生态环境造成一定影响。为了实现可持续发展，矿山企业需要采取有效措施保护生态环境，实现绿色发展。这包括加强矿区生态修复和环境治理，减少污染物排放和废弃物产生；推广绿色开采技术和工艺，降低对环境的破坏程度；加强环境监测和评估，确保矿区环境质量符合国家和地方标准。

②推动技术创新与产业升级。技术创新是实现矿山资源可持续利

用的重要途径。矿山企业需要不断加大技术创新力度，研发和应用新技术、新工艺、新设备，提高资源利用效率和降低生产成本。同时，通过产业升级和结构调整，推动矿山企业向高端化、智能化、绿色化方向发展，提高整体竞争力和可持续发展能力。

③加强政策引导与社会参与。政策引导和社会参与是实现矿山资源可持续发展的重要保障。政府需要制定和完善相关政策法规，明确矿山资源管理的目标和要求，加强政策引导和监管力度。同时，鼓励社会各方面积极参与矿山资源管理工作，形成政府主导、企业主体、社会参与的多元化管理格局。通过加强宣传教育和社会监督，提高公众对矿山资源可持续利用的认识和支持度。

综上所述，资源优化配置与可持续发展理论在矿山资源管理中具有重要的实践意义。通过科学规划与合理布局、提高资源回收率与综合利用率、加强资源管理与监督等措施实现资源优化配置；通过保护生态环境与实现绿色发展、推动技术创新与产业升级、加强政策引导与社会参与等措施实现可持续发展。这些实践措施不仅有助于提高矿山资源的利用效率和经济效益，还有助于保护生态环境和促进社会和谐稳定。

第二节　露天矿山智能化的管理理论

随着科技的飞速发展，矿山管理正面临着前所未有的变革。智能管理作为现代企业管理的新模式，正在逐步渗透到矿山管理的每一个角落。

智能管理，顾名思义，是运用先进的技术手段和管理理念，实现企业资源的优化配置和高效利用，从而提高企业的运营效率和经济效益。在矿山管理中，智能管理的应用主要体现在通过集成人工智能、大数据、云计算等前沿技术，实现对矿山生产全过程的实时监控、数据分析与智能决策，以提升矿山的安全性、生产效率和环保水平。

人工智能技术的引入，使矿山管理能够实现更高层次的自动化和智能化。例如，通过智能识别和机器学习算法，可以实时监控矿山的生产状态，预测设备故障，及时进行调整和维护，从而大大减少生产中断的风险。同时，人工智能技术还能辅助进行矿石品质的分析和预测，帮助矿山企业制定更为精准的开采方式和销售策略。

大数据技术的运用，则让矿山管理更加精细化和科学化。通过对海量数据的挖掘和分析，矿山企业可以更加准确地掌握生产过程中的各项关键指标，如生产效率、成本消耗、环境影响等。这些数据不仅可以用于优化生产流程，还可以为企业的战略规划和市场定位提供有力支持。

云计算技术的融合，为矿山管理提供了强大的数据处理和存储能力。借助云平台，矿山企业可以实现数据的集中管理和远程访问，极大地提高了信息的共享性和利用效率。此外，云计算还能为矿山管理提供弹性和可扩展的计算资源，以应对不断变化的生产需求。

在智能化背景下，传统的精益生产与六西格玛管理方法也焕发了新的活力。精益生产强调通过消除浪费和提高效率来实现生产优化，而六西格玛则侧重于通过减少变异和提高质量来满足客户需求。在矿山管理中，这两种方法的结合可以帮助企业实现生产流程的持续改进和产品质量的不断提升。例如，通过精益生产的方法，矿山企业可以优化物料搬运、设备维护等流程，减少不必要的等待和闲置时间；而通过六西格玛的方法，企业可以更加精确地控制矿石的开采、加工和运输过程，确保产品质量的稳定性和一致性。

敏捷管理与灵活组织则是应对快速变化的矿山环境的有效手段。敏捷管理强调快速响应和适应变化，而灵活组织则要求企业构建扁平化、网络化的组织结构，以提高决策效率和创新能力。在矿山管理中，这意味着企业需要建立一种能够快速调整生产策略、灵活配置资源的管理机制。例如，当市场需求或矿石价格发生波动时，矿山企业需要迅速调整生产计划、销售策略和人员配置，以保持竞争优势。

风险管理与决策支持是智能管理的另一个重要方面。利用智能系统，矿山企业可以更加精确地评估各种风险，如安全风险、市场风险、环境风险等，并制定相应的应对策略。同时，智能系统还能为企业的战略规划和日常决策提供数据支持和科学依据，帮助企业做出更加明智的决策。

综上所述，智能管理正在重塑矿山管理的方方面面。通过集成人工智能、大数据、云计算等先进技术，矿山企业可以实现更高效、更科学、更灵活的管理，从而提升企业的核心竞争力和可持续发展能力。

一、精益管理

随着科技的飞速发展，智能化已成为各行各业转型升级的重要驱动力，露天矿山行业也不例外。面对日益严峻的资源约束、环境保护压力以及市场竞争的加剧，露天矿山企业迫切需要引入先进的管理理念和技术手段，以提升运营效率、降低成本、保障安全并促进可持续发展。精益管理，作为一种追求价值最大化、持续改进的生产管理方式，其核心理念与露天矿山智能化管理的目标高度契合，为矿山的转型升级提供了强有力的支撑。

1. 精益管理的核心要义

精益管理起源于丰田生产方式（Toyota Production System，TPS），其核心在于"精益求精"，通过识别并消除生产过程中的一切非增值活动（浪费），优化作业流程，提升产品质量，同时减少库存、缩短交货周期，最终实现企业整体效益的最大化。精益管理不仅仅关注生产现场的改善，更强调从系统设计、流程管理到员工参与等全方位的优化与革新。

2. 露天矿山智能化管理的背景与挑战

露天矿山作为资源开采的重要形式，其作业环境复杂多变，涉及爆破、采掘、运输、破碎、选矿等多个环节，传统管理模式下存在效率低下、资源浪费、安全隐患多等问题。随着物联网、大数据、云计算、人工智能等技术的兴起，露天矿山智能化管理成为可能，旨在通过信息技术手段实现矿山的数字化、网络化、智能化，提升矿山运营的透明度和决策的科学性。然而，在实施智能化管理的过程中，也面临着数据孤岛、系统集成难度大、技术人才短缺等挑战。

3. 精益管理在露天矿山智能化管理中的应用

（1）生产过程持续优化

①流程再造与标准化。利用精益管理工具如价值流图分析（Value Stream Mapping，VSM）识别生产流程中的浪费环节，如等待时间、过量生产、运输浪费等，并通过流程再造减少非增值活动。同时，建立标准化作业流程，确保每个环节都能按照最优方式运行，提高整体效率。

②智能调度与协同。借助物联网和大数据技术，实现对矿车、挖掘机等设备的实时监控与智能调度，优化作业路径，减少空驶率，提高设备利用率。同时，加强部门之间的信息沟通与协同，确保生产计划的精准执行。

（2）资源合理配置

①资源消耗监控。通过安装传感器和计量设备，实时监测水、电、燃油等资源的消耗情况，结合生产数据分析资源使用效率，发现节能降耗的潜力点。

②库存与供应链优化。利用 ERP 系统（Enterprise Resource Planning）和 SCM 系统（Supply Chain Management）实现物料和备件的精细化管理，减少库存积压，优化供应链流程，降低采购成本。

（3）成本控制与财务优化

①成本分析与控制。通过作业成本法（Activity-Based Costing，ABC）等管理会计工具，精确核算各项作业活动的成本，识别成本驱动因素，制定针对性的成本控制措施。

②财务决策支持。利用 BI（Business Intelligence）和 AI 技术，对海量数据进行深度挖掘与分析，为管理层提供精准的财务分析报告和预测模型，支持科学决策。

（4）安全管理强化

①风险预警与应急响应。建立智能安全监控系统，实时监测矿山作业现场的安全状况，利用 AI 算法识别潜在的安全隐患，实现风险预警和快速响应。

②员工安全培训与意识提升。利用虚拟现实（VR）等技术手段开展安全教育培训，提高员工的安全意识和应急处理能力。

二、六西格玛管理

六西格玛管理，作为一种高度系统化的质量管理方法，自诞生以来便以其严谨的数据驱动、持续的流程改进以及对完美的不懈追求，在全球众多行业中展现了其强大的竞争力提升作用。在露天矿山这一传统而复杂的行业中，随着智能化技术的日益普及与深入应用，六西格玛管理理念的融入，不仅为矿山企业的质量管理带来了革命性的变化，更在提升生产效率、降低成本、增强客户满意度等方面展现出了巨大的潜力与价值。

1. 六西格玛管理概述

六西格玛管理起源于摩托罗拉，后在通用电气发扬光大，其核心在于通过定义（Define）、测量（Measure）、分析（Analyze）、改进（Improve）、控制（Control）五个阶段（DMAIC 流程）来识别并消除过程中的变异和浪费，以达到近乎完美的质量控制水平。六西格玛强调以顾客为中心，以数据为基础，通过统计方法分析流程中的缺陷原因，并寻求根本性的解决方案，从而实现流程的持续优化和产品质量的显著提升。

2. 六西格玛管理在露天矿山智能化管理中的应用

（1）提高产品质量

①精准定位质量问题。利用六西格玛的 DMAIC 流程，首先通过定义阶段明确产品质量目标，然后在测量阶段收集大量数据，运用统计方法分析产品质量的波动情况，精准定位影响产品质量的关键因素。

②深入分析原因。在分析阶段，运用鱼骨图、5Why 等分析工具，深入挖掘导致产品质量问题的根本原因，避免仅停留在表面现象的改善上。

③实施改进措施。针对根本原因，制定具体的改进措施，并依托智能化技术，如自动化控制系统、智能检测设备等，实现精准控制和实时调整，从而提高产品质量的一致性和稳定性。

（2）降低生产成本

①优化生产流程。通过六西格玛管理，识别并消除生产过程中的非增值活动和浪费环节，如等待时间、运输浪费、过度加工等，优化生产流程，提高生产效率。

②精准库存管理。利用大数据和物联网技术，实现库存的实时监控和精准预测，减少库存积压和资金占用，降低库存成本。

③节能降耗。通过对能源消耗数据的分析，发现节能降耗的潜力点，制定并实施节能措施，如优化设备运行参数、采用节能型设备等，降低生产成本。

3. 六西格玛管理在露天矿山智能化管理中的深化路径

①强化数据驱动决策。构建完善的数据采集、处理、分析体系，确保数据的准确性和时效性。利用大数据和人工智能技术，对海量数据进行深度挖掘和分析，发现潜在的问题和机会点，为决策提供有力

支持。同时，建立数据驱动的决策机制，确保决策的科学性和有效性。

②促进跨部门协作。六西格玛管理需要跨部门的紧密协作和共同努力。在露天矿山智能化管理中，应打破部门壁垒，建立跨部门的工作小组或项目团队，共同推进六西格玛项目的实施。通过定期召开项目会议、分享进展和成果、解决遇到的问题等方式，加强沟通和协作，形成合力。

③培养六西格玛文化。建立并培养一种以数据为基础、追求持续改进和零缺陷的六西格玛文化。通过培训和教育，提高全体员工对六西格玛管理的认识和理解；通过树立典型和表彰优秀案例，激发员工的积极性和创造力；通过持续改进和追求卓越的氛围营造，使六西格玛文化成为企业的核心价值观和行动指南。

三、全面质量管理

全面质量管理（Total Quality Management，TQM）作为一种以服务对象为中心，强调全员参与、全过程控制和持续改进的质量管理方法，自 20 世纪中叶被提出以来，已在全球范围内众多行业中展现出其强大的生命力和显著的成效。在露天矿山这一传统而复杂的行业中，随着智能化技术的不断融入与发展，TQM 的应用不仅为矿山企业提供了全新的质量管理视角，还为其在提升产品质量、优化生产流程、降低成本、增强市场竞争力等方面开辟了新的路径。

1. 全面质量管理（TQM）概述

（1）TQM 的核心理念

TQM 的核心在于"全面"，它要求企业从高层管理者到基层员工，从产品设计、生产、销售到售后服务的全过程，都参与到质量管理的活动中来。TQM 强调以下四个核心理念：

①顾客导向。以满足顾客需求为首要目标，持续提高产品和服务质量。

②全员参与。鼓励全体员工树立质量意识，积极参与质量管理活动。

③全过程控制。对生产和服务过程中的每一个环节进行严格控制，确保质量符合标准。

④持续改进。不断寻求改进机会，通过 PDCA（计划—执行—检查—处理）循环实现质量管理的持续优化。

（2）TQM 与智能化管理的契合点

随着智能化技术的快速发展，露天矿山正逐步实现生产过程的自动化、信息化和智能化。这一过程中，TQM 与智能化管理在多个方面存在契合点。

①数据驱动。TQM 强调基于数据的质量管理决策，而智能化管理通过物联网、大数据等技术手段，能够实时采集和分析生产过程中的海量数据，为 TQM 提供有力支持。

②系统整合。TQM 要求企业各部门之间协同合作，共同推动质量管理。智能化管理通过信息系统集成，打破部门壁垒，促进信息共享和流程优化，为 TQM 的实施提供便利条件。

③持续改进。TQM 和智能化管理都强调持续改进的精神，通过不断学习和创新，推动企业向更高水平发展。

2. TQM 在露天矿山智能化管理中的应用

①建立健全的质量管理体系。在露天矿山智能化管理中，TQM 的应用首先体现在建立健全的质量管理体系上。矿山企业应结合自身特点和实际需求，制定符合 TQM 原则的质量管理制度和流程，明确各级管理人员的职责和权限，确保质量管理工作有章可循、有据可查。同时，通过智能化手段实现质量管理体系的信息化和可视化，提高管理效率和透明度。

②提高全员质量意识。TQM 强调全员参与，因此在露天矿山智能化管理中，提高全员质量意识是至关重要的一环。矿山企业可以通过

组织培训、开展质量月活动、设立质量奖等方式，增强员工对质量重要性的认识和理解。同时，利用智能化管理系统实时监测员工工作质量和效率，对表现优秀的员工给予表彰和奖励，形成积极向上的质量文化氛围。

③实现全过程质量控制。在露天矿山智能化管理中，TQM 要求对生产和服务过程中的每一个环节进行严格控制。通过安装传感器、摄像头等物联网设备，实时采集生产过程中的各项数据，如设备运行状态、矿石质量、能耗等。利用大数据分析技术对这些数据进行深度挖掘和分析，发现生产过程中的瓶颈、变异和潜在问题。基于数据分析结果，及时调整生产参数、优化工艺流程、改进设备性能等措施，确保产品质量符合标准并持续提高。

④持续改进与创新。TQM 强调持续改进的精神，在露天矿山智能化管理中同样适用。矿山企业应建立持续改进机制，定期评估质量管理体系的有效性和适应性，并根据评估结果制定改进措施。同时，鼓励员工提出创新性的质量管理方法和建议，通过小改小革、技术革新等方式不断推动质量管理水平的提升。此外，还可以利用智能化管理系统中的数据分析功能，发现新的改进机会和增长点，为企业的发展注入新的活力。

3. TQM 在露天矿山智能化管理中的深化

①加强跨部门协同。TQM 要求企业各部门之间协同合作，共同推动质量管理。在露天矿山智能化管理中，应加强跨部门协同工作，打破部门壁垒和信息孤岛现象。通过信息系统集成和流程优化等手段，实现各部门之间的信息共享和资源整合，提高整体工作效率和质量管理水平。同时，建立跨部门的质量管理团队或工作小组，负责协调解决跨部门的质量管理问题，确保质量管理体系的有效运行。

②推动供应商质量管理。在露天矿山智能化管理中，供应商的质量管理水平直接影响到企业的整体质量水平。因此，TQM 的应用应延

伸到供应商管理中。通过建立完善的供应商评估体系和质量管理体系，对供应商进行全面评估和监督；同时加强与供应商的沟通和合作，共同推动质量管理水平的提升。此外，还可以利用智能化管理系统对供应商的质量数据进行实时监控和分析，及时发现和解决潜在的质量问题。

③强化顾客导向和服务意识。TQM强调顾客导向和服务意识的重要性。在露天矿山智能化管理中，应始终关注顾客需求和反馈意见，不断优化产品和服务质量以满足顾客需求。通过建立完善的顾客反馈机制和售后服务体系，及时收集和处理顾客反馈意见并采取相应的改进措施；同时加强与顾客的沟通和交流，建立良好的顾客关系并提升顾客满意度和忠诚度。此外，还可以利用智能化管理系统中的数据分析功能对顾客需求和市场趋势进行预测和分析，为企业制定更加精准的市场策略和产品规划提供有力支持。

④深化质量文化建设。质量文化是企业质量管理的灵魂和核心。在露天矿山智能化管理中，首先应深化质量文化建设工作，通过组织各种形式的质量宣传教育活动、树立质量标杆和典型等方式营造积极向上的质量文化氛围；其次加强员工的质量教育和培训工作，提高员工的质量意识和技能水平；最后通过不断完善质量管理体系和持续改进机制确保质量文化的落地生根，并为企业发展提供源源不断的动力支持。

全面质量管理（TQM）在露天矿山智能化管理中的应用与深化是提升企业整体绩效和市场竞争力的有效途径之一。通过建立健全的质量管理体系、提高全员质量意识、实现全过程质量控制以及持续改进与创新等措施的实施，可以显著提升矿山企业的产品质量和服务水平；同时加强跨部门协同，推动供应商质量管理、强化顾客导向和服务意识以及深化质量文化建设等方面的工作，可以进一步推动TQM在露天矿山智能化管理中的深化发展并为企业创造更大的价值。未来随着智能化技术的不断进步和应用范围的不断拓展，TQM在露天矿山智能化管理中的应用前景将更加广阔，并为企业的发展注入新的活力和动力。

第三节　系统论与控制论

系统论强调将露天矿山视为一个复杂的系统，通过信息技术获取量化数据的规律，并据此做出科学决策，进而对大系统进行精准的控制。在智能化管理中，系统论的应用体现在对矿山生产、运营、管理等各个环节的系统化、集成化处理，以实现整体优化和协同工作。

控制论则关注如何通过反馈机制来调整和优化系统的运行状态。在露天矿山智能化管理中，控制论的应用体现在对生产过程的实时监控、数据分析与决策支持等方面，通过及时地反馈和调整，确保生产过程的稳定性和高效性。

一、系统论概述

1. 系统定义

系统，作为一个广泛而深刻的概念，在自然科学、社会科学及工程技术等多个领域都扮演着至关重要的角色。简而言之，系统是由若干相互关联、相互作用的元素（或称为组件、部分）组成的，具有特定功能的整体。这些元素通过一定的方式（如物质流、能量流、信息流）相互连接，共同实现系统的整体目标或功能。系统不仅关注其组成部分，更强调这些部分之间的相互作用以及它们如何共同构成一个整体。

2. 系统的特性

①整体性。系统的整体性是其最基本也是最重要的特性之一。它指的是系统作为一个整体所表现出来的性质和功能，这些性质和功能往往不能简单地归结为各个组成部分的性质和功能的总和。换句话说，

系统的整体性体现在其"1+1>2"的效应上，即系统整体的功能大于其各部分功能之和。这种整体性要求在分析和处理系统问题时，必须从整体出发，综合考虑各部分的相互作用和影响。

②层次性。系统通常具有复杂的层次结构，即系统可以划分为若干个子系统，而子系统又可以进一步划分为更小的子系统。这种层次性使系统具有高度的组织性和有序性。在系统中，不同层次之间存在着相互依赖和相互制约的关系，高层系统对低层系统具有指导和约束作用，而低层系统则是高层系统实现其功能的基础。

③开放性。系统与环境之间存在着物质、能量和信息的交换。这种交换使系统能够不断地从环境中获取所需的资源，同时也将自身的产物或影响释放到环境中去。系统的开放性是其保持活力和适应性的重要条件。一个封闭的系统往往会因为资源枯竭或环境压力而逐渐衰退，而一个开放的系统则能够通过与环境的互动，不断地调整和优化自身的结构和功能。

④动态性。系统是一个不断发展和变化的过程体。随着时间的推移和环境的变迁，系统的组成元素、结构关系以及功能特性都可能发生变化。这种动态性要求在分析和处理系统问题时，必须考虑到时间因素和系统的发展趋势，以动态的眼光看待系统的变化和发展。

⑤目的性。系统通常具有明确的目的或目标。这些目的或目标可能是系统的设计者或使用者所赋予的，也可能是系统自身在演化过程中逐渐形成的。系统的目的性使系统能够朝着特定的方向发展和演化，从而实现其整体功能或满足特定的需求。

3. 系统分类与结构

系统可以根据不同的标准进行分类。例如，按照系统的组成元素可以分为物理系统、生物系统、社会系统等；按照系统的功能可以分为控制系统、信息系统、经济系统等；按照系统的复杂程度可以分为简单系统、复杂系统和巨系统等。此外，还可以根据系统的开放性、动态性、层次性等特性进行分类。

露天矿山智能化系统是一个典型的复杂系统，它集成了现代信息技术、自动化技术、智能控制技术等先进技术，旨在提高矿山开采的效率和安全性。该系统主要由以下五个子系统组成：

①感知子系统。包括各种传感器和监测设备，其用于实时采集矿山环境、设备状态、生产进度等信息。这些信息是智能化系统决策和控制的基础。

②通信子系统。负责各子系统之间的信息传输和交换。通过有线或无线通信网络，将感知子系统采集到的信息传输到控制中心，并将控制中心的指令传输到执行子系统。

③控制子系统。根据感知子系统提供的信息和预设的控制策略，对矿山设备进行远程监控和智能控制。通过优化调度和协同作业，提高设备的利用率和生产效率。

④决策支持子系统。利用大数据分析和人工智能技术，对矿山生产数据进行深度挖掘和分析，为管理者提供科学的决策支持。通过预测分析、风险评估等手段，帮助管理者制订合理的生产计划和应急预案。

⑤安全保障子系统。包括安全监测、预警和应急响应等功能模块，用于保障矿山生产的安全性和稳定性。通过实时监测矿山环境和设备状态，及时发现并处理潜在的安全隐患和事故风险。

这些子系统之间通过信息流和控制流相互连接和协作，共同构成了一个完整的露天矿山智能化系统。从层次结构上看，该系统可以分为设备层、控制层、管理层和决策层四个层次。设备层是系统的最底层，由各种矿山设备和传感器组成；控制层负责设备的远程监控和智能控制；管理层则负责生产数据的收集、处理和分析；决策层则根据分析结果提供科学的决策支持。这四个层次之间通过信息交互和协同工作，实现了露天矿山开采的智能化和高效化。

二、控制论概述

1. 控制论概述

（1）控制论概念

控制论，作为一门跨学科的综合性科学，主要研究如何通过信息的获取、处理与反馈来影响系统的动态行为，使其达到预定的目标或性能指标。其核心思想在于"控制"，即通过某种策略或方法，对系统的输入进行调整，以实现对系统输出或状态的精确控制。控制论不仅仅关注单个系统的控制问题，其还涉及多个系统之间的协调与控制，以及系统与环境之间的相互作用。

（2）控制论发展历程

控制论的起源可以追溯到古代人类对自然现象和机械运动的观察与实践。然而，作为一门现代科学，控制论的真正形成和发展是在20世纪。随着工业革命的到来，机器设备的复杂性和自动化程度不断提高，工程师们开始面临如何更有效地控制和调节机器运行状态的问题。这一需求推动了控制理论的初步形成和发展。从最初的简单反馈调节机制，到后来的经典控制理论，再到现代控制理论的兴起，控制论经历了从简单到复杂、从单一到多元的发展历程。

（3）与控制论有关的基本概念

①系统。在控制论中，系统是指由相互关联、相互作用的若干部分组成的整体。它可以是机械设备、化学反应、生物体、社会经济系统等任何具有动态行为的实体。

②控制。控制是指通过某种手段或策略对系统的运行状态进行调整或改变，以达到期望的目的或效果。控制可以是开环的（即没有反馈环节），也可以是闭环的（即包含反馈环节）。

③反馈。反馈是控制系统中一个至关重要的概念。它指将系统的输出或状态信息返回到输入端，与参考输入进行比较，并根据比较结

果调整控制量。反馈机制使系统具有自我调节和适应环境变化的能力。

④稳定性。稳定性是控制系统的一个重要性能指标。它指系统在外界扰动或内部参数变化时，能够保持其输出或保持运行状态在一定范围内的能力。稳定的控制系统是确保系统正常运行和达到预期目标的基础。

⑤控制器。控制器是控制系统中的核心部件，它根据被控对象的当前状态和目标状态之间的差异（即误差信号），按照预定的控制策略计算出控制量，并将其传递给执行机构。控制器的设计是控制论研究的重要内容之一。

2. 控制系统原理

一个完整的控制系统通常由以下五个部分组成：

①被控对象。即需要被控制的系统或过程，它是控制作用的对象。被控对象可以是机械设备、化学反应器、经济系统等任何具有动态行为的实体。

②控制器。如前所述，控制器是控制系统的核心部件，负责根据误差信号计算出控制量。控制器的设计需要考虑到被控对象的特性、控制目标以及外部环境的影响等因素。

③执行机构。执行机构是控制系统中用于将被控对象的输入转换为输出或状态变化的部件。它可以是电机、阀门、液压缸等任何能够产生物理作用的装置。

④传感器。传感器用于检测被控对象的实际状态信息，并将其转换为可测量的物理量（如电压、电流、位移等）供控制器使用。传感器的精度和可靠性对控制系统的性能有重要影响。

⑤反馈环节。反馈环节将传感器检测到的被控对象状态信息反馈给控制器进行比较和调整。在闭环控制系统中，反馈环节是实现自我调节和适应环境变化的关键。

3. 工作原理

控制系统的工作原理可以概括为"感知—决策—执行—反馈"的

循环过程。

①感知。传感器感知被控对象的实际状态信息，并将其转换为可测量的物理量。

②决策。控制器根据感知到的信息和预定的控制目标计算出控制量。这一过程中可能涉及复杂的算法和模型计算。

③执行。执行机构接收来自控制器的控制量，并将其转换为对被控对象的直接作用（如改变机器的转速、调整阀门的开度等）。

④反馈。反馈环节将执行结果再次反馈给控制器进行比较和调整。如果执行结果与目标状态之间存在差异（即误差信号），则控制器会根据这一差异重新计算控制量并进行调整，直到误差减小到可接受的范围内为止。

通过这个过程的不断重复和优化，控制系统能够逐渐逼近预定的控制目标并保持系统的稳定性。

4. 经典控制理论在矿山智能化中的应用

经典控制理论以 PID（比例—积分—微分）控制为代表，在矿山智能化中发挥着重要作用。PID 控制具有结构简单、易于实现和调节方便等优点，广泛应用于矿山机械设备的速度控制、位置控制以及温度、压力等工艺参数的调节中。

在矿山智能化中，PID 控制可以用于提升机械设备的速度控制。通过调整 PID 控制器的比例、积分和微分参数，可以实现对提升机械设备速度的精确控制，确保其在不同工况下都能稳定运行并满足生产需求。此外，PID 控制还可以用于矿山通风系统的风量调节、矿井排水系统的水位控制等方面，从而提高矿山生产的安全性和效率。

5. 现代控制理论在矿山智能化中的应用

随着矿山智能化水平的不断提升，现代控制理论在其中的应用也日益广泛。现代控制理论包括最优控制、自适应控制、智能控制等多种方法和技术手段，其为矿山智能化提供了更为丰富和强大的控制策略与方法。

①最优控制。最优控制理论关注于在给定条件下寻找使系统性能指标最优的控制策略。在矿山智能化中，最优控制可以用于优化采矿作业计划、设备调度和能源管理等方面。通过构建矿山生产过程的数学模型并应用最优控制算法进行求解，可以实现生产成本的降低和生产效率的提高。

②自适应控制。自适应控制理论能够根据被控对象参数的变化或外部环境的扰动自动调整控制策略以保证系统的稳定性和性能。在矿山智能化中，自适应控制可以用于处理地质条件复杂多变、设备性能退化等问题。通过实时监测被控对象的运行状态并调整控制参数或策略，可以实现对矿山机械设备的智能维护和故障预测等功能。

③智能控制。智能控制理论融合人工智能、模糊控制、神经网络等多种先进技术于一体，能够实现对复杂系统的智能决策和控制。在矿山智能化中，智能控制可以用于实现设备的故障诊断与预测维护、生产过程的智能优化以及人机协同作业等方面。通过构建基于大数据和人工智能的矿山智能化平台并应用智能控制算法进行数据处理和分析，可以实现对矿山生产全过程的智能化管理和控制。

三、系统论与控制论在智能化露天矿山中的应用

在露天矿山领域，智能化转型已成为提升生产效率、保障作业安全、优化资源配置以及实现可持续发展的关键途径。系统论与控制论作为两门相互关联且互补的学科，它们为露天矿山智能化提供了坚实的理论基础和实践指导。

1. 基于系统论思想的智能矿山系统构建

（1）系统论视角下的露天矿山

系统论强调整体与部分之间的关系，以及系统内部各要素之间的相互作用和相互影响。在露天矿山智能化系统中，矿山本身被视为一

个复杂的大系统，包含地质环境、机械设备、人员组织、管理流程等多个子系统。这些子系统之间相互关联、相互制约，共同影响着矿山的整体运行效率和安全性。

（2）智能化系统架构设计

基于系统论思想，露天矿山的智能化系统架构设计应遵循以下三个原则：

①模块化设计。将系统划分为数据采集、处理、分析、决策等多个模块，每个模块负责特定的功能，并通过接口与其他模块进行交互。这种设计方式有利于系统的扩展和维护。

②集成化平台。构建统一的集成化平台，实现各子系统之间的数据共享和协同工作。平台应具备高度的灵活性和可扩展性，以适应矿山生产过程中的各种变化。

③智能化决策。利用大数据、人工智能等技术手段，对采集到的数据进行深度挖掘和分析，为矿山生产提供智能化的决策支持。

（3）子系统

①数据采集子系统。负责采集矿山生产过程中的各种数据，包括地质勘探数据、设备运行状态数据、人员作业数据等。这些数据是后续处理和分析的基础。

②数据处理子系统。对采集到的原始数据进行清洗、转换和存储，确保数据的准确性和可用性。同时，对数据进行初步的分析和挖掘，提取出有价值的信息。

③数据分析子系统。利用数据挖掘、机器学习等技术手段，对处理后的数据进行深入分析，发现数据背后的规律和趋势。这些分析结果将作为决策支持的重要依据。

④决策支持子系统。基于数据分析的结果，为矿山生产提供智能化的决策支持。包括生产计划制订、设备调度优化、开采顺序规划等。

2. 控制论原理的运用

①控制论在矿山生产中的应用。控制论是研究系统动态行为及其

控制规律的科学。在露天矿山生产中，控制论的应用主要体现在对生产过程的智能调度与优化控制上。通过运用控制论原理，可以实现对矿山生产过程的精确控制和优化调整，提高生产效率和安全性。

②车辆调度优化。车辆调度是露天矿山生产中的重要环节。运用控制论中的优化算法（如遗传算法、粒子群算法等），可以对车辆进行智能调度，实现运输路径的最优规划、车辆载重的合理分配以及运输时间的精确控制。这不仅可以减少运输成本和时间消耗，还可以提高运输效率和安全性。

③开采顺序优化。开采顺序的优化对提高矿山资源利用率和降低开采成本具有重要意义。通过运用控制论中的动态规划、模拟仿真等技术手段，可以对矿山的开采顺序进行智能优化。根据地质条件、设备性能、市场需求等因素综合考虑，制定出最优的开采方案，确保矿山资源的可持续开采。

④设备协同作业。露天矿山生产中涉及多种机械设备协同作业。运用控制论中的多智能体系统理论、协同控制技术等手段，可以实现机械设备之间的智能协同作业。通过实时监测设备的运行状态和作业进度，对设备进行智能调度和协同控制，确保各设备之间的协调配合和高效运行。

第四节　信息论基础

一、信息论概述

在信息爆炸的时代，信息论作为一门研究信息的传输、存储、处理和利用的学科，其重要性日益凸显。信息论不仅为通信工程、计算机科学等领域提供了坚实的理论基础，还在矿山智能化等工业应用中发挥着不可替代的作用。

（一）信息的定义与特性

1. 信息的定义

在信息论中，信息被定义为能够减少或消除不确定性的内容或消息。这一定义由克劳德·香农在信息论的创立过程中提出，并逐渐成为信息科学领域的共识。信息不仅是指数据或消息本身，更重要的是它所携带的能够改变接收者知识状态或减少其不确定性的内容。在矿山智能化领域，信息可以是传感器采集的实时数据、设备运行状态报告、生产进度更新、安全预警信号等，它们共同构成了矿山智能化系统决策和优化的基础。

2. 信息的特性

①可识别性与可理解性。信息必须能够被接收者所感知、识别和理解。在矿山智能化系统中，这要求传感器和数据采集设备能够准确捕捉环境参数、设备状态等关键信息，并通过适当的接口和协议将这些信息传递给处理系统。同时，处理系统需要具备解析这些信息的能力，将其转化为对生产和管理有用的知识。

②可传递性与共享性。信息可以通过各种渠道和媒介进行传递和共享。在矿山智能化中，这包括有线和无线通信网络、互联网、物联网等技术手段。通过构建高效的信息传输网络，矿山智能化系统能够实现生产数据的实时采集、传输和共享，为远程监控、协同作业和智能决策提供支持。

③可存储性与可检索性。信息可以被记录下来并长期保存，以便在需要时进行检索和使用。在矿山管理中，这体现在数据库、云存储等技术的应用上。通过构建完善的数据存储和检索系统，矿山企业可以积累大量的生产数据和管理经验，为未来的生产优化和决策分析提供有力支持。

④可加工性与可增值性。信息可以通过分析、处理、整合等方式进行加工，以提取出更有价值的内容。在矿山智能化中，这涉及数据挖掘、机器学习、人工智能等技术的应用。通过对海量生产数据的深度分析，矿山企业可以发现生产过程中的潜在问题、优化生产流程、提高资源利用效率，从而实现信息的增值。

⑤时效性与动态性。信息的价值往往与其时效性密切相关。在矿山生产中，及时获取和处理信息对应对突发情况、调整生产计划至关重要。同时，矿山生产环境复杂多变，信息也呈现出动态变化的特性。因此，矿山智能化系统需要具备实时监测和动态响应的能力，以确保信息的时效性和准确性。

3. 信息在矿山智能化中的应用价值

①提高生产效率。通过实时监测生产设备的运行状态和作业环境，矿山智能化系统可以及时发现并解决生产过程中的问题，减少停机时间和资源浪费，从而提高生产效率。例如，当某个设备出现故障时，系统可以自动发出预警信号并通知维修人员进行处理；当生产环境参数超出正常范围时，系统可以自动调整生产参数以确保生产安全和质量。

②保障安全生产。矿山生产环境复杂多变，存在诸多安全隐患。通过安装传感器和智能监控系统，矿山智能化系统可以实时监测生产环境中的各种参数以及设备的安全状态。当发现潜在的安全隐患时，系统可以自动发出预警信号并采取相应的安全措施，从而保障生产安全。例如，当监测到矿井内有害气体浓度超标时，系统可以自动启动排风系统并通知人员撤离。

③优化资源配置。矿山生产需要大量的资源投入。通过收集和分析生产数据和管理信息，矿山智能化系统可以评估资源的利用效率和配置情况。基于这些数据和分析结果，系统可以提出优化资源配置的建议和方案，以降低生产成本和提高资源利用效率。例如，根据设备

状态和能耗数据优化生产计划；根据物料库存和市场需求调整采购计划等。

④辅助决策制定。矿山智能化系统可以为管理层提供全面的生产数据和分析报告。通过对这些数据的深入分析和挖掘，管理层可以更加准确地了解生产状况和市场趋势，从而做出更加科学、合理的决策。例如，根据生产数据预测市场需求变化并调整生产计划；根据设备状态评估设备寿命并制定维修计划等。

⑤推动技术创新与产业升级。矿山智能化是信息技术与传统矿业深度融合的产物。通过引入先进的信息技术和智能设备（如物联网、大数据、云计算、人工智能等），矿山企业可以推动技术创新和产业升级。这些技术的应用不仅提高了生产自动化水平和智能化程度，还促进了矿山企业的数字化转型和可持续发展。

（二）信息量的量化

在信息论中，信息量是指信息所能减少或消除的不确定性的量度。为了量化信息量的大小，克劳德·香农提出了著名的香农公式。香农公式基于概率论的思想，认为一个事件发生的概率越小，它一旦发生时所能提供的信息量就越大。因此，信息量与事件发生的概率成反比关系。

在矿山智能化中，信息量的量化对评估数据的重要性和价值具有重要意义。通过对生产数据进行量化分析，矿山企业可以了解不同数据对生产决策和优化的影响程度，从而合理分配资源和优化数据处理流程。

（三）熵的概念与作用

熵是信息论中另一个重要的概念，它用于度量一个系统的不确定性或混乱程度。在信息论中，熵是信息量的期望值或平均信息量，表示所有可能消息的平均不确定性。熵越大，说明系统的不确定性越高；熵越小，说明系统的不确定性越低。

熵在不确定性度量中发挥着重要作用。在矿山智能化中，熵可以用于评估生产系统的不确定性水平。通过计算生产数据的熵值，矿山企业可以了解生产过程中的不确定因素及其影响程度，从而采取相应的措施降低不确定性并提高生产稳定性。例如，当生产数据的熵值较高时，说明生产过程中存在较多的不确定因素，此时可以通过增加监测点、优化生产流程等方式来降低不确定性。

此外，熵还可以用于评估信息传输和处理的效率。在信息传输过程中，由于信道噪声和干扰等因素的影响，信息可能会受到损失或变形。通过计算信息传输前后的熵值变化，可以评估信息传输的效率和可靠性。同样地，在信息处理过程中，通过计算处理前后的熵值变化，可以评估信息处理的效果和精度。

（四）信息传输过程与编码

信息传输是信息论研究的重要内容之一。在矿山智能化系统中，信息传输涉及将采集到的生产数据从传感器或其他数据源传输到中央处理单元或远程监控中心的过程。这一过程通常包括数据采集、信号处理、编码调制、信道传输和解码恢复等步骤。

在数据采集阶段，传感器等数据采集设备负责捕捉生产环境中的各种参数和设备状态信息，并将其转换为电信号或数字信号。在信号处理阶段，对采集到的信号进行滤波、放大、转换等处理，以提高信号的质量和可靠性。在编码调制阶段，将处理后的信号进行编码和调制处理，以适应信道传输的需求。在信道传输阶段，将编码调制后的信号通过有线或无线信道传输到接收端。在解码恢复阶段，对接收到的信号进行解码和恢复处理，以还原出原始的生产数据。

（五）编码技术的应用

编码技术在提高信息传输效率与安全性方面发挥着重要作用。在矿山智能化系统中，常见的编码技术包括数据压缩、加密和信道编码。

①数据压缩。数据压缩技术通过去除数据中的冗余信息来减少传输所需的数据量。在矿山智能化中，由于生产数据量庞大且实时性要

求高，数据压缩技术就显得尤为重要。通过对生产数据进行压缩处理，可以降低对传输带宽和存储空间的需求，从而提高数据传输的效率和实时性。

②加密。加密技术用于保障信息在传输过程中的安全性。在矿山智能化系统中，生产数据往往包含敏感信息（如设备状态、生产进度等），一旦泄露可能会对矿山企业造成重大损失。因此，在数据传输过程中采用加密技术可以确保数据的安全性和隐私性。常见的加密算法包括对称加密、非对称加密和哈希算法等。

③信道编码。信道编码技术通过增加冗余信息来提高信息传输的可靠性和容错性。在矿山智能化系统中，由于信道噪声和干扰等因素的影响，信息在传输过程中可能会发生错误或丢失。通过采用信道编码技术（如纠错码、卷积码等），可以在一定程度上纠正或检测传输过程中的错误和丢失现象，提高信息传输的可靠性和稳定性。

二、信息论与数据驱动在露天矿山智能化中的实践

随着信息技术的飞速发展，信息论与数据驱动的理念正深刻改变着各行各业，露天矿山行业也不例外。露天矿山作为资源开采的重要领域，其智能化转型不仅是提升生产效率、保障安全生产的必然选择，也是实现绿色开采、可持续发展的关键路径。

1. 智能感知与数据采集

智能感知与数据采集是露天矿山智能化的基础。通过物联网（IoT）、传感器网络、无人机巡检等先进技术，实现对矿山环境的全面感知和实时数据采集，为后续的数据处理与分析提供丰富、准确的数据源。

2. 物联网技术的应用

物联网技术通过部署在矿山各关键区域的传感器节点，构建了一个覆盖全矿区的感知网络。这些传感器能够实时监测矿山的地质条件、

气象变化、设备运行状态、人员位置等信息，并将采集到的数据通过无线网络传输至数据中心。物联网技术的应用，极大地提高了数据采集的自动化水平和实时性，为矿山管理提供了更加全面、准确的数据支持。

3. 传感器网络的优化

为了确保数据采集的准确性和可靠性，需要对传感器网络进行合理布局和优化。这包括根据矿山地形、气候条件、设备分布等因素，选择合适的传感器类型和安装位置；通过算法优化传感器的工作模式和通信协议，减少数据冗余和传输延迟；以及采用冗余部署和故障自诊断技术，提高传感器网络的稳定性和可靠性。

4. 无人机巡检的引入

无人机巡检作为一种新兴的数据采集方式，具有高效、灵活、安全等优点。通过搭载高清相机、红外热像仪、激光雷达等传感器，无人机可以对矿山的边坡稳定性、开采面形态、设备运行状态等进行全面巡检，并实时传输巡检数据至数据中心。无人机巡检的引入，不仅提高了数据采集的效率和精度，还降低了人工巡检的风险和成本。

第四章 露天矿山智能化关键技术

第一节 露天矿山智能化关键技术概述

随着新一代信息化、智能化技术不断发展，露天矿山行业智能化转型升级成为必然趋势，智能化矿山建设也成为传统露天矿山行业高质量发展的必经之路。

传统露天矿山长期受到矿难频发、人工成本高、矿工劳动环境恶劣等问题的困扰，因此，政府与企业都期望利用大数据、AI智能、物联网等技术，推进智能矿山建设，降低人员投入。

现阶段，露天矿山智能化采掘是未来发展的必然趋势。露天矿山智能化建设需进行全过程、全方位的构建，包括采煤、剥离等环节的智能化实施。首先，硬件设施投入至关重要，依靠它可以实现矿井的全方位监控，及时预警突发状况，减少不必要损失；利用它可实时感知矿场人员、设备、环境等资源信息，辅助露天矿山开采安全监测、效率分析、环境研究、智能决策等。对生产中的常见问题，智能化管理系统可以自动提出解决方案并实施，减少人工干预。其次，为实现智能化建设的系统化框架设计，需要构建一个较为完善、易于扩展的主体系统，以方便对整个矿场进行宏观控制。再次，在系统整体框架基础上进行模块化子系统的扩展，实现智能化建设的全方位覆盖。最后，还需针对智能化建设加大人才引进力度，引进专业技术人才和管理人才，将相关领域知识与技术深度融入露天矿山智能化建设，实现露天矿山智能化建设的高效运作和持续发展。

第二节　物联网技术

物联网技术（Internet of Things，IoT），是一种通过先进的识别技术将各种物体的状态参数化，并通过互联网实现信息共享的技术。它建立了一个能够关联万物的网络，使物品之间能够"交流"。

物联网技术的基本原理是将传感器、执行器、控制器等嵌入到各种物体中，通过有线或无线网络将这些物体连接起来，形成一个智能网络。这个网络可以实时地采集、传输、处理和应用各种信息，从而实现智能化识别、定位、跟踪、监控和管理。

物联网技术的架构通常包括感知层、传输层和应用层三个层次。感知层负责信息的采集，通过各种传感器和执行器获取物体的状态信息；传输层负责信息的传递，通过各种通信网络将感知层采集的数据传输到应用层；应用层则负责信息的处理和应用，将接收到的数据进行处理、分析和挖掘，为用户提供各种智能服务。

在智能矿山中，物联网技术的应用情况尤为突出。通过在矿井内部署传感器网络，可以实时监测温湿度、气体浓度等环境参数，确保安全生产。同时，物联网技术还能对矿山设备进行远程监控和控制，提高生产效率。此外，通过为矿工配备定位设备，可以实时监控矿工的位置信息，确保人员安全。这些应用不仅提升了矿山的运营效率，也显著提高了矿山工作的安全性。

一、物联网技术基础

（一）物联网基本架构

物联网发展迅速，这不仅得益于国家政策的支持（在2010年将其列为国家发展战略），还得益于物联网配套技术，如数据采集技术、微处理器、通信模组、通信网络、大数据、云计算等的迅猛发展。

物联网技术体系可以分成感知层、网络层、平台层和应用层四层。每一层都担任了不同的职责，这种类似于专人专责的分工，可以提高工作质量和工作效率（见表4-1）。

表4-1　物联网基本架构

四层模型	功能	内容
应用层	基于不同业务领域，提供智能服务	以支撑业务为中心的云端和支持交互业务的用户终端
平台层	对设备进行通信运营管理	设备激活、认证设备、计费通信质量管理及其他
网络层	可传递数据	无线广域网：2G、3G、4G、5G（移动通信网络及其LTE长期演进技术）；NB无线局域网：WiFi、蓝牙、Zigbee
感知层	采集数据	传感器、摄像头、GPS、射频识别等

1. 感知层

感知层是物联网架构的最底层，也是信息采集的关键部分。它类似于人体的皮肤和五官，负责识别物体、采集信息。在矿山行业中，感知层主要由各类传感器、RFID标签等数据采集设备组成。这些设备能够实时收集矿山环境中的温度、湿度、气压、光线强度、位置信息等多种数据，为后续的智能化管理提供基础数据支持。

①传感器。传感器是物联网中最基础且核心的信息采集设备。在矿山中，常见的传感器包括温度传感器、湿度传感器、压力传感器、振动传感器、加速度传感器等，它们被安装在矿山的各个角落，如矿

井深处、设备表面、运输车辆上等，实时监测矿山的各种物理参数。

②RFID 标签。RFID（Radio Frequency Identification）技术是一种非接触式的自动识别技术，通过无线电信号识别特定目标并读写相关数据。在矿山中，RFID 标签被广泛应用于设备追踪、物资管理、人员定位等方面。通过在设备和物资上粘贴 RFID 标签，并结合 RFID 读写器，可以实现对矿山资产的高效管理和追踪。

2. 网络层

网络层是物联网架构的中间层，负责连接感知层和应用层，实现数据的传输和处理。在矿山行业中，网络层主要由无线网络、有线网络、云计算平台等数据传输与存储方式组成。

①无线网络。包括 WiFi、Zigbee、LoRa、蓝牙等多种技术，这些技术能够实现矿山内部设备之间的无线连接和数据传输。特别是在矿井等复杂环境中，无线通信技术具有安装方便、覆盖范围广、灵活性强等优点，为矿山的数据采集和传输提供了有力保障。

②有线网络。虽然无线网络在矿山中占据重要地位，但在某些特殊场合，如需要传输大量数据或保证数据传输的稳定性和安全性时，有线网络仍然是不可或缺的选择。矿山中的有线网络主要包括光纤、以太网等高速、稳定的网络传输方式。

③云计算平台。云计算平台是物联网数据处理和存储的核心。在矿山行业中，云计算平台能够实现对海量数据的实时采集、存储、处理和分析，为矿山的智能化管理提供强大的技术支持。通过云计算平台，矿山企业可以轻松地实现数据的集中管理和共享，提高数据处理的效率和准确性。

3. 平台层

平台层是物联网架构中的关键组成部分，负责管理、监控和协调物联网设备及应用程序之间的交互。在矿山行业中，平台层主要承担数据处理、分析及服务提供的角色。

①设备管理。平台层提供了设备管理的接口和工具，使用户可以方便地管理大量的物联网设备。这些设备包括传感器、RFID 标签、摄像头、无线通信设备等。通过平台层，用户可以实现对设备的注册、认证、配置和监控等操作，确保设备的正常运行和数据的准确传输。

②数据管理。平台层能够对物联网设备生成的海量数据进行实时采集、存储、处理和分析。通过对这些数据的分析和挖掘，平台层可以为用户提供精确的数据支持和决策依据。同时，平台层支持数据的分享和交换，使不同应用程序可以共享物联网设备生成的数据，实现数据的互联互通。

③安全与隐私管理。在矿山行业中，数据的安全性和隐私性至关重要。平台层提供了严格的安全与隐私管理能力，包括数据加密、身份验证、访问控制等安全机制。这些机制能够确保物联网设备和数据的安全性，防止数据泄露和非法访问。

4. 应用层

应用层是物联网架构的最顶层，也是与用户直接交互的界面。在矿山行业中，应用层主要面向用户提供各种智慧矿山应用。

①智能监控。通过感知层采集的数据和平台层的处理分析，应用层可以实现对矿山环境的智能监控。例如，通过实时监测矿井内的温度、湿度、气压等参数，应用层可以及时发现潜在的安全隐患并发出预警信号，确保矿山的安全生产。

②设备运维。应用层可以根据感知层采集的设备运行状态数据，对设备进行远程监控和故障诊断。当设备出现故障或异常时，应用层可以自动发送维护通知给相关人员，并提供详细的故障信息和解决方案，提高设备的维护效率和可靠性。

③物资管理。应用层还可以与 RFID 技术相结合，实现对矿山物资的智能化管理。通过 RFID 标签和读写器，应用层可以实时追踪物资的流向和库存情况，确保物资的及时供应和合理使用。

④智能调度。在矿山运输和采掘等环节中，应用层可以根据感知层采集的数据和平台层的处理结果，实现智能调度和优化。例如，在运输环节中，应用层可以根据车辆的位置和运行状态信息，自动调整运输路线和速度，提高运输效率和安全性。

二、智能物联网关键技术

智能物联网（AIOT）的人机物融合、泛在计算、分布式智能、云边端协同等新特质，以及区别于传统物联网的体系及软件结构，给传统物联网带来了很多新的挑战，下面将简要阐述所面临的挑战及相关技术。本节从智能感知—网络通信—协同计算—隐私保护四个层面分别介绍 AIoT 关键技术。

（一）泛在智能感知

针对智能物联网感知的实时性、完整性等需求，如何对复杂场景中的目标进行全面且及时的感知是一大挑战。一方面，需要探索不同感知资源能力的差异性，并针对感知任务进行能力选择和聚合。另一方面，还需考虑感知对象行为的复杂性和个性化特征，以适应多样化的应用场景。"泛在智能感知"是普适计算、移动计算、物联网和人工智能等多个领域交叉的一个新兴研究方向。泛在智能感知主要通过内嵌在智能手机、手表、可穿戴设备、汽车、家电中的摄像头、加速度传感器、陀螺仪、WiFi、LTE、毫米波雷达、声波收发模块对人和环境进行多模态感知，并利用人工智能的算法、模型和技术对感知信息进行分析得到关于人和环境的情境状态；进而为人在合适的时间和地点提供智能化的服务。泛在智能感知在智慧终端、智慧家居、智慧健康医疗、新型人机交互和自动驾驶等领域有着广泛应用，是智能物联网的重要组成部分。

1. 智能视觉感知

视觉是人类从外界获得信息的主要途径，通过机器、计算机以及人工智能方法来模拟人类的视觉功能是人们多年的追求。较之于传统视觉技术，智能视觉感知采用机器学习与深度学习技术，具备更快更强的感知与运算能力，提升了边缘检测、语义分割、图像滤波等基础视觉处理能力，并在移动目标检测、移动地图构建、视频流目标跟踪、视频动作识别等关键视觉感知技术中得到广泛应用，强化视觉感知能力的同时拓宽了视觉感知的应用范畴。

2. 智能听觉感知

听觉感知是感知主体检测、分析、识别和理解语音信号信息的过程，它允许与现实环境正确的互动，流畅的沟通。传统听觉感知在梅尔倒频谱系数等基础特征之上，通过混合高斯—隐马尔科夫等模型进行语音和语调的识别，而智能听觉感知通过深度神经网络增强语音模型的特征能力、感知精度和识别鲁棒性，并在更为广义的层面，利用语言理解、对话跟踪、语言生成等关键技术完成真实场景中的人机物互通。

3. 智能无线感知

智能无线感知是近年来新兴起的一个前沿研究热点，主要通过普适的无线信号如 WiFi、RFID、毫米波雷达、声波等对人和环境进行非接触式或与设备无关的感知（Device-Free），从而为人类与物理设备、场景环境的融合奠定基础。相较于视觉感知、听觉感知等技术，无线感知具有普适程度高、感知范围广、感知成本低、不侵扰用户、不泄露隐私等特点和优势，是实现泛在感知与普适计算的理想形式，在智能物联网中具有广阔的应用前景。无线感知的基本原理是环境中传播的无线信号，会由于感知目标（人或物）的存在而产生反射、衍射、散射等现象，通过检测和分析感知信号（如 RSSI、CSI 等）的变化特征，便可以推断感知目标的位置、状态等信息，达成感知的目的。通过多普勒效应模型、菲涅尔区模型等理论模型探索无线感知的一般机理，推导特定物理量（如位置、速度、角度等）与接收信号特征之间的量化关系，进而基于物理量和信号特征识别人的行为。此外，通过三角度量、计算机指纹库、深度神经网络等智能计算方法对无线感知信号、无线感知数据、无线感知模式进行识别和处理，并通过室内定位、目标跟踪、行为识别关键技术，在健康监护、人机交互、行为识别等领域得到了大量应用，因而受到学术界和产业界的广泛关注与重视。

4. 多模态智能感知

多模态融合感知技术综合通过不同类型的感知设备收集具有不同特性的数据，避免了单个传感器的感知局限性和不确定性，形成了对环境或目标更全面的感知和识别，提高了系统的外部感知能力，是未来智能交互必不可少的研究课题。通过有效整合多模态数据，便可获得对感知目标的整体描述。例如，为了实现自动驾驶，智能汽车部署了激光雷达、毫米波雷达、超声波传感器、音频传感器、视频传感器、红外传感器等不同类型的感知设备，以便获得更加全面的信息，进而增强系统的可靠性和容错性。传统多模态数据融合技术主要分为三种类型：数据级融合，即通过空间对齐直接融合不同模态的原始感知数据；特征级融合，即通过级联或元素相乘在特征空间中融合多模态感知数据；目标级融合，即通过融合各模态模型的预测结果完成最终决策。目前多模态融合技术主要集中在视觉与音频之间的多模态学习，少量工作研究毫米波雷达、激光雷达和摄像头之间的多模态感知。多模态融合感知技术在行为识别、机器人系统、目标识别和跟踪、定位与导航、自动驾驶等领域发挥着巨大的作用。

（二）群智感知计算

群智感知由众包、参与感知等相关概念发展而来。2012 年，清华大学刘云浩教授首次提出"群智感知计算"概念，它利用大量普通用户使用的移动设备作为基本感知单元，通过物联网/移动互联网进行协作，实现感知任务分发与感知数据收集利用，最终完成大规模、复杂的城市与社会感知任务。

群智感知计算利用群体智慧和泛在移动、可穿戴终端构建大规模移动感知网络，是一种新型智能感知模式，对传统静态传感网络互为补充。

1. 复杂任务高效分发

群智感知依赖参与用户的移动终端所具备的各种传感和计算能力等来进行感知。与传统感知网络相比，参与式感知节点具有规模大、分布广、能力互补等特点，而任务则具有需求多样、多点并发、动态变化等特征。需要研究针对不同感知任务需求的参与者优选方法，根据任务的时空特征、技能需求及用户个人偏好、移动轨迹、移动距离、激励成本等设定优化目标和约束，设计任务分配模型，一般通过最优化理论（动态规划、博弈论、多目标优化等）和群智能优化算法（如遗传算法、粒子群算法、蚁群算法）等进行求解。

2. 群体参与激励机制

群智感知需要雇用大量的参与者采集数据，很多任务还需要参与者前往特定的地点并有较高的数据传输和处理成本；此外，群体参与还存在数据质量难以保证的问题。针对以上问题，群智感知系统通过采用适当的激励方式（如报酬支付激励、虚拟积分激励、游戏娱乐激励、社会交互激励等），鼓励和刺激参与者参与到感知任务中，并提供优质可信的感知数据。不同的激励方式在不同的场景下，对不同的参与者具有不同的激励效用，因此如何选择和设计合适的激励机制是群智感知计算的主要研究内容之一。

3. 群体感知数据优选

群智数据的质量直接影响数据分析的结果，进而影响群智服务的性能。由于不同用户在活动范围上有一定重叠，群智感知所采集到的数据中可能存在大量冗余。而大量未经训练的用户作为基本感知单元会带来感知数据多模态、不准确、不一致等质量问题。挑战在于如何实现优质数据选择和收集。在智能物联网中，一方面可以在终端进行数据预处理，剔除低质量数据；另一方面可以在边缘设备进行数据局部汇聚，及时发现来自不同终端的冗余数据。从而在减少数据传输成本的同时为云数据挖掘与模型训练提供优质数据支持。

（三）智能物联网通信

虽然完整物联网通信体系已经建立，但学术界和工业界近年来不断思考如何将 AI 融入物联网通信系统中，实现物联网通信效能的大幅提升。已有研究集中于网络、资源管理和安全，主要思想是将机器学习、AI 的思想引入相应算法和协议设计过程，实现通信与 AI 的结合。目前各项研究尚处于初步探索阶段，智能物联网通信的发展还需要一个长期的过程，机遇与挑战共存。

1. 端到端网络优化

在 MAC 协议中，机器学习为优化 IoT 网络的性能提供很好的解决方案。可以把物联网设备想象成一个能够借助机器学习访问信道资源的智能设备，通过机器学习，物联网设备能够观察和学习不同性能指标对网络性能的影响，然后利用这些学习到的经验来快速地提升网络性能，同时生成后续的执行动作。强化学习、神经网络等 AI 方法的引入在物联网应用复杂多变的环境中提供了路由的自适应能力，在通信故障、拓扑变化和节点移动性等情况下提供了较好的性能。例如，通过深度神经网络学习网络拓扑、流量和路由之间的复杂关系以优化路由来降低网络负担，通过强化学习的方法来动态选择合适的拥塞控制算法以提高数据的传输效率。基于机器学习的拥塞控制方法可以更准确地估计网络流量，从而找到最佳路径，最小化节点与基站之间的端到端时延，并可根据网络的动态变化调整传输范围，更加灵活地控制传输层发生的拥塞，提高传输效率。

2. 无线资源优化

无线通信是 IoT 主要的通信方式，无线资源管理通过有限物理通信资源的合理利用，以满足各种 IoT 应用需求。现有无线资源管理方法通常是静态网络设计，高度依赖于公式化的数学问题。而 IoT 网络的动态性，导致高复杂性的算法频繁执行，带来了性能损失。因此，可将 AI 引入到无线资源管理，如强化学习可以仅基于环境反馈的回报/成本学习好的资源管理策略，可对动态网络做出快速决策；深度学习模型优越的逼近能力，可以实现一些高复杂度的资源管理算法；多智能体强化学习可赋予每个节点自主决定资源分配的能力。因此，机器学习在功率控制、频谱管理、波束形成设计等方面具有较好的应用前景。

3. 通信安全机制

借助深度学习，通过对数据进行深入归纳、分析，从而获取新的、规律性的信息和知识，并利用这些知识建立用于支持决策的模型，进行网络风险分析或预测。如使用机器学习技术处理和分析收集的数据，可以更好地防范入侵检测，或利用人工智能对物联网系统中的恶意软件进行检测，挑战在于设计适合物联网设备的轻量级智能通信安全机制。

（四）终端适配深度计算

在智能物联网时代，在物联网终端执行深度计算实现智能推断逐渐成为一种趋势，其具有高可靠性、保护数据隐私的优势。然而，针对智能物联网终端平台资源受限、应用情境复杂多变，以及硬件优化能力不同等问题，亟须下列终端适配的深度计算方法。

1. 资源适配深度计算

物联网的移动嵌入式终端资源（计算、存储和电量）通常较为受限，难以直接运行复杂的深度计算模型。因此，需基于深度计算模型的冗余性机理、平台资源约束以及物联网应用性能需求，探索不同深度模型压缩技术（如权重剪枝、卷积分解轻量化层结构替换、量化等）和超参数对不同深度模型精度、存储量、计算量、时延和能耗的影响，从而按需选择合适的压缩算法及超参数组合，以较少的精度损失实现最低的终端资源消耗。

2. 情境自适深度计算

除了上述物联网平台资源约束以外，物联网终端运行深度模型还受综合情境因素影响，如计算资源的动态性、输入数据的异质性，以及应用性能需求的差异性。因此，需探索情境自适应的深度计算模型生成方法。近几年有一些相关研究进展，如自动化深度模型架构搜索（Neural Architecture Search，NAS），它采用合理的搜索空间、搜索策略和评价预估方法，可在不同情境需求下众多超参数和网络结构参数产生的爆炸性组合中完成自动搜索。

3. 软硬协同深度计算

与深度模型算法层面的优化相结合，硬件优化通过合理利用不同设备的硬件性能和架构，可进一步实现深度模型加速。由于芯片内存带宽是十分受限的资源，因此将处理器性能与芯片内外存流量联系起来的模型可以指导软硬协同优化。例如，Roofline 模型就是一个易于理解、可视化的性能模型。在资源极度受限的终端平台（如微控制器）上，软硬协同深度计算优化尤为重要。例如，Lin 等人提出的面向微控制器的深度计算框架 MCUNet，通过联合设计一个高效神经网络架构和轻量级推理引擎，在微控制器上实现深度计算推理。

（五）物联网分布式学习

在智能物联网时代，将会存在大量具有感知和计算能力的智能体，虽然单智能体数据和经验有限，但通过群体分布式协作可实现超越个体行为的集体智慧，构建具有自组织、自学习、自适应等能力的智能感知计算空间。

三、物联网技术在智慧矿山中的关键应用

（一）实时监测与设备管理

在澳大利亚的某些矿山中，装备与车辆上装有传感器，实时传输

其运行状态、位置和健康信息。管理人员利用这些数据和分析结果实时监控设备运行状况，预测故障，安排维护，减少了意外停机时间，提高了设备的可靠性和使用寿命。例如，通过监测设备的振动和温度参数，应用层可以及时发现设备的潜在故障并发出预警信号，使维修人员能够提前介入并解决问题。

（二）无人卡车与智能导航

全球最大的矿业公司之一必和必拓（BHP）应用了无人卡车。这些卡车通过安装在车辆上的传感器和全球定位系统（GPS），能够无缝导航卡车穿越矿场，提高了卡车运输效率和安全性。无人卡车的应用不仅减少了人力资源的浪费和人为操作的风险，而且通过优化运输路线和速度提高了运输效率。

（三）RFID 与物资追踪

加拿大的矿业公司使用 RFID 和条形码技术追踪矿石从开采到处理直至最终销售的运输过程。通过这种追踪能力，矿业公司能够确保物料流程的透明性并优化物流链。RFID 标签的使用使矿石的每一步流转都被记录下来并可以实时查询，大大提高了物资管理的效率和准确性。

（四）人员定位与通信

一些地下矿山利用智能物联网实现了工人的地下定位和通信。为每位矿工配备的可穿戴设备可以实时发送他们的地理位置到地面控制室，确保矿工的安全和高效救援。当发生紧急情况时，地面控制室可以迅速定位到受困矿工的位置并启动救援程序，大大降低了矿工在地下作业的风险。

（五）环境监测与保护

智能物联网技术还用于监测矿山内外的环境状况，包括空气质量、噪声、振动和粉尘浓度等。通过这些实时数据，矿业公司可以确保它们的操作符合环保标准并及时规避可能造成的环境风险。例如，当监测到空气质量超标时，应用层可以自动启动空气净化设备或调整生产工艺以降低污染物的排放。

四、物联网技术在智慧矿山中的发展趋势

（一）深度融合与全面感知

随着物联网技术的不断进步，其在智慧矿山中的应用将更加深入和广泛。未来，物联网技术将实现与矿山生产各个环节的深度融合，实现对矿山资源、设备、人员等全方位的实时感知和智能控制。

（二）大数据分析与智能决策

物联网技术产生的海量数据将成为智慧矿山的重要资源。通过大数据分析技术，可以对这些数据进行深度挖掘和分析，提取有用信息，为矿山管理者提供科学决策依据。数据驱动的智能决策将成为未来矿山管理的重要手段。

（三）边缘计算与实时数据处理

在露天矿山复杂的生产环境下，实时数据处理对安全生产至关重要。边缘计算技术将部分数据处理任务从云端迁移至矿井现场，降低了网络传输延迟，提高了数据处理速度。边缘计算与物联网技术的结合，将为智慧矿山建设提供更强大的实时数据处理能力。

（四）跨界融合与技术创新

智慧矿山建设涉及多个领域，如矿业、信息技术、自动化等。未来，跨界融合创新将成为智慧矿山发展的关键。通过引入物联网、大数据、人工智能等先进技术，与矿山行业深度结合，将有助于推动矿山行业的转型升级。

（五）安全监控与应急响应

物联网技术在智能安全监控方面的应用将进一步加强。利用可穿戴设备、智能摄像头和传感器等，实现对矿场状态的全面监测。同时，建立完善的应急响应机制，确保在发生紧急情况时能够迅速启动救援措施，保障人员安全。

（六）绿色矿山与可持续发展

随着环保意识的提高，绿色矿山建设将成为未来发展的重要方向。物联网技术将助力矿山企业实现资源的高效利用和废弃物的有效处理，推动矿山行业的可持续发展。

物联网技术在智慧矿山中的发展趋势将呈现出深度融合、全面感知、智能决策、实时处理、跨界融合和绿色发展的特点。随着技术的不断进步和应用场景的不断拓展，智慧矿山将迎来更加广阔的发展前景。

第三节　云计算技术

一、云计算技术基础

（一）云计算技术基础

云计算，作为信息技术领域的一次重大变革，正逐步改变着人们的生活方式和工作模式。它是一种基于互联网的计算方式，通过网络提供各种计算资源和服务，包括服务器、存储、数据库、软件、分析工具等，使用户能够按需获取和使用这些资源，而无须关心底层的技术实现和管理细节。

云计算的核心思想是将计算任务分布在大量的计算机构成的资源池上，使用户能够按需获取计算力、存储空间和信息服务。这种计算模式不仅提高了资源的利用率，还降低了用户的成本，使用户能够更加专注于业务逻辑和创新。

（二）云计算的特点

云计算以其独特的特点在各行各业得到了广泛的应用，其主要特点包括按需服务、弹性扩展和资源共享等。

1. 按需服务

按需服务是云计算最显著的特点之一。在传统的计算模式下，用户需要购买和维护大量的硬件设备来满足业务需求，这不仅需要大量的资金投入，还会导致资源的闲置和浪费。而在云计算模式下，用户可以根据业务需求按需获取计算资源和服务，无须一次性投入大量资金，也无须担心资源的闲置和浪费。这种按需服务的方式极大地降低了用户的初期投资成本，并提高了资源的利用率。

2. 弹性扩展

弹性扩展是云计算的另一个重要特点。在传统的计算模式下，当用户的业务规模发生变化时，需要购买或淘汰硬件设备来适应业务的变化，这不仅需要大量的时间和资金投入，还会导致业务的中断和不稳定。而在云计算模式下，用户可以根据业务规模的变化随时调整资源配置，实现资源的弹性扩展。当业务规模扩大时，用户可以增加计算资源和服务来满足业务需求；当业务规模缩小时，用户可以减少计算资源和服务来降低成本。这种弹性扩展的方式使用户能够更好地应对业务的变化和发展。

3. 资源共享

资源共享是云计算的另一个核心特点。在传统的计算模式下，每个用户都需要购买和维护自己的硬件设备，导致资源的重复建设和浪费。而在云计算模式下，多个用户可以共享同一套硬件设备和服务，实现资源的共享和高效利用。这种资源共享的方式不仅降低了用户的成本，还提高了资源的利用率和可持续性。同时，云计算服务提供商还可以根据用户的需求和业务规模动态调整资源配置，实现资源的最优化和高效利用。

（三）云计算的基础框架

云计算基础设施架构以分布式多云为核心，构建"一云多算"融合底座，依托异构资源统一管理、分布式任务协同框架，打造 AI 贯穿的新型服务体系，支撑以通算、智算、超算、网络融合业务的一体化承载，实现全链路业务的可用性保障。在总体架构上，保留传统云架构的分层体系；在云网资源建设上，强调多种类型资源池的分布式优化布局；在软、硬件资源层强调多样性，进一步划分为以 CPU 为主的通算基础设施和以 GPU 等 AI 加速芯片为主的智算基础设施。分布式云平台对多维异构资源进行统一纳管，并实现任务高效协同调度。在基础设施架构之上，云服务形态呈现通用化和智能化发展趋势，承载多元业务类型，提供丰富的产业数字化能力。云计算基础设施架构如图 4-1 所示。

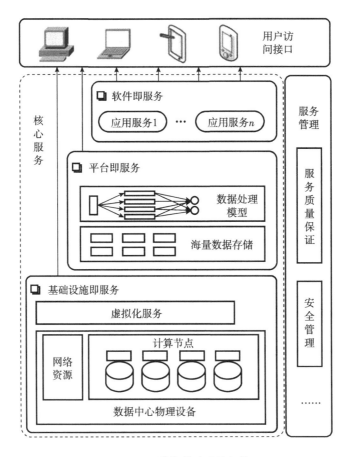

图 4-1 云计算基础设施架构

资料来源：www.csundec.com。

1．分布式云网资源

云资源池呈现分布式、多云、全域部署模式，以云为中心构建全国一张网。以地理空间划分，实现从中心、区域到边缘3层级覆盖。中心云资源池部署在资源集中的热点区域，向超大规模集约化发展；区域云资源池满足热点业务，具有一定规模，同时兼具时延优势；边缘云资源池可建设在更靠近用户和数据生产源头的网络边缘，主要包括小型化云节点，解决用户侧边缘的定制化需求。多方云资源池混合部署，加强多云商资源池互联互通且互为增强，以算力资源交易的形式提供高效、去中心化、实时便捷的资源供给，实现全域基础设施能力覆盖。入云网络应具备高速泛在、天地一体的全连接能力。除了网络和专线等基础接入能力，还应具备"5G+千兆光宽+WiFi6"的三千兆接入能力及协同卫星网络打造"天地一体"的差异化服务的能力。云间网络应具备高带宽、高质量特性，引入确定性网络、全光网络等技术，实现中心云与区域云、区域云与边缘云、边缘云与边缘云之间的按需、可靠地高速互联。

2．通智融合基础设施

通用计算基础设施主要指基于CPU芯片的服务器，在中心侧和边缘侧分布式部署，由全域覆盖的入云/云间网络打通业务访问和数据获取，主要实现通用计算业务的资源供给。通用计算基础设施还包括以实现网络云化业务为代表的某些基础设施，以提升不同业务场景下的基础设施的性能。智算基础设施基于GPU、FPGA、ASIC等芯片，为AI应用提供所需算力服务、数据服务、算法服务的公共算力新型基础设施，通常表现为大规模、高性能、高可靠性的智算集群。使用大算力芯片及大容量内存等支撑模型训练、推理等计算密集型任务；使用高速、大容量的存储设备及存储技术，基于分布式架构实现高可用性和可扩展性。围绕远程直接内存访问（Remote Direct Memory Access，RDMA）构建高性能网络体系，其组网架构具备大规模、跳数最优的网络连接能力。基于端网协同和软硬融合构建高带宽、低延迟的无损网络。

3. 全局化管理调度

多维度、异构资源统一管理，面向业务进行任务与基础设施资源的高效适配。通过对不同技术架构搭建的计算资源、网络资源和存储资源进行抽象，并将当前各类公有云、私有云平台的不同类型资源整合到统一的管理框架，实现全局异构资源统一纳管，能更好地应对业务负载对资源的多样化需求，发挥各类资源的特性和优势，提高整个系统的效能。面向大规模业务进行功能模块解耦，子任务间通过网络交互完成业务处理，分布式任务协同通过将上层子任务需求与底层基础设施资源进行适配，实现任务的精准实时、稳定高效调度和编排。任务调度策略根据资源管理层提供的资源状态信息和性能指标进行定制，推进任务需求动态调整资源的分配和使用，提升面向超大规模业务的资源管理调度能力。

4. 智能化服务模式

上层以云服务形式承载包括数字化业务、智算业务、超算业务和网络业务在内的多元解决方案，将 AI 融入基础设施即服务（Infrastructure as a Service，IaaS）、平台即服务（Platform as a Service，PaaS）、软件即服务（Software as a Service，SaaS）层，实现数字化业务的全面升级。扩展新应用场景下的模型即服务（Model as a Service，MaaS）的新型服务模式，打通数据平台、深度学习训练框架、推理部署引擎和模型生产平台，实现从数据存储、标注到模型训练、生产、部署、测试的全链路、批量化过程。

二、云计算关键技术

云计算基础设施依托算力、存储、网络等方面的关键技术，推动云计算基础设施向高效能演进。在计算层面融合 AI 芯片，通过 RISC-

V 指令集统一多元异构计算架构提供云服务算力基石；在网络层面面向大规模、高带宽、低时延及高可靠的集群通信需求，构建基于 RD-MA 的高性能智算中心网络体系；在存储层面，面向海量数据存储和并行处理需求，引入新型存储技术提供高速、高并发和低时延的读写性能，共筑高效能的硬件资源供给。

（一）以 RISC-V 为导向的通智异构算力技术

智能化时代，AI 在各行业领域持续深化，应用场景也不断丰富，以科学计算模型为例，在传统的地震波模拟的科学计算场景下，对数值精度的要求极高，AI 大模型训练则适用于数值范围大但数值精度要求相对较低的 16 位浮点类型，而 AI 大模型推理由于更关注推理速度等性能，则可以在更低的数值精度下进行处理。因此，愈加复杂多样的计算场景，为算力基础设施提出了多元化挑战。不同数值精度的计算需求，对计算芯片架构要求也具有一定的差异性。此外，摩尔定律带来的计算性能提升空间有限，通用 CPU 性能的持续提升呈现整体性加速放缓趋势，而 AI 智能加速应用带来计算量指数增长态势，远超摩尔定律带来的算力提升速度。

算力将从以 CPU 为主的通用计算基础设施逐渐向 CPU、GPU、XPU 等异构算力融合方向发展，突破了传统计算芯片发展的惯性思维，不再强调系统中某一种类型计算芯片的核心地位，而是从系统层面优化性能、性价比等核心指标，体现综合的算力供给性能优势。现阶段 RISC-V 指令集由于其开源和可扩展特性，已被广泛用于开发 CPU、GPU 等通算、智算芯片，可有效解决当前 CPU 和 GPU 因基于不同的指令集架构造成的生态复杂、开发运维难度高等问题。下一步 RISC-V 将通算和智算基础设施在指令集层面进行统一，实现编程接口的统一，从而实现黄金十年的终极目标：采用统一指令集来实现 DSA 芯片和通用芯片，为上述应用开发提供统一编译环境和开发语言，支持 RISC-V 指令集对 XPU 的多核异构融合，构建高性能 AI 算力集群和高效能的算力底座。

（二）面向全域互联的新型网络技术

海量数据流的产生和多元化的应用场景为智算产业带来了新的挑战，推动了算力基础设施服务器级单点处理向互联协作的演进，将同架构/跨架构、同地域/跨地域的算力节点大规模组网，形成全域互联的新型网络架构。为了实现这些需求，智算中心内节点数量将大幅增长，从现在的十万台服务器增长到百万级互联，使智算中心组网面临超大规模冲击。以大模型为代表的智算业务 2025 年将向百万亿参数模型演进，存储介质 SSD 的访问性能较传统 HDD 已有了百倍提升，在存储介质数据读取时间大幅降低的情况下，网络时延占比从原来的小于 5% 上升到 65%，意味着存储介质有一半以上的时间是空闲通信等待。如何降低通信时延，提升网络吞吐也是智算中心网络的关键挑战之一。

数据中心网络将具备超高性能、超高可靠性及超大规模连接能力。现阶段新建智能计算中心网络通常使用 RDMA 网络协议来减少传输时延，提升网络吞吐，并逐步在规模、带宽、稳定性、时延/抖动及自动化能力方面不断优化提升。下一步基于 RDMA 的高性能智算中心网络体系，需要不断推进网络拓扑、网络设备、网络协议等方面的创新，加强在拥塞控制算法、软硬协同加速及 QP 连接扩展等方面的能力突破，结合全光网络发展趋势，从而满足各类业务高并发、大带宽、高通信效率需求。

（三）以数据为中心的新型存储技术

在智算业务浪潮的驱动下，数据成为第五大生产要素，围绕数据构建的基座必然发生变革，存力觉醒拉开新的篇章。在芯片层面，冯·诺依曼架构下计算和存储分离，计算单元从内存中读取数据，计算完成后返回内存，然而随着 AI 大模型的发展，这种架构中存储器的数据访问速度跟不上计算单元的数据处理速度，阻碍性能提升的"存储墙"问题严重。在集群层面，传统存算融合架构面临数据保存周期与服务器更新周期不匹配、性能可靠与资源利用率难以兼得、新型分布式应用的极简、高效、共享存储诉求和以CPU为中心的服务器架构导致数据密集型应用效率低下等问题，云计算底座在存储容量利用、存力效率等方面面临挑战。

以数据为中心的存储需要为云内海量数据分布式通信提供超高性能的读写支持和超大规模的连接能力。在智算时代崭新的发展阶段，数据存储堪称AI训练和推理应用的基石——既是加速多模态数据智能训练的核心平台，也是支撑海量终端智慧应用的基础设施。单芯片层面存储朝着"存算一体"方向演进，计算越来越靠近存储，减少不必要的数据搬运，直接存储单元参与逻辑计算提升算力，在单位面积不变的情况下规模化增加计算核心数，通过架构创新提供综合性能全面兼顾的芯片及板卡，为广泛的边缘AI业务提供服务。集群层面，随着RDMA、CXL、NUVMeSSD等新型硬件技术的发展，需要构建新型存算分离架构，以确保云和网、不同云存储域服务能够兼顾资源利用率、可靠性等核心诉求，彻底实现存算解耦，组建彼此相互独立的硬件资源池，实现细粒度的处理分工，使数据处理等CPU不擅长的任务被专用加速器替代，以实现能效比最优的组合。

三、云计算技术在智慧矿山中的关键应用

（一）云计算在露天矿山中的基础应用

1. 数据处理与存储

露天矿山在开采过程中会产生海量的数据，包括地质勘探数据、生产作业数据、安全监控数据等。这些数据对矿山的运营管理至关重要，但传统的数据处理和存储方式往往存在效率低下、易丢失等问题。云计算平台凭借其强大的数据处理能力和分布式存储机制，能够实时、高效地处理这些数据，并确保数据的安全性和可靠性。通过云计算，

矿山企业可以将所有生产数据统一存储在云端，实现数据的集中管理和快速访问，为后续的决策分析提供坚实的数据基础。

2. 实时监控与决策支持

露天矿山的开采作业环境复杂多变，对实时监控和快速决策提出了很高的要求。云计算平台通过集成高清摄像头、传感器等物联网设备，可以实现对矿山作业现场的实时监控，并将监控数据实时传输到云端进行分析处理。利用大数据分析技术，云计算平台能够对监控的数据进行深入挖掘，发现潜在的安全隐患和生产瓶颈，为矿山企业提供精准的决策支持。例如，通过对运输车辆的运行轨迹进行监控和分析，可以优化运输路线，提高运输效率；通过对设备故障数据的分析，可以提前预测并预防设备故障，减少停机时间。

3. 安全生产管理

安全生产是露天矿山管理的重要一环。云计算平台通过集成 AI 视频监控、智能报警等系统，可以实现对矿山作业现场的安全生产进行全方位、全天候的监控和管理。AI 视频监控能够自动识别视频中的关键目标物体并对其进行检测和跟踪，区分正常行为和异常行为，并即时发送警报通知相关人员处理。这种高效准确的警报系统有助于管理人员快速反应并采取必要措施，从而预防可能发生的危险事件。同时，云计算平台可以对安全生产数据进行统一管理，提高安全管理效率，降低安全事故的发生概率。

（二）云计算在露天矿山中的高级应用

1. 无人化作业

无人化作业是露天矿山智能化转型的重要方向之一。云计算平台通过集成无人驾驶技术、远程遥控技术等先进手段，可以实现对采矿设备的无人化控制和远程操作。例如，利用无人驾驶卡车进行矿石运输，不仅可以减少人力成本，还可以提高运输效率和安全性。无人驾驶卡车通过车载传感器和 GPS 定位系统实时感知周围环境和行驶状态，并将数据实时传输到云端进行处理和分析。云端系统根据分析结果向无人驾驶卡车发送控制指令，实现其自主行驶和避障功能。此外，云计算平台还可以实现对多台无人驾驶设备的协同调度和优化管理，进一步提高整体作业效率。

2. 智能维护与管理

露天矿山中的设备种类繁多且运行环境恶劣，对设备的维护和管理提出了很高的要求。云计算平台通过集成智能监测系统和预测性维护技术，可以实现对矿山设备的远程监管和智能维护。智能监测系统通过实时采集设备的运行数据和状态信息，并将其传输到云端进行分析处理。云端系统利用大数据分析技术和机器学习算法对设备数据进行深入挖掘和分析，预测设备可能发生的故障类型和时间节点，并提前制订相应的维护计划和方案。同时，云计算平台还可以实现对远程维护中心与现场设备的实时通信和远程控制功能，使维护人员可以在远离现场的情况下对设备进行维护和故障排除工作。这种智能维护与管理方式不仅提高了设备的可靠性和稳定性，还降低了维护成本和停机时间。

3. 环境监测与保护

露天矿山的开采活动对环境有着重要影响。云计算平台通过集成环境监测系统和数据分析技术可以实现对矿山周边空气、水质和噪声等环境因素的实时监测和评估。环境监测系统通过部署在矿山周边的传感器实时采集环境数据并将其传输到云端进行处理和分析。云端系统利用大数据分析技术对环境数据进行深入挖掘和分析，发现潜在的环境污染问题和生态破坏风险，并制定相应的应对措施和建议。同时，云计算平台可以实现对废水废气等污染物的在线监测和管理，确保污染物排放符合国家标准和环保要求。这种环境监测与保护方式不仅有助于提升矿山的环保水平，还有助于推动矿山的可持续发展。

四、云计算技术在智慧矿山中的发展趋势

（一）数据共享与协同作业

随着云计算技术的不断发展，未来露天矿山行业将实现数据共享和协同作业的新模式。各矿山企业可以将自身的生产数据和安全数据上传至云端，实现数据的共享和交流。通过数据共享，各矿山企业可以相互学习借鉴先进的生产管理经验和技术手段来提升自身的管理水平和生产效率。同时，各矿山企业可以通过云计算平台实现协同作业，共同应对复杂的开采环境和挑战，从而提高整体作业效率和安全性。

（二）智能化决策与管理

未来随着大数据和人工智能技术的不断发展，露天矿山行业将实现智能化决策和管理的新模式。云计算平台将集成更多先进的智能算法和模型，对矿山开采过程中的各种数据进行深入挖掘和分析，实现智能化决策和建议。同时，云计算平台将实现对矿山生产过程的智能化管理通过自动化控制和优化调度等手段提高生产效率和安全性，进而降低生产成本和能耗水平。这种智能化决策与管理模式将有助于推动露天矿山行业的转型升级和高质量发展。

（三）绿色采矿与可持续发展

绿色采矿是未来露天矿山行业的发展趋势之一。云计算平台将发挥重要作用，其将推动绿色采矿的实现和发展。通过集成环境监测系统和数据分析技术，云计算平台可以实现对矿山开采过程中的环境影响并进行实时监测和评估，为绿色采矿提供科学数据支持。同时，云计算平台可以实现对废水废气等污染物的在线监测和管理，确保污染物排放符合国家标准和环保要求。此外，计算平台还可以通过优化资源配置和合理利用矿产资源等手段推动露天矿山的可持续发展，为矿产资源行业的长期稳定发展做出贡献。

第四节　大数据技术

一、大数据技术基础

当前处在一个数据爆炸的时代。数据正以惊人的速度在增长。收集数据的主要目的是完善企业、政府和社会层面的决策制定机制。大数据技术在露天矿山智能化中的应用目标是感知、分析生产过程中的海量信息，达到自主感知、自主决策，从而达到减人、安全、高效的目的。

（一）数据积累

1. 数据积累是大数据发展的基石

在互联网快速普及和物联网加速渗透的背景下，PC、手机、传感设备等全面兴起，推动了全球数据呈现倍数增长、海量集聚的特点。这种数据量的激增为大数据产业的发展奠定了庞大的数据基础。据IDC 统计，全球数据总量在过去几年中呈爆炸式增长，从 2011 年的1.8ZB 增长至 2016 年的 16.1ZB，并预测到 2020 年将达到 44ZB，而在《数据时代 2025》白皮书中更是预测到 2025 年全球数据总量将扩展至163ZB。这一数据量的增长不仅体现在规模上，还体现在数据的多样性和复杂性上，为大数据分析和应用提供了丰富的素材。

2. 数据积累的重要性体现在多个方面

首先，海量的数据为大数据分析提供了可能性，使通过统计规律和模式识别等方法发现隐藏的信息和价值成为可能；其次，数据的多样性和复杂性要求数据处理和分析技术的不断创新和提升，推动了相关技术的快速发展；最后，数据积累也是数据共享、确权、定价和交易的前提，没有足够的数据积累，后续的数据利用和价值实现都将无从谈起。

（二）算力提升

算力提升是大数据发展的关键驱动力，大规模数据处理对计算能力提出了极高的要求，而摩尔定律的推动使处理器性能不断提升，为大数据处理提供了强大的算力支撑。GPU、FPGA、TPU 等高算力芯片的出现，以及云计算、分布式计算等技术的发展，使处理海量数据成为可能。例如，在 Google I/O 2018 开发者大会上，谷歌发布了第三代 TPU 处理器，其性能相比上一代提升 8 倍，运算速度可超100PFlops，这种强大的算力为大数据实时分析提供了有力保障。

算力提升的重要性不言而喻。首先，强大的算力使大规模数据处理变得更加高效和快速，降低了数据处理的时间和成本；其次，算力提升为更复杂的数据分析模型提供了可能，推动了机器学习、深度学习等技术在大数据领域的应用；最后，算力提升还促进了数据密集型应用的创新和发展，如智能交通、智能医疗、智慧城市等领域都受益于算力的提升。

（三）技术创新

技术创新是大数据发展的核心动力。云计算、人工智能等新技术的出现为大数据产业提供了前所未有的发展机遇。云计算以其按需付费、可扩展的存储计算能力、便捷易部署等特点，大大降低了企业应用大数据的难度与成本，促进了大数据产业的加速推广。而人工智能通过深度置信神经网络等领先算法，能够自动处理、分析大规模数据，获得预测性的洞察，指导或直接替代人工决策，提高了大数据应用的智能化水平。

技术创新的重要性在于它不断推动大数据产业的发展边界。首先，云计算等技术的发展使数据处理和分析更加便捷和高效，降低了大数据的应用门槛；其次，人工智能等技术的应用使数据分析更加智能化和精准化，提高了数据利用的价值和效率；最后，技术创新还不断催生新的大数据应用场景和商业模式，如数据即服务（DaaS）、数据交易等，为大数据产业注入了新的活力。

二、大数据关键技术

大数据关键技术主要包括数据采集技术、数据预处理技术、数据存储技术、数据处理技术、数据分析与挖掘技术以及数据可视化技术等。这些技术相互关联、相互支撑，共同构成了大数据技术的完整体系。

（一）数据采集技术

数据采集是大数据处理的第一步，主要通过各种传感器、RFID 标签、社交媒体、互联网等渠道收集数据。关键技术包括爬虫技术、API 接口调用、日志采集等。数据采集的实时性、准确性和全面性是后续数据处理和分析的基础。

（二）数据预处理技术

数据预处理是对采集到的原始数据进行清洗、转换、规约等操作，以提高数据质量的过程。关键技术包括数据清洗（去除噪声、处理缺失值等）、数据转换（数据格式转换、数据规约等）和数据集成（多源数据合并、数据融合等）。数据预处理对提高数据处理的效率和准确性至关重要。

（三）数据存储技术

数据存储是大数据技术的核心之一，主要解决海量数据的存储问题。关键技术包括分布式文件系统（如 HDFS）、NoSQL 数据库（如 HBase、Cassandra 等）和云存储技术等。这些技术通过分布式存储和并行处理机制，实现了对海量数据的高效存储和访问。

（四）数据处理技术

数据处理是对存储的数据进行加工处理的过程，主要目的是提取有用的信息和知识。关键技术包括批处理技术（如 MapReduce）、流处理技术（如 Spark Streaming、Storm 等）和内存计算技术（如 Spark 等）。这些技术通过高效的计算模型和算法，实现了对海量数据的快速处理和分析。

（五）数据分析与挖掘技术

数据分析与挖掘是大数据技术的核心价值所在，主要通过对数据进行统计分析、关联分析、聚类分析、分类预测等操作，发现数据中的潜在规律和价值。关键技术包括数据挖掘算法（如决策树、神经网络、支持向量机等）、机器学习技术（如深度学习、强化学习等）和人工智能技术等。这些技术为大数据的智能化应用提供了有力支持。

（六）数据可视化技术

数据可视化是将处理和分析后的数据以图形、图像、动画等形式展现出来的过程，旨在帮助用户更好地理解数据背后的信息和知识。关键技术包括数据可视化工具（如 Tableau、ECharts 等）和可视化编程语言（如 D3.js 等）。数据可视化技术使复杂的数据分析结果更加直观易懂，促进了数据的传播和应用。

大数据关键技术是推动大数据应用发展的关键所在。从数据采集、预处理、存储、处理到分析挖掘和可视化展示，每一个环节都需要先进的技术手段来支撑。随着技术的不断发展和创新，大数据将在更多领域发挥重要作用，为社会经济的发展注入新的动力。

三、大数据技术在智慧矿山中的关键应用

（一）矿山运营优化

1. 实时数据监测与分析

智慧矿山通过部署大量的传感器、RFID 标签、摄像头等物联网设备，实时采集矿山生产过程中的各类数据，包括设备运行状态、矿石产量、能耗、环境参数等。大数据技术对这些海量数据进行处理和分

析，为矿山管理者提供实时、准确的生产信息。通过数据分析，管理者可以了解生产设备的运行效率、矿石的开采进度、能耗的分布情况等，从而及时发现生产过程中的瓶颈和潜在问题，为生产优化提供数据支持。

2. 预测性维护

在矿山运营中，设备故障往往会导致生产中断和成本增加。大数据技术通过对设备运行数据的深入分析，可以预测设备故障的发生时间和概率，实现预测性维护。系统可以根据设备的运行历史数据、工作环境数据等，建立设备的健康评估模型，实时监测设备的运行状态，并在设备即将出现故障时提前发出预警，使维护人员能够及时进行维修或更换，从而避免非计划停机，提高设备的可靠性和利用率。

3. 生产流程优化

大数据技术还可以对矿山生产流程进行优化。通过对生产数据的分析，系统可以识别出生产过程中的瓶颈环节和冗余操作，提出改进建议。例如，通过优化生产调度方案，减少设备等待时间和物料搬运距离，提高生产效率；通过优化生产工艺参数，降低能耗和成本，提高产品质量。这些优化措施的实施，有助于提升矿山的整体运营效率和竞争力。

（二）安全生产管理

1. 安全风险预警

矿山工作环境复杂多变，存在诸多安全隐患。大数据技术结合矿山地质条件、环境参数、设备状态等数据，可以实时监测矿山的安全状况，预测潜在的安全风险。例如，通过对地质数据的分析，可以预测地质灾害的发生概率和范围；通过对环境参数的监测，可以及时发现有毒有害气体泄漏等安全隐患。一旦发现异常情况，系统会立即发出预警信号，提醒矿山管理者采取相应措施，确保矿山生产安全。

2. 人员安全监控

智慧矿山还可以利用大数据技术对矿工的实时位置和安全状态进

行监控。通过定位技术和大数据分析，系统可以实时跟踪矿工的移动轨迹和工作状态，一旦发现矿工遇到危险或违规行为，系统会立即发出警报，并通知相关人员进行救援或处理。这种实时监控和预警机制，有助于降低矿山事故的发生率，保障矿工的生命安全。

3. 应急响应与决策支持

在矿山事故发生时，大数据技术可以迅速整合和分析相关信息，为应急响应和决策提供有力支持。系统可以根据事故现场的数据分析结果，快速确定事故原因、范围和影响程度，并提出相应的应急处理方案。同时，系统可以实时跟踪应急响应的进展情况，评估应急处理效果，为后续的决策调整提供依据。

（三）资源管理与调度

1. 矿体分布预测

在矿山开采过程中，准确预测矿体的分布和储量对制订合理的开采计划至关重要。大数据技术通过对地质勘探数据、历史开采数据等进行分析和建模，可以预测矿体的空间分布、品位和储量等信息。这些信息为矿山规划提供了科学依据，有助于优化开采方案，提高资源利用率。

2. 智能调度

智慧矿山利用大数据技术实现生产资源的智能调度。系统可以根据生产计划和实时生产数据，自动调整设备配置、物料运输和人员安排等生产资源，确保生产任务的顺利完成。通过智能调度，系统可以优化生产流程，减少资源浪费和成本支出，提高生产效率。

3. 库存与物流管理

大数据技术还可以应用于矿山的库存和物流管理。系统可以实时监测库存状态和生产需求，预测物料消耗量和采购时间，确保物料供应的及时性和准确性。同时，系统可以对物流过程进行跟踪和监控，优化物流路径和运输方式，降低物流成本和时间成本。

（四）环保与可持续发展

1. 环境监测与保护

智慧矿山利用大数据技术对矿山环境进行实时监测和评估。系统可以采集水质、空气质量、噪声等环境参数数据，并进行处理和分析。通过数据分析，系统可以及时发现环境污染问题，并提出相应的治理措施。同时，大数据技术还能帮助预测环境变化趋势，为矿山制定环境保护策略提供科学依据，确保矿山的可持续发展。

2. 节能减排

在矿山运营过程中，能源消耗和排放问题一直是制约可持续发展的关键因素。大数据技术通过对能耗数据的深入分析，可以识别出矿山运营中的高能耗环节和不合理使用能源的现象。基于这些数据，矿山可以制定针对性的节能减排措施，如优化设备运行参数、改进生产工艺、推广清洁能源等。此外，大数据技术还能实时监测矿山排放物的成分和浓度，为排放控制提供精准数据支持，确保矿山排放符合环保标准。

3. 生态修复与治理

矿山开采对生态环境造成的破坏是不可避免的，但可以通过生态修复和治理来减轻其影响。大数据技术可以在生态修复过程中发挥重要作用。通过收集和分析土壤、水质、植被等生态数据，大数据技术可以评估矿山开采对生态环境的影响程度，为制定生态修复方案提供科学依据。同时，大数据技术可以监测生态修复的实施效果，及时调整修复策略，确保生态修复工作的有效性和可持续性。

随着大数据技术在智慧矿山中的广泛应用和推广，相关政策和标准体系也将不断完善。政府将出台更多支持大数据技术发展的政策措施和规划方案；行业协会和标准化组织将制定更加完善的数据标准和规范体系；企业也将加强内部管理和外部合作，共同推动大数据技术在智慧矿山中的健康发展。

四、大数据技术在智慧矿山中的发展趋势

（一）技术创新引领大数据应用深化

大数据技术在智慧矿山中的发展趋势是多元且深远的，它正逐步渗透到矿山生产、管理、安全等各个方面，推动矿山行业的数字化转型和智能化升级。

1. 技术融合与创新

随着人工智能、云计算、物联网等技术的不断发展，大数据技术在智慧矿山中的应用将更加深入和广泛。这些技术的融合与创新，将为大数据的采集、存储、处理和分析提供更加高效、智能的解决方案。例如，通过物联网技术实现矿山设备的全面互联，实时采集设备运行状态数据；利用云计算平台提供的强大数据处理能力，对海量数据进行快速分析和挖掘；借助人工智能技术构建智能预测模型，实现生产过程的优化和安全隐患的预警。

2. 数据安全与隐私保护

随着大数据技术的广泛应用，数据安全和隐私保护成为大数据技术人员亟待解决的问题。在智慧矿山中，大数据涉及矿山的生产运营、设备状态、环境参数等敏感信息，一旦泄露或被非法利用，将对矿山的安全生产和经营管理造成严重影响。因此，加强数据安全和隐私保护技术的研究和应用，如数据加密、访问控制、隐私保护计算等，将是未来大数据技术在智慧矿山中发展的重要趋势。

（二）数据驱动矿山生产优化

1. 生产过程智能化

大数据技术的应用将推动矿山生产过程的智能化。通过对生产过程中的实时数据进行采集和分析，可以实现对生产状态的全面监控和精准控制。例如，利用大数据分析技术对矿石的品位、粒度等数据进行实时分析，可以指导破碎、磨矿等工序的调整，优化生产工艺流程；

通过对设备运行状态数据的分析，可以预测设备故障的发生概率和维修需求，实现预测性维护。

2. 资源配置优化

大数据技术还能帮助矿山企业优化资源配置。通过对历史生产数据和市场需求数据的分析，可以预测未来的生产需求和资源供应情况，为企业的生产计划制订和资源采购提供科学依据。同时，通过实时监测和分析矿山内部的物流情况，可以优化物流路径和库存管理，降低物流成本和提高资源利用效率。

（三）提升矿山安全管理水平

1. 安全隐患预警

大数据技术在矿山安全管理中的应用主要体现在安全隐患的预警和应急响应方面。通过对矿山环境数据（如温度、湿度、气体浓度等）和设备状态数据的实时监测和分析，可以及时发现潜在的安全隐患并发出预警信号。同时，结合历史数据和专家知识库构建智能预测模型，可以预测安全事故的发生概率和趋势，从而为矿山的安全生产提供有力保障。

2. 应急响应能力提升

在发生安全事故时，大数据技术可以快速响应并提供决策支持。通过整合矿山内外的数据资源构建应急响应平台，可以实时获取事故现场的信息和数据，为救援人员提供准确的决策依据和行动指导。同时，利用大数据分析技术对事故原因进行追溯和分析，可以为后续的安全管理和事故预防提供经验教训。

（四）推动矿山行业转型升级

1. 产业升级与结构调整

大数据技术的应用将推动矿山行业的产业升级和结构调整。通过深入挖掘和分析矿山生产运营数据可以发现行业发展的新趋势和新机遇，为企业制定科学的发展战略和规划提供依据。同时，大数

223

据技术的应用将促进矿山企业之间的合作与交流，推动整个行业的协同发展。

2. 创新驱动发展

在创新驱动发展战略的指引下，大数据技术在智慧矿山中的应用将不断催生新的技术成果和商业模式。例如，通过构建智慧矿山大数据平台为企业提供数据共享、分析挖掘和决策支持等服务；通过开发智能化设备和系统提高矿山生产效率和安全性；通过推动数据交易和共享促进数据资源的优化配置和高效利用等。

（五）标准化与规范化发展

1. 行业标准的制定与推广

随着大数据技术在智慧矿山中的广泛应用，行业标准的制定与推广将成为重要趋势。通过制定统一的数据采集、存储、处理和分析标准可以规范大数据技术的应用过程，提高数据质量和应用效果。同时，推广行业标准可以促进矿山企业之间的技术交流和合作，推动整个行业的健康发展。

2. 数据治理与合规性管理

在大数据技术的应用过程中，数据治理与合规性管理也是不容忽视的问题。通过构建完善的数据治理体系可以确保数据的真实性、准确性和完整性，提高数据质量和应用效果。同时加强合规性管理可以确保大数据技术的应用符合相关法律法规和政策要求，避免法律风险和合规性风险的发生。

大数据技术在智慧矿山中的发展趋势包括智能化决策支持系统的建立、加强数据安全与隐私保护以及推动标准制定与产业协同等方面。这些趋势将共同推动矿山行业的数字化转型和智能化升级，为矿山企业的可持续发展提供有力支持。

第五节　矿山 5G 无线通信技术

一、矿山 5G 无线通信基础

（一）定义与特点

矿山 5G 无线通信是指在矿山环境中，利用 5G 技术实现设备之间、设备与人之间的无线连接和数据传输。相较于传统的无线通信技术（如 4G、WiFi 等），5G 在矿山应用中展现出更高的传输速率、更低的时延、更大的连接密度和更强的可靠性，这些特点使 5G 成为推动矿山智能化转型的关键技术之一。

①高传输速率。5G 网络能够提供数 Gbps 级别的数据传输速率，这意味着矿山中的大量高清视频、实时监控数据、远程控制指令等可以迅速传输，满足矿山对高带宽应用的需求。

②低时延。5G 网络的时延可以降至毫秒级甚至更低，这对需要实时响应的矿山应用（如无人驾驶矿车、远程操控等）至关重要，能够显著提升作业效率和安全性。

③大连接密度。5G 网络能够支持每平方千米内数百万个设备的连接，满足矿山内众多传感器、监控摄像头、自动化设备等的接入需求，实现全面感知和智能互联。

④高可靠性。针对矿山环境的特殊性，5G 网络通过优化网络架构和协议设计，提供了更高的可靠性和稳定性，确保在恶劣条件下也能保持通信畅通。

（二）矿山 5G 无线通信基础框架

矿山 5G 无线通信基础框架包括无线接入网、承载网和核心网三部分。无线接入网负责将终端接入通信网络，对应于终端和基站部分。核心网主要起运营支撑作用，负责处理终端用户的移动管理、会话管理以及服务管理等，其位于基站和因特网之间。承载网主要负责数据传输，介于无线接入网和核心网之间，是为无线接入网和核心网提供网络连接的基础网络。无线接入网、承载网和核心网分工协作，共同构成了矿山 5G 无线通信的基础框架。

二、矿山 5G 无线通信关键技术

（一）大规模 MIMO 技术

大规模多输入多输出（Massive MIMO）是 5G 中最关键的技术之一。通过在基站端配置成百上千根天线，形成大规模天线阵列，能够显著提升频谱效率和系统容量。大规模 MIMO 技术利用空间分集和复用，可以在同一频段内同时传输多个数据流，从而提高数据传输速率。在矿山应用中，大规模 MIMO 技术可以有效提升井下或地面复杂环境下的信号覆盖质量，减少信号盲区，确保矿山设备间、设备与控制中心之间的高效通信。

（二）高频段传输技术

5G 采用了毫米波等高频段进行数据传输，以获取更高的带宽和传输速率。毫米波频段具有频谱资源丰富、带宽大、传输速率快等优势，但同时面临传播距离短、穿透性差等挑战。在矿山应用中，高频段传输技术可以支持高清视频传输、大规模数据采集等应用场景，满足矿山对数据传输速率和带宽的高要求。同时，通过优化天线设计、采用波束赋形等技术手段，可以有效克服高频段信号的传播障碍，确保信号的稳定传输。

（三）网络切片技术

网络切片是 5G 网络架构的重要特性之一，它允许运营商在同一物理网络上创建多个逻辑上独立的虚拟网络切片，每个切片都可以根据业务需求进行定制和优化。在矿山应用中，网络切片技术可以根据不同的业务场景（如远程监控、智能采矿、自动驾驶等）创建相应的网络切片，实现资源的灵活分配和高效利用。这不仅可以提高网络服务的实时性和可靠性，还可以降低运维成本，提升整体运营效率。

（四）SDN/NFV 技术

软件定义网络（SDN）和网络功能虚拟化（NFV）技术的引入，使 5G 网络更加灵活和可编程。SDN 通过解耦控制平面和数据平面，实现了网络流量的灵活调度和管理；NFV 则将传统网络设备的功能以软件形式实现，运行在通用硬件上，提高了网络的灵活性和可扩展性。在矿山应用中，SDN/NFV 技术可以支持快速部署新业务、动态调整网络资源、优化网络性能等需求，为矿山的智能化转型提供有力支持。

（五）边缘计算技术

边缘计算是 5G 时代的重要技术趋势之一，它将数据处理和存储能力下沉到网络边缘，降低了数据传输时延和带宽消耗，提高了服务的实时性和响应速度。在矿山应用中，边缘计算技术可以实现对矿山设备的实时监控、智能调度和数据分析等功能，为矿山的智能化管理和决策提供有力支持。同时，边缘计算可以减少数据传输到云端的流量，降低通信成本和网络拥堵风险。

三、矿山 5G 无线通信在智慧矿山中的关键应用

（一）远程监控与安防

利用 5G 高速率、低时延的特性，可以实现对矿山周界、重点区域的高清视频监控和实时数据传输。结合边缘计算技术，可以在本地进行视频处理和异常检测，及时发现并预警潜在的安全隐患。此外，通过 5G 网络还可以实现无人机巡检、机器人巡逻等智能化安防手段，提升矿山的整体安防水平。

（二）智能采矿

智能采矿是矿山行业的重要发展方向之一。利用 5G 技术可以实

现井下采矿设备的无线连接和远程操控，提高采矿作业的自动化水平和安全性。同时，通过5G网络可以实现采矿数据的实时采集、传输和分析，为采矿工艺的优化和智能调度提供数据支持。此外，结合边缘计算和人工智能技术，还可以实现采矿设备的自主学习和智能决策功能，进一步提升采矿效率和效益。

（三）自动驾驶矿车

自动驾驶矿车是矿山行业的一项创新应用。利用5G低时延、高可靠性的特性，可以确保自动驾驶矿车在复杂环境下的精准定位和快速响应。同时，通过5G网络可以实现矿车之间的协同作业和智能调度功能，提高矿山的整体运输效率和安全性。此外，结合高清地图、环境感知和决策控制等先进技术还可以实现矿车的全自动驾驶功能，进一步降低人力成本和提高生产效率。

（四）智慧矿山云平台

智慧矿山云平台是矿山行业数字化转型的重要载体。利用5G、云计算、大数据等先进技术可以构建一个集数据采集、处理、分析、决策于一体的智慧矿山云平台。该平台可以实现对矿山生产过程的全面监控和智能管理功能，包括设备状态监测、生产计划调度、安全风险评估等。同时，通过云平台可以实现跨部门、跨企业的信息共享和协同作业功能，提高矿山的整体运营效率和竞争力。

四、矿山5G无线通信在智慧矿山中的发展趋势

（一）技术不断成熟与优化

1. 网络覆盖与稳定性提升

①技术创新与基站优化。随着5G技术的持续演进，网络覆盖能力的提升将是首要任务。针对矿山地形复杂、环境恶劣的特点，5G基站将采用更加先进的传输技术和天线设计，如毫米波与Sub-6GHz频段的混合组网、智能波束赋形等，以增强信号穿透力和扩大覆盖范围。

同时，基站布局将更加注重合理性和灵活性，通过增设中继站、微基站等方式，确保矿山各区域，包括井下深处、偏远矿区等都能获得稳定可靠的5G信号覆盖。

②网络架构的演进。为了进一步提升网络的稳定性和可靠性，矿山5G网络将向更加灵活、可扩展的架构演进。例如，采用云化核心网、软件定义网络（SDN）和网络功能虚拟化（NFV）技术，实现网络资源的快速部署和动态调整。此外，通过引入网络切片技术，为矿山的不同应用场景提供定制化的网络服务，确保关键业务的低时延、高可靠性需求得到满足。

2. 设备兼容性与互操作性增强

①标准化进程的推进。为了促进矿山设备的兼容性和互操作性，国际和国内标准组织将加快5G在矿山行业应用的标准化进程。通过制定统一的通信协议、接口规范和测试方法，确保不同厂商生产的设备能够无缝对接、协同工作。这将极大地降低矿山企业在设备采购、系统集成和维护管理方面的成本，加速智慧矿山的普及和推广。

②设备生态的构建。随着5G技术的普及，矿山设备制造商将积极拥抱5G技术，研发支持5G通信的采矿设备、巡检机器人、无人驾驶车辆等。同时，软件开发商也将推出基于5G技术的矿山管理软件、数据分析平台等，为矿山企业提供全方位的智能化解决方案。通过构建完善的设备生态体系，实现矿山设备之间的互联互通和高效协同作业。

（二）应用场景持续拓展

1. 智能采矿与无人化作业

5G技术为采矿设备的远程操控提供了可能。借助低时延、高可靠性的5G网络，操作人员可以在控制中心对井下或地面的采矿设备进行实时操控和智能调度。这不仅降低了人员进入危险区域的风险，而且提高了采矿作业的效率和安全性。同时，通过结合边缘计算和人工智能技术，采矿设备将具备更强的自主学习和决策能力，能够根据实时数据调整工作参数、优化作业流程，进一步提升采矿效率和效益。

2. 自动化与智能化升级

随着5G技术的深入应用，矿山采矿作业将向更加自动化、智能化的方向发展。例如，通过部署无人驾驶矿车、智能采矿机器人等设备，实现采矿作业的全程自动化和无人化。这些设备将依托5G网络进行实时通信和协同作业，实现资源的精准开采和高效利用。此外，通过引入物联网技术，对采矿设备进行实时监控和状态监测，及时发现并处理设备故障和安全隐患，确保采矿作业的连续性和稳定性。

3. 高清视频监控与远程巡检

利用5G网络的高速传输能力，可以实现对矿山周界、重点区域的高清视频监控和实时数据传输。通过部署高清摄像头、红外热成像仪等设备，实现对矿山的全方位监控和异常检测。同时，结合人工智能算法对视频数据进行智能分析，可以自动识别并预警潜在的安全隐患和违规行为，提高矿山的安全管理水平。

4. 无人机与机器人巡检

结合无人机、巡检机器人等智能巡检设备，可以实现对矿山的远程巡检和精准定位。这些设备将依托5G网络进行实时通信和数据传输，将巡检现场的视频、图像、声音等数据实时回传至控制中心。控制中心的工作人员可以通过大屏幕或虚拟现实设备对巡检现场进行直观感知和判断，提高巡检的准确性和效率。同时，通过引入自主导航、避障等技术，确保巡检设备在复杂环境下的安全稳定运行。

5. 智能运输与物流管理

通过5G网络实现运输车辆的远程控制和智能调度，可以优化运输路线和车辆配载，降低运输成本和提高运输效率。例如，利用5G网络实时传输车辆的位置、速度、载重等信息至控制中心，控制中心工作人员根据实时数据对运输车辆进行智能调度和路线优化。同时，通过引入物联网技术实现对运输车辆的实时跟踪和状态监测，确保运输过程的安全和高效。

6. 物流管理的智能化升级

结合 5G 技术和物联网技术，可以实现对矿山物流管理的智能化升级。通过部署 RFID 标签、传感器等设备对物料进行实时跟踪和状态监测，确保物料的准确配送和库存管理。同时，利用大数据分析技术对物流数据进行深度挖掘和分析，发现潜在的物流瓶颈和成本节约点，为矿山企业的物流管理提供科学依据和决策支持。

（三）产业链协同与生态构建

1. 产业链上下游协同

①合作模式的创新。随着矿山 5G 无线通信技术的发展和应用场景的拓展，产业链上下游企业之间的合作模式将不断创新。例如，通信设备商、软件开发商、矿山设备制造商等将围绕 5G 技术展开深度合作，共同研发支持 5G 通信的矿山设备和软件系统。通过资源共享、优势互补和技术创新等方式实现互利共赢和协同发展。

②产业生态的构建。在产业链协同的基础上，将逐步形成完善的矿山 5G 无线通信产业生态。这种生态将包括通信设备供应商、软件开发商、矿山设备制造商、系统集成商、运营商等多个环节的企业和机构。通过构建开放合作、互利共赢的生态环境，推动矿山 5G 无线通信技术的普及和广泛应用，为矿山的智能化转型提供有力支撑。

2. 跨界融合与创新

①与智能制造的融合。随着智能制造技术的不断发展，矿山行业将积极拥抱智能制造技术以便实现生产方式的转型升级。通过引入智能制造技术（如自动化生产线、智能机器人等）提高矿山生产的自动化水平和智能化程度。同时，结合 5G 技术实现生产数据的实时传输和分析，为智能制造提供强大的数据支持和技术保障。

②与智慧城市的结合。矿山作为城市的重要组成部分将积极融入

智慧城市的建设中。通过构建智慧矿山与智慧城市之间的数据共享和互联互通机制实现矿山与城市之间的协同发展。例如，将矿山的生产数据、环境数据等实时传输至智慧城市管理平台，为城市管理者提供决策支持；同时，利用智慧城市的公共服务设施和资源为矿山提供便捷高效的服务支持。

③绿色发展与可持续发展。随着全球对环境保护和可持续发展的重视，矿山行业也将积极践行绿色发展和可持续发展理念。矿山行业通过引入新能源、新材料等环保技术降低矿山生产过程中的能耗和排放；同时，结合5G技术实现矿山生产过程的智能化监控和管理，提高资源利用效率和降低资源浪费。这将有助于推动矿山行业的绿色转型和可持续发展，为构建生态文明社会贡献力量。

第六节　矿用传感器技术

一、矿用传感器技术基础

在矿业领域，安全与生产效率是两大核心关注点。随着科技的进步，矿用传感器技术作为矿山自动化、智能化不可或缺的一部分，正逐步成为提升矿山安全管理水平、优化生产流程、实现资源高效利用的关键技术。

（一）矿用传感器概述

1. 传感器的基本概念

传感器是一种能够感受被测量对象并将其转换成可用信号的装置或器件。在矿用环境中，传感器承担着监测矿井内各种物理量（如瓦斯浓度、温度、压力、风速等）的重要任务，通过将这些非电量信号转换为电量信号，实现对矿井环境及生产设备的实时监控和预警。

2. 矿用传感器的分类

矿用传感器种类繁多，根据测量对象的不同，可大致分为以下六类：

①气体类传感器。如甲烷传感器、一氧化碳传感器等，用于监测矿井内的有害气体浓度。

②温度类传感器。监测矿井温度，预防火灾等安全事故。

③压力类传感器。测量矿井内各部位的压力情况，保障生产安全。

④速度类传感器。如煤矿用速度传感器，用于监测设备运行状态，预防机械故障。

⑤流量类传感器。监测矿井内水、气等流体的流量，优化资源利用。

⑥位移类传感器。监测设备或结构的位移变化，评估其稳定性和安全性。

此外，根据工作原理的不同，矿用传感器还可分为参量式传感器（如电阻式、电容式、电感式）和发生式传感器（如热电式、压电式、光电式）等。

（二）矿用传感器的基本原理

1. 参量式传感器

参量式传感器又称为无源传感器，其工作原理是将被测量的物理量转换为电信号输出（如电阻、电感、电容）。这类传感器在工作时需要外加电源，通过测量电路参数的变化来反映被测量物理量的变化。

①电阻式传感器。其基本原理是将被测量转换为电阻的变化。例如，热敏电阻的阻值随温度变化而变化，可用于测量矿井温度。

②电容式传感器。其工作原理是将被测非电量的变化转换成电容量变化。在矿井中，电容式传感器可用于测量液位、位移等参数。

③电感式传感器。其工作原理是将被测非电量变化转换成线圈的

电感（或互感）变化。电感式传感器具有高精度、高稳定性等优点，在矿井测量中有广泛应用。

2. 发生式传感器

发生式传感器又称为有源传感器，这类传感器在工作时无须外加电源，因为它们本身就是一种电能发生器。发生式传感器可以直接将被测非电量变换为电动势输出。

①热电式传感器。利用热电效应将被测温度转换为电势输出。在矿井中，热电偶是常用的热电式传感器之一，用于测量高温环境。

②压电式传感器。利用压电效应将被测压力或振动转换为电信号输出。压电式传感器具有灵敏度高、结构简单等优点，在矿井振动监测中有广泛应用。

③光电式传感器。利用光电效应将被测光信号转换为电信号输出。光电式传感器在矿井照明、通信等领域有重要应用。

二、矿用传感器关键技术

矿用传感器作为矿山自动化、智能化系统的核心部件，其性能与可靠性直接关系到矿山生产的安全与效率。随着科技的进步和矿山行业的不断发展，矿用传感器技术也在不断创新和完善。本节将从多个方面详细阐述矿用传感器的关键技术，包括防爆技术、高精度测量技术、远程传输与通信技术、智能化技术、环境适应性技术以及多传感器融合技术等。

（一）防爆技术

1. 防爆原理与标准

矿用传感器工作环境复杂，常伴有易燃易爆气体和粉尘，因此防爆技术是矿用传感器设计中的重要考虑因素。防爆原理主要是通过限制点火源、降低爆炸性混合物的浓度或压力、提高设备的结构强度等方式来防止爆炸的发生。国际上通用的防爆标准主要有 IECEx、

ATEX、FM 等，这些标准在防爆设备的设计、制造、测试和认证等方面都有严格的规定。

2. 防爆结构设计

矿用传感器的防爆结构设计主要包括隔爆型、本质安全型、增安型等。隔爆型传感器通过坚固的外壳将内部电路与外部环境隔离，即使内部发生爆炸，也不会引燃外部爆炸性混合物。本质安全型传感器则是通过限制电路中的能量，使其在任何情况下都不会产生足以点燃爆炸性混合物的火花或热量。增安型传感器则是在保证设备基本性能的前提下，通过增加一些安全措施来提高其防爆性能。

3. 防爆材料选择

矿用传感器的防爆材料选择也是至关重要的。这些材料需要具有良好的耐腐蚀性、耐高温性、耐磨损性以及良好的机械强度。常见的防爆材料包括不锈钢、铝合金、铜合金等金属材料，以及特殊的防爆塑料和橡胶材料。这些材料的选择需要根据具体的工作环境和传感器的工作要求来确定。

（二）高精度测量技术

1. 精密电路设计

高精度测量技术首先依赖于精密的电路设计。这包括选择合适的传感器元件、设计合理的信号放大电路、滤波电路和模数转换电路等。通过优化电路设计，可以减小噪声干扰，提高信号的稳定性和测量精度。

2. 高精度元件选用

高精度元件的选用也是提高测量精度的关键。例如，在气体浓度测量中，选择高灵敏度的催化元件或电化学元件可以显著提高测量精度。在温度测量中，采用高精度的热敏电阻或热电偶可以确保测量结果的准确性。

3. 非线性补偿算法

由于传感器元件本身存在非线性特性，因此在实际应用中需要进行非线性补偿。非线性补偿算法可以通过软件或硬件的方式实现，通过对测量结果进行修正，可以进一步提高测量精度。

（三）远程传输与通信技术

1. 有线通信技术

有线通信技术包括光纤通信、以太网通信等。光纤通信具有传输速度快、抗干扰能力强、传输距离远等优点，特别适用于矿山井下等恶劣环境。以太网通信则具有标准化程度高、易于集成和扩展等优点，在矿山监控系统中得到广泛应用。

2. 无线通信技术

无线通信技术包括 ZigBee、LoRa、NB-IoT 等。这些技术具有无须布线、灵活性强、易于部署等优点，特别适用于矿山井下等难以布线或需要频繁移动的场景。然而，无线通信技术在矿山应用中需要特别注意信号的稳定性和可靠性问题。

3. 数据传输协议与标准

为了确保矿用传感器与监控中心之间的数据传输能够顺利进行，需要制定统一的数据传输协议和标准。这些协议和标准规定了数据传输的格式、速率、校验方式等，以确保数据的准确性和可靠性。

（四）智能化技术

1. 传感器自校准与自诊断

智能化技术使矿用传感器具备自校准和自诊断功能。自校准功能可以自动调整传感器的测量参数，确保测量结果的准确性；自诊断功能则可以实时监测传感器的运行状态，及时发现并报告故障信息。

2. 数据处理与分析

智能化技术使矿用传感器具备数据处理与分析能力。传感器可以实时采集数据，并通过内置或外部的数据处理单元进行数据分析，提取有用信息，为矿山生产和管理提供决策支持。

3. 远程监控与控制

通过智能化技术，矿用传感器可以与监控中心实现远程监控与控制。监控中心可以实时查看传感器的测量数据，并根据需要对传感器进行远程控制和调节。这种远程监控与控制方式大大提高了矿山生产的安全性和效率。

（五）环境适应性技术

1. 高温、低温适应性

矿用传感器需要在各种极端温度环境下工作，因此必须具备高温、低温适应性。传感器必须采用耐高温或耐低温的材料、设计合理的散热或保温结构等。

2. 湿度、粉尘适应性

矿山井下环境湿度大、粉尘多，对传感器的适应性提出了更高要求。传感器需要具备防潮、防尘功能，以确保在恶劣环境下仍能正常工作。

（六）多传感器融合技术

1. 多传感器融合技术的概念

多传感器融合技术是指将来自多个传感器的数据进行综合处理，以获得比单一传感器更准确、更全面的信息。在矿山环境中，由于需要监测的物理量众多且环境复杂多变，单一传感器往往难以满足需求。因此，多传感器融合技术成为提高监测精度和可靠性的重要手段。

2. 融合算法

多传感器融合算法是实现数据融合的关键。常见的融合算法包括卡尔曼滤波、粒子滤波、贝叶斯网络、神经网络等。这些算法各有优缺点，适用于不同的应用场景。例如，卡尔曼滤波适用于线性系统的状态估计，而粒子滤波则更适用于非线性非高斯系统的状态估计。

三、矿用传感器技术在智慧矿山中的关键应用

在露天矿山的智慧化进程中，矿用传感器技术扮演着至关重要的角色。这些传感器通过实时采集、处理和传输矿山环境中的各种物理

量和化学量信息，为智慧矿山的决策支持、生产优化、安全保障等提供了坚实的数据基础。以下将详细阐述矿用传感器技术在露天矿山智能化中的关键应用。

（一）环境监测与保护

1. 空气质量监测

露天矿山开采过程中，会产生大量的粉尘、有害气体等污染物，对矿山周边环境和空气质量造成严重影响。矿用传感器技术可以通过安装空气质量监测传感器，实时监测矿山空气中的粉尘浓度、有害气体（如二氧化硫、氮氧化物、一氧化碳等）浓度等参数。这些传感器能够将采集到的数据传输至监控中心，通过数据分析，及时预警并采取措施，降低污染物排放，保护环境。

2. 水质监测

矿山开采活动还可能对地下水系和周边水体造成污染。通过在水源处、排水口等关键位置安装水质监测传感器，可以实时监测水体的pH值、溶解氧、重金属含量等关键指标。一旦发现水质异常，即可迅速采取措施，防止污染扩散，保护水资源安全。

3. 噪声与振动监测

露天矿山作业过程中，机械设备运行会产生较大的噪声和振动，对周围环境和居民生活造成影响。通过安装噪声和振动监测传感器，可以实时监测矿山作业区域的噪声水平和振动强度，为制定降噪措施提供依据，保护周边环境和居民健康。

（二）设备状态监测与故障诊断

1. 设备运行状态监测

露天矿山中的采矿设备如挖掘机、装载机、运输车辆等，其运行状态直接影响生产效率和安全性。通过在设备上安装各类传感器（如温度传感器、压力传感器、振动传感器等），可以实时监测设备的运行状态、温度、压力、振动等参数。这些数据通过无线传输至监控中心，经过数据分析，可以及时发现设备故障隐患，预防设备停机事故的发生，提高设备可靠性和使用寿命。

2. 故障诊断与预测

结合机器学习、人工智能等先进技术，矿用传感器采集的数据还可以用于设备故障诊断与预测。通过对历史数据的分析和挖掘，可以建立设备故障预测模型，提前发现设备潜在的故障风险，为设备维护和保养提供科学依据。此外，还可以根据故障类型和严重程度，自动调整维修计划和资源配置，降低维修成本，提高生产效率。

（三）安全生产监测与预警

1. 边坡稳定性监测

露天矿山边坡的稳定性是安全生产的重要保障。通过在边坡上安装位移传感器、应力传感器等，可以实时监测边坡的位移、应力等参数变化。一旦发现边坡出现不稳定迹象，可及时预警并采取措施，防止滑坡、塌方等事故的发生。

2. 车辆与人员定位监测

在露天矿山中，车辆和人员的安全是生产活动的重要前提。通过安装 GPS 定位传感器和 RFID 标签等设备，可以实现对车辆和人员的实时定位监测。这不仅有助于提高生产调度效率，还能在紧急情况下迅速定位并救援被困人员或车辆，降低事故损失。

3. 危险源监测与预警

露天矿山在开采过程中存在多种危险源，如易燃易爆气体、高温高压设备等。通过在危险源附近安装相应的监测传感器（如气体浓度传感器、温度传感器等），可以实时监测危险源的状态变化。一旦发现异常情况，如气体浓度超标、设备温度过高等，即可立即发出预警信号并启动应急预案，保障生产安全。

（四）智能调度与决策支持

1. 生产调度优化

结合物联网、大数据等技术，矿用传感器采集的数据可以用于生产调度的优化。通过对生产过程中的各个环节进行实时监控和数据分析，可以掌握生产进度、设备利用率、物料消耗等关键指标。根据这些数据，可以自动调整生产计划、优化资源配置、提高生产效率。

2. 决策支持

矿用传感器技术还可以为矿山管理层提供决策支持。通过收集和分析大量的生产数据、环境数据、设备数据等，可以生成各种报表和图表供管理层参考。这些报表和图表不仅有助于管理层了解矿山的整体运营情况，还能为制定发展战略、优化管理流程提供科学依据。

四、矿用传感器技术在智慧矿山中的发展趋势

（一）技术融合与创新

随着物联网、大数据、人工智能等技术的飞速发展，矿用传感器技术将不断与这些先进技术进行深度融合与创新。这种融合将推动矿用传感器在数据采集、处理、分析等方面的能力显著提升，为露天矿山的智能化管理提供更加全面、精准的数据支持。例如，通过引入人工智能算法，矿用传感器可以实现对矿山环境的智能感知和预测，提前预警潜在的安全隐患，提高矿山的安全生产水平。

（二）高精度与智能化

未来，矿用传感器将更加注重高精度和智能化的发展。高精度传感器能够更准确地捕捉矿山环境中的细微变化，为矿山管理者提供更加精细化的数据支持。同时，智能化传感器将具备更强的自主学习和决策能力，能够根据矿山环境的实时变化自动调整监测参数和策略，提高监测系统的适应性和灵活性。

（三）无线化与网络化

无线传感器网络（WSN）技术将在露天矿山智能化中发挥越来越重要的作用。通过无线方式实现传感器与监测中心的数据传输，可以显著降低布线成本，提高系统的灵活性和可扩展性。此外，随着5G

等高速无线通信技术的普及和应用，矿用传感器的数据传输速度和稳定性将得到进一步提升，为矿山智能化提供更加可靠的数据传输保障。

（四）集成化与模块化

为了降低系统集成的复杂性和成本，矿用传感器将向集成化和模块化的方向发展。集成化传感器将多种监测功能集成于一体，减少设备数量和安装空间，提高系统的整体性能和可靠性。模块化传感器则可以根据矿山的具体需求进行灵活配置和组合，满足不同场景下的监测需求。

（五）绿色化与环保化

随着环保意识的不断提高，矿用传感器技术也将更加注重绿色化和环保化的发展。绿色化传感器将采用低功耗、长寿命的设计方案，减少能源消耗和废弃物排放。同时，环保化传感器将加强对矿山环境中有害物质的监测和预警，为矿山的绿色开采和可持续发展提供有力支持。

（六）标准化与规范化

为了推动矿用传感器技术的健康发展，行业标准和规范的制定和完善将变得尤为重要。通过制定统一的技术标准和管理规范，可以确保不同厂家生产的传感器在兼容性、可靠性等方面达到一致水平，降低系统集成和维护的难度和成本。同时，标准化和规范化将促进矿用传感器技术的普及和应用，推动露天矿山智能化水平的整体提升。

（七）应用场景拓展

随着技术的不断进步和市场需求的变化，矿用传感器技术在露天矿山智能化中的应用场景也将不断拓展。除了传统的生产环境监测、设备状态监测和人员安全监测外，未来还将涌现出更多新的应用场景。例如，利用矿用传感器技术实现矿山的智能开采控制、资源高效利用和环境保护等方面的应用将逐渐成为现实。

矿用传感器技术在露天矿山智能化中的发展趋势将呈现技术融合

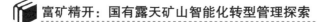

与创新、高精度与智能化、无线化与网络化、集成化与模块化、绿色化与环保化、标准化与规范化以及应用场景拓展等特点。这些趋势将共同推动矿用传感器技术的不断发展和完善，为露天矿山的智能化建设提供更加坚实的技术支撑。

第五章　露天矿山智能管理相关的实践案例

第一节　人员智能化管理相关案例

一、案例基本情况

以露天矿山"4G+蓝牙+GPS/北斗 RTK"人员车辆定位系统解决方案为例。

（一）方案背景

随着露天矿山开采规模的不断扩大，矿区人员和生产设备的数量也在不断增加，为了保障安全生产，对矿区的人员和车辆进行实时定位管理非常有必要。

露天矿区车辆运输工作量大、道路分布复杂、车辆载重大、受气候影响严重，容易发生车辆事故。运载车辆体型相对一般车辆更加庞大，一旦发生事故，后果极其严重。项目矿山所在地海拔相对较高，部分道路存在积雪，且矿山道路蜿蜒曲折，而重型卡车右侧盲区大，在天气恶劣时，容易在道路分布复杂的地段发生侧翻、追尾等事故。所以，加强露天矿山车辆的定位管理对降低安全事故隐患，提高生产效率至关重要。除了车辆等大型设备和人员位置监测外，露天矿山在车辆、人员及其他方面的管理手段智能化程度也比较落后，例如，目前露天矿山仍不能准确跟踪统计每个时段在采区作业的车辆和人数，上级监管部门不能对矿区的车辆和人数超限问题进行实时监督。露天矿山作业车辆的交接班工作非常重要，矿上一般会为运输作业车辆制定严格的交接班制度，但由于缺少智能化的监督管理手段，顶班、替班等违规交接班情况时有发生，导致接班人员对当前运输任务和线路认识不清，形成重大安全隐患。

（二）露天矿山行业人员管理现状

露天矿山是一个复杂和危险的工作环境，大面积为室外空旷环境，且人员流动性大，现场矿山环境复杂，这就给企业安全管理带来了一系列难题。

一是无法随时和准确地掌握进入矿区的人员及车辆实时位置及运行轨迹。矿区面积大、人员分布分散，管理人员无法准确地获取矿区员工、外来承包商及访客的在岗与工作状态、位置信息，做不到实时监管；车辆运载过程中位置无法实时监管。

二是对重要区域监管不到位。无法针对一些重点区域、重点时段、重点事件进行定向的精准管理，无法高效、快速响应事件。事故发生时，员工的位置无法确认，错失最佳救援时间，应急救援工作受阻，导致事故伤亡严重。

三是部分巡检不到位，容易发生疏漏。露天矿山存在无法随时随地进行监管巡检工作（巡检点、巡检区域、巡检路线、巡检时长、巡检记录等），无法回溯历史的工作、报警以及事故，无法无遗漏地监管所有人员。

二、案例技术路线

（一）方案概述

为了提升露天矿山安全管理水平，新锐科创采用自主研发的"室外北斗 RTK+室内蓝牙融合定位技术"，实现矿区人员及车辆高精度定位，实时精确地定位人员和车辆位置，将人员和车辆位置信息、作业情况信息、风险分区信息等显示在矿区控制中心监控大屏上。本系统基于位置服务，对区域进行安全管控、人员在岗监管、人员违规行为纠偏，通过精准定位提高了人员管理的效率，发挥出数据价值。

①蓝牙信标。部署在需要定位的室内区域，作为定位基础设施（无须外接电源或网络）。

②北斗高精度定位终端。接收北斗卫星信号、蓝牙信标信号，通过 4G 连接差分服务器接收差分信息，在卡片上进行位置解算，通过 4G 网络回传到服务器。

③RTK 差分基站。部署在相对高的位置，接收北斗卫星信号，通过 4G 网络传输差分信息到差分服务器。

④定位与地图服务器。解算室内位置信息，汇总室内外位置信息数据，并且提供地图及应用服务。

⑤PC 后台。在后台查询详细位置及信息，以及系统后台管理。

（二）定位原理

①室内部分。在室内区域的关键位置安装蓝牙信标，蓝牙信标周期性发送蓝牙广播（包括 MAC 地址、信号强度 RSSI 值、UUID 和数据包等）；人员佩戴的定位终端扫描并采集蓝牙信标的广播信息，并通过 4G 网络将自身信息及整合后的蓝牙信标信息传输给服务器；服务器计算出定位终端的位置并与地图引擎进行信息处理后，在展示终端展现人员位置。

②室外部分。在室外关键位置安装 RTK 差分基站，RTK 差分基站接收卫星信号，计算出差分信息后通过 4G 网络传输给差分服务器，差分服务器实时刷新最新的差分信息；定位终端接收卫星信号，通过 4G 网络从差分服务器获取最新的差分信息，计算出自身精确位置，然后通过 4G 网络将位置信息传输到服务器；服务器与地图引擎进行信息处理后，在展示终端展现人员位置。

三、系统功能

（一）功能介绍

①基本信息管理支持对人员的基本信息进行管理，包括姓名、性别、年龄、工种、联系方式等。

②实时定位跟踪支持实时定位追踪矿工/车辆位置，电子地图支持3D/2D 模式切换。

③历史轨迹查询系统自动保存轨迹信息，可一键查询显示历史轨迹，为事件溯源提供依据。

④电子围栏支持自定义设置电子围栏区域，实现区域的进出权限管理，确保人员/车辆在安全范围内活动。

⑤智能预警系统具备智能预警功能。出现非法进入、越界、超员、缺员、滞留、静止、设备低电等异常情况时，系统会自动报警。

⑥SOS 一键呼救。人员遭遇险情，可使用定位卡上的 SOS 按键一键呼救。

⑦视频监控联动系统可联动视频监控系统，在实时定位追踪和历史轨迹查询时，可快速获取视频画面，以便查看现场情况。

⑧设备故障自检及低电报警。设备发生断电、断网等故障情况时，会自动检索并发送故障信息到管理中心，便于技术工作人员排查故障，完成设备维修。系统中可监控人员识别卡电量、故障情况，电量低时可提醒员工对定位卡进行充电。

⑨GIS 大数据可视化。GIS 大数据全面可视化展示，直观掌握各区域人员、车辆分布及报警信息。

⑩预留接口。系统预留多种接口，可与第三方系统进行对接。

（二）硬件设备

（1）蓝牙信标

防爆蓝牙定位信标，低功耗、体积小、安装方便，支持无线固件升级（见图5-1）。

图 5-1　蓝牙信标图

资料来源：zhuanlan. zhihu. com。

（2）人员识别卡

内置蓝牙、GPS/北斗 RTK 定位模块的便携式防爆人员定位识别卡（见图5-2）。

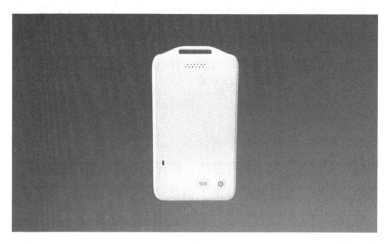

图 5-2　人员识别卡

资料来源：www. elecfans. com。

（3）安全帽

防爆北斗高精度人员定位安全帽，支持人员定位、报警、震动提示、远程升级。

（4）车载定位器

车载定位器支持蓝牙+北斗 RTK 融合定位模式，航空充电插头、多种扩展接口。

（5）人脸识别发卡机

人脸识别发卡机是集人脸识别、发卡、考勤打卡、身份绑定、集中充电等功能于一体的智能发卡机充电柜。

（6）一体化差分基站

一体化差分基站可同时接收多卫星系统多频率信号，毫米级 GNSS 解算精度、算法，内置加速度+倾角传感器。

四、方案价值

通过实时精准定位追踪露天矿山人员、车辆的位置，能够及时发现潜在风险，避免事故的发生，有效提高矿山作业的安全性。通过该方案，矿山管理者可以更加有效地安排任务，提高作业效率，减少不必要的时间成本和人力成本。该方案有助于提升矿工的工作积极性和责任心，在人员定位系统的监管下，作业人员会更加谨慎的工作，减少违规行为的发生，提升工作质量。

（一）技术优势

①系统架构。采用负载均衡技术、缓存集群技术、分布式部署高可用架构，实现高并发、高可靠性、高安全存储的云中台服务。

②定位引擎。采用多信号最大似然估计、粒子滤波、差分去噪等算法，有效抑制了无线定位受环境干扰带来的定位波动大的难题，提升了定位精度。

③地图引擎。结合 AStar 等算法的地图引擎，3DMAX 数据建模。

地图数据轻量化，支持海量数据加载。支持 2.5D、三维建模、倾斜摄影多种地图效果。

④路径约束。对人员轨迹进行算法优化，让路径流畅展示。

⑤时钟设计。通信北斗卫星导航系统授时，提供精准时钟。

⑥双向通信技术。终端与后台可进行双向通信，消息上报与下发，实现安全管理闭环。

（二）系统优势

采用 B/S 体系结构，具有可靠性、稳定性、拓展性，客户端零维护。只要有网络（与服务器相通），可以随时随地进行查询、浏览等；系统不仅支持 Windows、Linux 系统，也支持国产麒麟系统；GIS 的高度集成，安全管理一张图，支持多种地图效果；信息共享，人员、摄像头、作业票、风险分区等信息地图化、可视化；基于 2.4G 与 4G 通信技术的空间定位方式；按需定位，1~5 米精度可选，延时不超过 2 秒；轻定位系统，弱电施工量极少，施工成本低。

（三）产品优势

①灌胶工艺。定位信标设备需要适应户外恶劣环境，采用了环氧树脂灌胶密封工艺，确保完全防水。灌胶必须平整，厚度适宜，无气泡。

②抗静电处理。定位信标设备加入了抗静电尼龙材质，能有效消除摩擦产生的静电积聚，防止静电干扰现象。

③发射功率、带宽控制。无线电发射设备的发射功率、占用带宽、载重频容限等并不是越大越好，目前设备的功率、带宽设计能满足业务需求，同时符合中华人民共和国无线电管理规定和技术标准，所有设备都做了检测认证。

④定位信标防爆工业级设计。抗冲击、耐腐蚀、耐老化、防护等级 IP68。

⑤超低功耗，大于 8 年或持久续航。

⑥体积小，安装方便，快速实施。

⑦人员识别卡，防爆工业级设计，使用材料优质，耐腐蚀、耐老化。使用 4G-CAT1 支持电信/移动/联通全网通，支持动静判断、模式转换，省电更高效；支持磁吸充电设计，支持集中充电管理；支持语音播报指令上传/下发、震动、一键报警多方式通知，一卡通等功能；一体化差分基站，可同时接收多系统多频率信号，全面支持北斗三号卫星新信号体制；支持毫米级 GNSS 解算精度，内置加速度+倾角传感器。

第二节　环境智能化管理相关案例

一、案例基本情况

以洛阳钼业三道庄露天矿智能化建设探索为例。

洛阳栾川钼业集团股份有限公司（以下简称洛阳钼业）主要从事基本金属、稀有金属的采、选、冶等矿山采掘和加工业务以及矿产贸易业务。洛阳钼业拥有全球三大钼矿田之一的河南栾川三道庄钼矿，西安优迈智慧矿山研究院有限公司（以下简称优迈）早在 2006 年就开始为该矿进行信息化和数字化建设，逐步形成综合型管控系统，并于近年升级到智能型的生产综合管控系统。

优迈为洛阳钼业三道庄露天矿进行了以下规划设计：

智能无人化采矿装备的研发与应用、多智能体协同作业的全局路径和局部路径，大幅提升车辆运输效率和设备综合利用率，降低司机、安全员等劳动力成本及综合运输成本，同时消除了地采转露采诱发的采空区安全隐患问题，解决了作业环境恶劣、矿业人员老龄化严重、人才短缺、人力成本攀升等一系列问题。

另外，基于三道庄露天矿在钼、钨、铜、岩性、氧化率等多因素影响下精细化配矿管理的现状，提高了贫矿及低品位伴生矿石的利用率，降低了岩石的剥离率。三道庄露天矿为推动洛阳钼业在矿山智能化建设的道路上走得更远、更稳，目前正在逐步进行智能化优化及升级，为全面推进"智慧洛阳钼业"奠定了坚实的基础。

二、案例技术框架

（一）智能化建设整体规划

洛阳钼业坚持以"成为受人尊敬的现代化世界级资源公司"为愿景，以少人无人为导向，以数字赋能为重点，通过智能化建设实现采矿设备自动化、开采数据可视化、开采过程透明化、采掘现场无人化、矿山环境低损化，采取"规划先行+目标引领"的建设思路，推动露天矿安全、高效、智能、绿色发展。

（二）整体规划目标

三道庄露天矿智能化建设重点为优化基础网络、露天智能采矿设备（具体包括远程操控基础设备、纯电动矿用卡车、无人驾驶）、露天智能生产管控系统（无人机动态建模、多金属多目标智能配矿、多模式智能调度）等，实现开采环境绿色化、采剥装备智能化、生产过程遥控化、信息传输网络化和经营管理信息化。

（三）总体框架思路

三道庄露天矿立足于现有矿山智能化建设基础，强化生产单元智能化向矿山各生产系统智能化迈进，推动矿山从系统智能化向智能系统化进阶。利用智能化技术赋能减人、改善作业环境、降低劳动强度，把作业人员从危险区域及恶劣环境中解脱出来，实现矿山设备信息化、高级自动化升级改造。视频监控、环境管理、边坡监测、智慧经营与决策等一体化管控平台智能化升级，新能源纯电动技术与智能装备完美结合，使智能驾驶在矿山企业规模推广成为现实，矿业生产进入"智能+绿色"新时代。

三、案例应用场景

三道庄露天矿智能化建设整体规划遵循"顶层设计、分步实施，先进合理，实用可靠，互联可扩"的原则，建成了覆盖矿区基础开采设计平台，三维数字孪生平台，无人驾驶系统及包含安全、生产、调度、运营于一体的综合管控平台，实现矿区全产业链要素实时动态监控和生产任务动态管理。

（一）矿山数字化开采设计平台

三道庄露天矿利用采矿设计软件进行矿山地质数据解译、地质储量估算与数据管理、地质模型构建和三维可视化；基于云端技术和GIS技术建立测绘管理系统，动态更新矿山三维实景模型；与质量化验系统无缝连接，维护在线爆堆及炮孔数据；模拟制订矿山开采计划，结合配矿模块形成爆堆管理数字化，实现了矿山"采""验""运""排"线路精准规划。

（二）矿山三维数字孪生

三维数字孪生将矿山现场集控中心和地面监控平台融合，利用无人机倾斜摄影技术搭建三维可视化平台，将平台作为矿山管理门户入口，与矿区监控系统、卡车调度系统、安全监测系统、环保监测系统、人员定位系统、水泵控制系统及应急指挥系统等进行对接，实现对矿区的一张图管理。

另外，三维数字孪生平台具备数据分类、分析、挖掘、融合处理等功能，实现了各系统之间数据的互联互通与融合共享，成功解决"信息孤岛""信息烟囱"等问题，实现业务融合、智能分析。

（三）矿山智能配矿系统

质量化验系统流程主要包括收样、采样、送样，整体系统通过二维码一码实时管控，且该二维码和系统无缝对接，提交样品送检之后，样品检测结果可在系统直接查询，化验完成后，检测结果自动录入系统。

配矿系统根据化验结果分析并构建爆堆品位数据库，实现爆堆数据可视化管理，另外，爆堆数据融合地质数据可精准掌握矿石品位分布；且依据爆堆品位及矿山现场挖机作业能力，利用独有的多目标智能配矿模型自动生成最优配矿计划，按照设定的产量、品位、氧化率、岩性等约束条件，在爆堆之间计算最优的矿石搭配方案，细化到爆堆铲装位置、出矿量、品位等配矿方案数据。

在配矿计划实施过程中，构建符合矿山生产经验的配矿实时监控模块，实现配矿计划指标执行情况的自动监控，实时反映入矿点的入矿量和入矿计划的完成百分比情况；并且依据矿山实际开采情况，实时计算矿山配矿计划的完成情况，无须工作人员线下进行数据的二次处理，配矿生产监控、执行管控与车辆调度模块进行联动，按需自动调整入矿点的矿石量，从而自动控制入矿矿石的品位波动，为露天矿生产优化调度提供科学依据和数据保障。

（四）矿山智能调度系统

智能调度系统通过建立 RTK 参考站实现矿区作业设备的厘米级定位，根据矿山实际情况进行调度参数配置，对矿山实际电铲、车辆进行灵活分组后，根据矿山实际生产进度情况实现自动派单，派单模式下实现一车一单一派。同时可按实际生产需求定铲配车，并在应急情况下对派单进行人工干预。

调度模块进行派单后，司机可通过手机进行接单和查看调度信息；最优运输路径可根据挖机装载能力、卸载点情况、路网情况等信息由 App 自动规划，同时派单后指引车辆进行装载作业。当挖机或破碎站出现故障时，工作人员可以在调度模块中一键停止派单。

（五）矿山智能辅助系统

三道庄露天矿边坡安全通过 GNSS 综合监测系统和 IBIS ArcSAR 全

方位车载式边坡监测雷达系统进行监测和预警。系统将监测数据集成到一体化管控平台，初步实现监测数据和生产联动。

针对恶劣的生产作业环境和危险区域，矿区作业设备通过安装定位终端和限定作业区域保障铲装运输安全，当铲装设备进出限定区域时系统自动发出警报；系统通过矿区人员佩戴的智能安全帽自动获取人员位置信息，矿区人员也可将照片、录像及语音求救等数据上传至综合管控平台，保证平台实时获取危险作业区域的人员情况。

针对卡车司机超速和疲劳驾驶等不安全驾驶行为，通过监测车辆速度、图像视频 AI 分析等实现对驾驶行为的实时监测；全矿采场采用鹰眼和重点设施监控对整个采场全方位布控，监控主要固定性设施的日常工作情况和设备状态。

（六）无人驾驶实现多编组无安全员常态化

针对无人驾驶作业场景复杂、效率较低等痛点，三道庄露天矿搭建了集成"车端、协同设备端、云控平台端"于一体的无人驾驶系统，应用激光雷达、惯导等感知技术以及数字孪生、协同作业等多元系统，使车辆可在寻迹行驶的过程中自动避障。同时搭载纯电动矿用矿卡实现多编组无安全员常态化运行。

与同等功率柴油运输车相比，无人驾驶矿车能耗及维修费用降低 50% 以上，利用重载能量回收系统，矿山路况下能量可回收 25%～30%，一次充电可满足 8 小时运输需求，基本实现零排放。

四、智能化建设创新成效

（一）基于云服务的露天矿无人开采一体化管控决策系统平台

三道庄露天矿无人开采一体化管控决策系统平台采用 Google Map、物联传感等前沿技术实现各种生产信息的传输与展现，在掌握无人驾驶卡车位置轨迹的基础之上，通过车辆自动运行，给予调度决策依据，自动智能调配车辆运行，自动化完成生产的精细化配矿和车辆的计量统计，将设备状态、计划完成率、工效及能效等数据通过智能数据关联分析技术，实现生产大数据决策分析。

另外，将边坡监测、矿区设备及人员作业状态数据集成至一体化管控平台，实现边坡监测远程化、无人化管理，既能获取实时边坡位移数据，提高监测效率，又能为作业安全提供保障；通过集成设备及人员作业信息，提高了管理效率，营造了安全的矿山运营环境，实现了露天矿无人开采智能管控平台一体化。

（二）多金属多目标露天矿全要素精细化配矿模型

针对多金属伴生露天矿配矿的特点，三道庄露天矿对影响生产配矿的常规性定量化要素和非常规性定性化要素进行全面深入分析，利用机器学习分析各要素与选矿回收率之间的内在关系，研发了多金属多目标露天矿精细化智能配矿技术。实现在不同时间粒度下，将生产过程实时数据作为模型计算动态参数，自适应调整不同时间段下的配矿计划，在露天矿钼、钨、铜、氧化率、岩性等多因素影响下达到精细化配矿管理，实现贫矿及低品位伴生矿石综合利用，降低剥离成本，减少排土场库容占用。

同时，在稳定钼品位的基础上，大幅度降低钨品位波动，钼钨综合品位波动率由原来的 8.35% 降低到 3.62%，综合品位波动率降低5%以上，提高低品位伴生矿产资源综合利用率10%以上，大幅提高了矿山的资源综合回收利用率。

（三）无人驾驶多车协同、自动派单智能调度技术

在车铲定位、运输过程及实时路网等数据基础上，以多智能体协同作业为对象，增加智能派单式调度管理模式，综合考虑生产能力、故障状态、路径、排队情况等，构建多目标露天矿智能调度模型，并根据历史数据和经验数据提出相应的进化优化求解算法，实现露天矿多智能体协同作业规划。实现有人驾驶和无人驾驶电动车混合编队的自主智能调度，通过平台自动派单，解决了车辆排队等待时间长、效

率低等问题，使设备综合利用率大幅提升，车辆运输效率提升22%，年节约运输成本7000余万元。

另外，随着零碳及无人化智能工作面建设的逐步推进，矿区运输能力达到450万吨/年，有力地促进了企业的升级转型和可持续发展，无人矿山建设也达到了生产安全及高效低耗的目标。

洛阳钼业三道庄露天矿将物联网、云计算、大数据、人工智能、5G等新一代信息技术与传统矿业相融合，从矿山开采设备的智能无人化、生产主要业务和辅助业务的数字化、开采作业过程和生产设计的可视化及矿山生产综合管理4个方面开展矿山智能化建设。

深刻把握新一代人工智能的发展特点，积极探索人工智能创新成果应用转化，将智能生产管控系统与智能装备相结合，实现矿山生产机械化换人、自动化减人、智能化无人，有效破解了制约生产的产品价格处于低位、作业环境恶劣、人才短缺及人力成本攀升、安全环保要求等难题，有力地推动了矿山产业转型升级、降本增效及企业的高质量发展。

第三节　设备智能化管理业务相关案例

一、案例基本情况

以国家能源集团陕西神延煤炭有限责任公司西湾露天矿山5G多频混合组网与矿卡无人驾驶项目为例。

（一）建设背景

神延煤炭西湾露天矿山地处榆神地区，年产原煤13Mt，露天开采境界50.77平方千米，被誉为陕北煤炭市场中的"白菜心"。根据国能发煤炭〔2020〕63号文件，西湾露天矿山列入国家首批智能化示范建设煤矿，神延煤炭公司抓住机遇，参照《煤矿智能化建设指南（2021年版）》，围绕露天矿山单斗—卡车间断工艺智能化系统"无人化"建设，打造露天矿山卡车无人驾驶运输新标杆，引领行业发展。

（二）建设情况

神延煤炭西湾露天矿山矿卡无人驾驶运输项目完成了全矿31台220吨级矿卡无人化改造和50台协同车辆改造，并通过"4G+5G"双专网通信系统和地测采管理系统协助支持，搭建了无人驾驶地面调度指挥中心，确保无人驾驶项目安全运行。

2021年11月至今，矿卡无人驾驶运输系统开始三班常态化作业，经受住了富水露天矿山、坑洼泥泞道路、严寒低温等恶劣矿山环境考验，实现了多铲、多平盘、多卡车编组的工业化生产，制定了一系列无人驾驶矿山基础建设和作业标准，满足露天矿生产要求，通过无人驾驶安全评审，并获得第五届"绽放杯"智能采矿专业赛道一等奖。

（三）主要建设内容

①"4G+5G"双网冗余通信保障。建设了7座4G专网基站和8座"700M+2.6G+4.9G"三频混合组网5G专网基站，实现了国内首个采场"4G+5G"双网冗余通信网络覆盖。

利用5G大带宽吞吐、低时延和4G广覆盖优势，实现车—路—云—地一体化的多模冗余传输，最大化匹配通信覆盖能力，提高通信链路可用性，降低平盘频繁变化导致通信覆盖不足影响，保障数据传输的安全稳定性，为无人驾驶提供网络保障。

采坑5G网络在国内首次采用三频混合5G SA组网模式，以2.6G作为主力覆盖，同站部署700M提升覆盖能力，业务关键区域增加4.9G补充上行带宽需求，区域上行均值50Mbps，下行均值1500Mbps，时延低于20ms。发挥5G"万物互联"功能，可支撑视频、数据、语音多业务场景的应用，为无人驾驶、无线智能调度、边坡监测等业务提供网络支撑，促进企业数字化转型，最终实现减人、增安、提效。

②地测采管理系统支持。根据无人驾驶技术水平及结合露天矿山生产实际需求，以"管理系统+工具"为建设思路，以5G信息化网络为平台，采用多层编程架构设计开发，建立具有三维可视、云端协同、智能决策特点的地、测、采管理系统，实现无人机扫描数据成图、自动算量，自动布孔、爆破块度预测、爆堆形态模型、采矿设计、境界优化、自动排产、运输路径优化、排土容积计算等功能，为无人驾驶提供技术支持。

通过资源储量管理建立了包含煤质、含矸率、硫分等关键信息的原始储量模型，为无人驾驶、采矿设计、防排水设计等提供了三维翔实的地质模型。

采用车载、机载三维激光扫描技术快速获取矿区高清影像数据和高精度激光点云数据生成三维模型，为无人驾驶作业提供地图和地形数据。

以地质勘探及测量数据为基础资料，建立西湾露天矿山三维采矿模型，实现开采境界、开采程序、排土场优化及中长期规划、月度、年度设计，布置无人驾驶生产作业任务，准确规划无人驾驶作业场地、运输路线及排土场。

③无人驾驶安全性验证。无人驾驶安全性验证先后进行了空载试验场、土方重载试验场、半封闭重载岩石剥离试验场、全开放重载实际作业场等验证，各阶段循序渐进、由易到难，验证过程科学合理，历程记录清晰。

空载场地主要完成车辆线控标定检测，车辆牵引制动性能有人/无人模块对比，无人驾驶的功能试验，性能、安全导向试验，模拟实际作业场景进行问题复现分析解决试验。

土方重载试验场进行重载作业模式下安全性能、车辆协同、动态安全试验。

防护、挡墙排弃、入铲装载作业等测试过程中出现的问题，在土方现场和空载试验场复测并解决。

半封闭重载岩石剥离试验场为矿山实际生产场地，解决了入铲装载、水坑坑洼路面、排土场卸载等地点易撒落物料及岩石采运过程无人与有人车辆协同作业、协同防护等问题。

④无人驾驶技术攻关。聚焦无人驾驶矿卡运输现场场景匹配问题，通过不断的技术提升和运营管理模式的优化，高效解决无人驾驶运输实际生产过程中的各类难题，逐步提升矿卡无人驾驶运输系统安全和运输效率。

⑤地图融合。基于激光雷达及组合惯导的精确地图边界采集算法，地图采集更加便捷、精确，基于协同车辆的地图动态融合，装/卸载位动态融合更新周期≤2s，常态化动态更新周期≤2min，解决矿区作业平盘装/卸载区快速变化导致地图不准的问题，同时用于地、测、采管理系统地图更新。

⑥路径规划。基于图"搜索+最优控制"的全局路径规划算法，解决复杂矿区下全局路径场景的规划效率低、曲率超限等问题。1千米全局路径生成时间≤500ms，解决百种路况场景最优规划路径生成问题。

⑦智能配车与调度。建立卡车智能调度管理系统，实现多方位数据监视、统计、查询及分析等功能，并生成生产报告；作业侦测车执行首趟路况探测，系统基于探测结果完成线路调整，根据运距智能分配编组车辆，实现车—铲—卸智能匹配；地面安全防护模块，根据路权计算和优先级保障卡车在电铲附近正常通行和排土场内多车同时排土作业。

⑧无人驾驶管理保障。建立决策和故障分析知识库，完成453项应用场景安全风险点梳理与生产作业测试，编制涵盖通用要求、协同

作业、通信要求、车载/地面系统等 10 项作业标准，设计车载控制、协同车辆、应急接管、地面控制四层防护与"4G+5G"双层网络通信一层保障，确保系统安全。

（四）建设经验

①科学推进聚焦场景匹配。矿卡无人驾驶从线控改造到实际融入生产作业，历经了空载试验场、土方重载试验场和半封闭/开放式作业重载试验场。为无人驾驶落地提供场地建设、建设标准、作业规范和管理支持，循序渐进地进行每个阶段无人驾驶场景适配，技术攻关。

②运营与技术协同。共同探索高效安全解决方案，构建常态化多层次沟通交流机制。通过参与班前会，了解作业计划和作业环境，进行常态化的问题沟通交流改进，生产人员与技术团队深度融合，共同推进管理办法和建设标准制定，强化管理与技术互补，以实际生产为目标牵引，加速项目推进。技术深入一线生产现场，聚焦问题处理，快速响应。无人驾驶安全和效率的提升是长期优化改进的过程，通过"技术+运营管理"模式变更，双轮驱动，矿方与卡车无人驾驶系统供应商互相促进，加强运输作业模式变更后的运营管理、技术培训。路面条件提升将促进无人驾驶作业的安全和效率的提高，反之无人驾驶通过信息化、智能化手段推动工务精准标准作业等，从而逐步推进全矿智能化水平。

二、技术特点及先进性

（一）技术特点

①系统多维度安全保障车辆设备可靠。国内首次出厂即完成智能化改造：不改变原车操作、不影响原车功能及维护、不降低原车安全性能；全面监测车辆状态信息。动态安全防护：精确计算最小追踪间隔，建立决策和故障分析库，保障系统安全。

②矿区极限路况自适应。复杂路况感知：多种传感器及学习方法

的融合，实现极小障碍物的远距离精准全检测。自适应规划控制：匹配上百种路况场景生成最优规划路径，预判且自适应调整策略，准确安全控制车辆。

③生产全流程集群调度。依托工务车辆的动态建图系统：为适应装卸载区快速推进和地图实时变化需求，通过全矿区的无人驾驶矿卡车载雷达与摄像头，结合协同车辆的位姿信息，精确采集地图边界，动态实时更新作业地图，无须依靠额外地图采集设备，将地图更新融入车辆生产过程，不影响生产效率。

④以地面为中心的全局调度系统。以地面为大脑，对全局车辆统一优化调度，提升生产效率。局部自主智能决策的车载系统：局部场景智能决策，极大减少修路、移动基站的等待时间。

（二）适用及推广范围

本项目的实施，可形成一套智能煤矿（露天）标准体系，提升集团内部露天板块的整体竞争力，带动我国露天矿山的智能化应用，提升管理水平。同时，相关技术可应用于干线物流车、港口运输车等，推进车辆智能化与电动化技术发展，构建生态社会。

（三）先进性及成熟度

①是国内首个一次性通过 33 个检测项点的无人驾驶线控改造车辆。

②多编组智能调度技术。实现动态编组下的抗扰动实时调度和效率最优下的编组集群安全防护调度。

③"四层防护，一层保障"。卡车、协同车、远程驾驶、地面控制四层的基于"原车+线控+软件"的安全导向防护体系、"4G+5G"双网冗余的保障技术。

④挡墙精准识别技术。采用感知 AI 技术，精准识别挡墙高度、形态。

三、智能化建设成效

①该无人驾驶项目满足露天矿山生产要求，通过无人驾驶安全评审，并获得第五届"绽放杯"一等奖。

②国内首次无人驾驶岩石生产作业量突破 582 万立方米，累计运行里程超 17 万千米的无人驾驶作业系统。

③国内首个采用"4G+5G"双网冗余通信的无人驾驶项目，保障"车—路—云"高安全、高稳定的数据交互。

④建立运输安全数据库。根据《IEC 61508 标准》，基于人、机、环全流程作业梳理出 453 项安全风险点；引入轨道交通列车安全防护系统理念，建立决策和故障分析知识库。

⑤基于专家系统的完备应急处置机制，建立不同层次的性能评估模型，实现系统整车全方位 110 余项状态在线监测与故障预警，防止系统"带病运行"，保证系统安全。

第四节 安全智能化管理业务相关案例

一、案例基本情况

智能化是现代化矿山和资源开发可持续发展的重要方向，可以将矿山资源的存储和开采情况系统化、数字化地表现出来，其对现代矿业的发展具有重要意义。近年来，国内外智能化矿山发展迅速，国内一些露天矿山企业已经在智能化矿山建设上取得了良好的成效，建设智能化矿山是行业发展的必然趋势。

以浙江某露天石料矿为研究对象，建设数字化智能矿山"142"

体系，即建成 1 个三维地质模型，越界开采预警、全方位视频监控、粉尘实时监测、人员车辆实时定位共 4 套系统，数据集成和场景应用 2 个平台。

（一）露天石料矿智能化设计

方案设计遵循技术先进、功能齐全、稳定可靠的原则，并综合考虑当地的地理环境与气候特点，形成了一套系统、完整、全面、合理的解决方案，为矿山基础数字化管理及安全运营提供数据和技术支持。

（二）露天石料矿智能化建设

①三维地质模型。以地形地貌、地质矿产、探矿工程等静态要素为基础，根据矿山不同阶段的勘探数据，建立三维地质孪生模型，形成初始模型、终了模型和动态模型，实现动态化管理。地质模型可用于统计储量的保有量，同时用于矿山计划编制，组织生产。

②矿山越界开采预警系统。以三维地质模型为载体建立矿区范围电子围栏，利用车载定位系统，实现自动预警或报警。

③全方位视频监控系统。利用视频监控系统实现整个矿区各个环节的实时监控。

④粉尘实时监测系统。在规定测尘点位置安装粉尘实时测试仪器，实现超标预警。矿区粉尘可以通过实时监测数据查看，具有历史监测数据、历史报警信息查询与导出功能。

⑤人员车辆实时定位系统。该系统能够实时准确地提供矿区人员的身份和位置。车辆定位系统，具有查看车辆行驶轨迹、行驶速度、历史线路、行驶里程、电子围栏越界报警、疲劳驾驶、一键预警等功能。

⑥数据集成平台。集成开采—铲装—运输—配矿—加工—销售等全流程全环节生产数据以及安全生产、生态环保等多领域信息，可实现对历史数据的随时抽取。

⑦场景应用平台。运用生产作业各个环节的集成数据，涵盖生产

作业过程的可视化展示、监控、预警、查询、统计等功能，实现对资源管理、生产状况、安全与环境监测、人员和设备实时状态等各方面的系统集成和一屏展示功能。

二、基础智能化矿山平台关键技术

（一）矿山三维地质建模

以地质勘查报告为基础，结合矿山储量年报和生产实际，将多种三维地理信息数据（如实景三维模型数据、建筑信息模型 BIM 数据、地下空间模型数据等）融合，建立三维地质孪生模型，具备为越界开采预警、视频监控、粉尘实时监测、人员车辆实时定位等提供基础的三维底座，实现矿山资源精准化、可视化、动态化管理。

（二）矿山实景三维建模

无人机五镜头倾斜摄影通过从 1 个下视、4 个倾斜的 5 个不同视角同步采集影像，获取更丰富的建筑物顶面及侧视的高分辨率纹理，通过使用 Context Capture Center 等建模软件建立带有空间位置的三维模型，再使用 DPModeler 修模软件对模型精修，剔除异常模型，增加模型中缺失或被遮挡部分，完善模型质量，生成实景三维模型。

（三）BIM 建模

采用 Revit 建模软件，结合矿山地质勘查报告及相应的钻孔数据、勘测数据、随开拓而不断揭露的地质和工程数据，建立矿山 BIM 的信息化参数模型，提供定位、距离测量、面积测量等基本功能，对矿山地质结构进行可视化展示。

（四）矿山三维地质模型展示

三维地质模型展示系统将通过对接天地图等主流在线地图，作为二维场景底图，加载等高线、地质界线等重点关注的图层数据，按照矿山实际数据构建露天矿山安全生产作业场景，包括露天采场周边地形地貌、露天采场、工业广场、露天采场作业设备等，结合钻孔数据、生产计划等数据，叠加三维实景数据、BIM 模型数据，基于专业地图服务软件发布二维、三维基础地理数据，在场景应用平台集成显示。

三、智能化应用系统及平台建设

（一）智能化应用系统建设

1. 矿山越界开采预警系统

通过矿山三维地质孪生模型，集合最新矿区开采界线数据及无人机巡查数据，在系统中设定矿区开采范围的虚拟电子围栏，结合人员车辆实时定位系统，利用车载高精度定位，在三维场景中实时绘制车辆位置信息，当开采设备不在矿界范围内时，车辆定位系统会提示预警信息，同时三维场景中以异常状态标识车辆位置，实现越界实时预警，并自动记录越界历史数据。

2. 全方位视频监控系统

利用视频监控系统实现整个矿区各个环节的实时监控，以及全线生产活动现场智能视频监控网络的覆盖。支持现场监控大屏、现场终端等多终端查看，支持二维、三维场景下的视频快速整合调度；支持多源数据的接入和融合，实现对各类资源的可视化展示及综合监控管理。同时依托虚实融合的三维场景，融合矿区内各相关业务系统的物联网数据，实现对人员、车辆、设备设施等进行实时监控与可视化管理。

3. 粉尘实时监测系统

矿山粉尘监测系统实现对粉尘的在线实时监测，以及对监测点的扬尘、噪声、气象参数等环境监测数据进行采集、存储、加工和统计分析，监测数据通过有线或无线方式传输到后端平台。粉尘实时监测系统综合工业控制和现代软件技术，可实现粉尘防控的智能化和人性化，帮助监督部门及时准确地掌握矿区的环境质量状况和施工过程对环境的影响程度。

4. 人员车辆实时定位系统

人员车辆实时定位系统主要针对矿区内的人员、车辆等进行监控，利用视频监控技术，可实时准确地提供矿区人员、车辆的身份和位置，减小安全隐患区域对生产的影响，从而提高生产效率，为安全生产保驾护航。

（二）智能化管理平台建设

1. 智能化管理平台系统构架

智能化管理平台系统总体架构自下而上由设施层、数据层、支撑层、应用层和用户层组成。

设施层是指数字化矿山平台建设和运行维护的主要支撑环境，包括软件环境、硬件环境、网络安全设备、网络通信设备等基础设施，为数据存储、读写和系统运行提供稳定高效的服务，是平台运行的基础。

数据层包括基础地理数据库和矿产业务专题数据库。基础地理数据库主要由二维、三维地理信息数据库组成，专题数据库主要是矿产业务专题数据。所有数据在时间序列框架体系下按时间有序存放，形成空间化程度高、时间属性明确的时空信息数据集。

支撑层是指数字化矿山平台建设和运行所需的软件支撑服务和通用组件，其中支撑服务包括数字化管理、数据服务、应用服务、运维服务等。

应用层是数字化矿山平台的具体需求实施，实现多种具体的信息化管理及服务，包括三维动态展示、统计分析等。

用户层主要包括矿山平台应用单位的领导、业务人员等。系统根据各业务人员的特点以及职能，并按照一定的权限分配原则，支持基于角色和基于对象的精细化权限管理。

2. 数据集成平台

数据集成平台支持基于物联网技术的数据接入标准规范，系统可通过 OPC、TCP/IP 等协议对接数据，同时支持以 SQLServer、Oracle、MySql 等方式读取数据库数据。

数据集成平台支持与越界开采预警、全方位视频监控、粉尘实时监测、人员车辆实时定位 4 套系统进行数据对接，通过读取仪器监测数据，实时传入数据中心，获得开采范围数据、开采采集数据、视频监控数据、粉尘监测数据、人员车辆生产定位数据等开采—铲装—运输—配矿—加工—销售等全流程、全环节的生产数据以及安全生产、生态环保等多领域信息。

数据组织通过统一编码，统筹规划，建立平台数据中心，保证高效的查询效率，以便在数据或图件检索时能够快速地从海量数据中得到相应的结果。通过数据库技术集中管理多源数据，同时通过文件的形式管理文件资料数据。数据库系统的设计，在遵循国家标准和行业标准、数据库设计规范的基础上，结合业务系统的实际需要进行建设，并通过汇集相关基础数据以及专业设备采集数据，从而形成数据中心，实现多种原始数据的转换与融合、多种数字矿山三维模型的数据导入导出、加工与处理等，实现资料的查询、应用和数据共享。

3. 场景应用平台

建设场景应用平台的总体目标是运用生产作业各个环节的集成数据，涵盖生产作业过程的可视化展示、监控、预警、查询、统计等功能，实现对资源管理、生产状况、安全与环境监测、人员和设备实时状态等各方面的系统集成和一屏展示。通过场景应用平台建设，实现对矿山生产环境、生产状况、生产安全监测、人员和设备实时状态监测，以及所有系统产生的数据透明化管理，一屏展示。

场景应用平台输入了矿山三维可视化虚拟仿真模型，接入数字矿山 4 个系统内容，实现虚拟现实的综合显示和各系统的集成可视化平台。作为矿山生产、安全的综合监视和管理场景应用平台，可实现矿山生产的可视化集中管控。同时实现与相关系统的数据对接，并为未来其他信息化相关系统预留数据接口。

场景应用平台结合矿山三维地质孪生模型，可实现对矿山地上地下、矿区环境的可视化漫游，包括地图放大、缩小、移动、旋转、快速定位，定义了特定场景、动画导航，并实现各类信息在三维实景上的综合查询分析。同时利用空间数据库将矿山多源空间数据汇聚、整合、存储，实现数据的一体化管理。

场景应用平台可实现各项系统应用一屏展示，通过大屏幕显示系统，将矿山三维地质孪生模型、矿山越界开采预警系统、全方位视频监控系统、粉尘实时监测系统、人员车辆实时定位系统等各类系统数据集中统一显示，既可以直观查看各个系统统计数据，分析矿区作业现状，又能通过多系统数据融合分析的方式，深度挖掘矿区运行数据，提升矿山生产运营效能。

四、智能化应用成效

通过"142"体系建设，在浙江某露天石料矿实现了矿山地质储量计算、开采计划编制、生产和设备过程管控、安全预警等功能，该体系还可以整合矿山各个业务部门的数据和业务流程，实现全面数字化管理，提高生产效率和管理水平，保障矿山数据的安全性和可靠性。智能化管理平台以信息化、自动化和智能化带动传统矿业的转型和升级，可以满足数字矿山建设的要求，提升了矿山智能化管理水平，全面实现透明化生产，提高管理效率，降低综合成本，提高企业在市场的竞争力。此外，智能化管理平台还具有良好的扩展性和灵活性，可以适应不同类型矿山的需求，并支持可持续发展的需求，实现智能化绿色矿山建设。

第六章　成黔露天铝土矿智能化建设方案

第一节　智能化建设方案概要

一、智能化建设基本情况

贵州成黔矿产有限公司于 2000 年 4 月 27 日成立，经营范围包括加工、销售铝矿生熟料、矾土、高岭土、重晶石、萤石、硅灰石、磷矿石（粉）、磷矿砂、铁矿、硫铁矿、铁矿砂、黏土、锌矿、铜矿、锰矿等。为了加快推进智能化转型升级，公司持续加大科技投入，"成黔集团数字化转型""智慧矿山一体化管理系统建设""富矿精开铝土资源集中采购平台"等智能化建设项目陆续投入建设并运营，取得了丰硕的建设成果，随着智能化建设的深入推进，公司将持续加大投入，建设一批能从实质上提升公司智能化水平的优质项目，为公司智能化转型提供有力支撑。

二、智能化建设需求

本智慧矿山项目建设分为两期，一、二期建设项目如表 6-1 所示。

表6-1　智能化建设规划项目表

序号	项目名称	备注
1	生产现场智能三维可视化展示系统	一期建设项目
2	智能车辆管理系统	
3	全矿区智能视频监控系统	
4	智能加油管控系统	
5	智能无人值守磅房	
6	安全环保智能在线监测系统	
7	设备健康智能管理系统	
8	智能车辆计重系统	
9	智慧调度系统	
10	智能地质模型生产计划	二期建设项目
11	智能配矿管理系统	
12	智能人员定位管理系统	
13	智能开采巡视系统	
14	工程设备安全驾驶行为智能分析系统	

项目首先进行一期建设，待一期建设完成后，进行二期建设。

三、智能化建设实施目标

针对当前矿山采矿生产信息化、数字化的实际需求，利用先进技术来科学有效地进行采矿生产管理，系统建成后，能够促进露天矿采矿生产管理工作更加科学、合理和高效，系统应用后使设备作业效率提高13.8%、成本降低8%，将具有显著的社会效益和经济效益。

通过实施车辆管理系统、三维可视化展示系统、内部工程设备安全驾驶行为分析系统、加油管控系统、智能安全帽人员管理系统、智慧大屏运营监控中心等系统，实时监控和优化调度矿山生产作业车辆、工程车辆等设备的运行，形成一种信息化、智能化、集成化的新型现代矿山调度指挥和全方位的采矿生产控制、管理及决策智能化平台。通过该平台实现及时响应生产决策、及时提供调整生产依据，形成矿山生产过程的实时信息管理与决策支持，达到优化管理矿山设备和优化生产过程，提高产量，节能降耗，提高矿山安全生产和科学管理水平，以此加快企业绿色矿山的建设，对企业通过绿色矿山建设考核提供强有力的保证。

（一）提高生产安全性

安全生产是每一个矿山首先追求的目标。公司在安全管理方面，始终突出"安全压倒一切、事故否定一切"的管理思路，建立健全安全管理机构、加强安全管理队伍建设。但是还会存在工作环境恶劣、劳动强度大、疲劳驾驶、情绪驾驶、人工判断失误、设备缺陷等人为和设备方面诸多原因。目前运输的安全性有很大一部分需要依靠人工来保证，所以目前整体安全性较差。只有采用先进的智能运输调度控制系统来替代人工运行，才能从根本上解决运输环节的安全问题。

（二）降低人工成本

随着人们物质生活水平、精神文明需求的不断提高，国内劳动力的成本越来越高，矿山承受的人工成本在逐年增加。目前矿山也存在招工难、人员流动性大等突出问题。所以减少运输司机人员，实现智能调度运输管控不仅可以改善工人的劳动环境，还可以大幅度减少运输环节的人员使用，为矿山降低人工成本。

（三）提高劳动生产效率

运输设备的效率主要取决于两个方面，运输设备本身的运行效率和整个运输系统调度的效率。运输设备本身运行效率取决于运输设备本体性能和人工操作的熟练程度。为了安全起见，人工操作的卡车很难发挥出卡车最大的工作效率。而在智能调度管控过程中，完全依靠计算机来控制卡车运行，所以通过智能调度管控系统，可以最大限度地发挥运输设备的运输效率。并且在运输过程中人工操作的卡车会不时地造成运输作业的停止，而采用智能调度管控，可以不间断地持续进行生产运输。

（四）设备智能化管理

矿山生产高度依赖于设备，设备的好坏直接影响矿山的生产进度及效益，通过对设备进行智能化管理，可监视发动机转速、机油压力、水温、水压、发动机当前负载率、累计油耗等相关的数据。促使设备得到合规的操作、合理的运维，并且进行专业科学的管理，可避免设备故障，有效地提高设备完好率。

（五）实现智能化矿山

智能化矿山是近几年各个矿山企业追求的目标，是实现一个矿山最大经济效益的必经之路。而矿石运输是采矿的一个重要环节，实现智能调度管控可以从根本上依靠计算机控制整个运输系统，首先实现运输环节的数字化，从而为实现矿山整体数字化打下良好的基础。

四、智能化建设基本原则

整个系统方案的设计贯穿以下原则：

（一）先进性

整个系统选型，软硬件设备的配置均符合高新技术潮流，采用全世界最新的北斗/GPS 多模块高精度定位技术、显示技术，利用现有无线传输网络环境，无须购买额外的网络设施，保证设计的产品领先同类产品。

（二）稳定性

在露天矿复杂环境中有很多因素都会影响系统的稳定性，如接口设计、防水、防震、防尘、温度、湿度、信号干扰等，系统设计均需考虑此类问题。系统基于大型数据库，具有良好的数据共享、实时故障修复、实时备份等完善的管理体系，可以确保系统提供 7×24 小时不间断服务。

（三）可扩展性

系统的软件设计采用面向对象和模块化的开发技术，严格履行模块化结构方式，方便系统功能扩充；终端硬件设计采用标准化的接口设计，并提供多种通信标准协议，具有良好的可扩展性。

（四）兼容性

系统整体设计充分考虑在现有网络和差分基站的基础上进行设计，使现有资源充分利用，避免系统建设重复投资，浪费资源。

（五）性价比最优

在满足当前矿山生产需求的基础上，充分进行技术和设备选型的技术经济分析，保证系统具有最佳的性价比。

（六）易操作性

系统的易操作和易维护性是保证生产调度管理人员及作业人员使用好整个系统的条件，结合采矿生产领域的专业背景，采用可视化的图形界面，利用已有的丰富设计使用经验，保证满足需求的同时，使系统易操作、易维护。

（七）可管理性

系统具有良好的可管理性，其整体运行管理不受地域限制，生产调度管理人员可以进行远程管理、远程维护，便于管理人员及时准确地掌握现场生产状况。

第二节　智能化建设方案

一、生产现场智能三维可视化展示系统

生产现场智能三维可视化展示系统的核心是三维场景的设计与矿山生产相关业务的集成应用，重点是与卡车调度专业系统的集成。平台主要在基于矿山三维地表场景应用的基础上，集成矿山的生产管理、

设备管理、安标管理、卡车调度等内容于一体，实现三维场景与生产调度功能的综合集成应用。

（一）无人机倾斜数据建模

露天矿生产管理平台采用无人机在固定航线模式下定期飞行来采集矿区地表数据，完成对露天矿高精度矿区模型构建，获取模型的矢量数据，提取矿区道路信息。系统支持与3Dmine软件无缝对接矿山地表三维模型，可以对接卡车调度系统的实时数据，并将矿山在此基础上再嵌入相关信息，组成一个意义更加广泛的、多维的数字矿山，在三维环中的固有信息数字化，按三维坐标组织起一个数字矿山，全面、详尽地刻画矿山，并真实展示挖掘机、卡车设备的位置、工况以及实时生产数据，并以三维形式实时更新展示矿山生产进度。系统可在用户电脑PC端展示。具有数据过滤和保密功能，以便根据不同观看者有针对性地展示不同数据。

系统可实现自动化云端更新，直接支持倾斜摄影数据，无人机按固定时间进行数据采集，可直接进行模型转化，无须三维建模和贴图处理等烦琐工作，进而有助于掌握采场实际生产进度，同时有助于形成采场历史影像资料，便于历史追溯。采用高精度RTK技术和无人机低空摄影技术，在智能航线模式下实现矿区地形数据的自动采集，并与三维地质模型软件共享数据，实现对矿区高精度3D模型的构建，与三维数字开采及生产设备模型相结合，实现工程不同工序、作业状态的三维仿真模拟展示；利用图像智能识别技术自动生成矿区道路路网模型，为无人车的动态导航提供道路信息。大幅降低测量人员现场作业劳动强度，减少测量人员30%以上，并且提高了基础数据的采集效率。

针对矿山无人机倾斜数据建模，目前矿山已购置无人机，可以针对矿山地貌环境进行无人机倾斜摄影，但是对无人机采集的倾斜摄影数据处理为三维模型，计算机需要具备一定的算力要求。而矿山目前只有一台服务器，处理模型的速度相对较慢，因此针对模型处理不足问题，提出以下两种方案进行解决：

①矿山购置服务器，解决算力问题，提高矿山模型的处理能力。

②无人机对矿区环境进行倾斜摄影后，将数据资料传输到我方，利用我方计算机服务器进行模型处理。但是由于网络传输速度相对较慢，传输时间较长，因此矿山最好还是能够配置自己的处理服务器，在本地将模型处理好，而针对模型处理所遇到的问题，我方也会及时进行协助处理。

（二）调度管控平台对接

三维管控平台集成了智能配矿管理系统、智能卡调管理系统、自动化地磅管理系统等内容，实时展示了以矿山真实背景为基础的现场场景，并在三维环境中实时展示铲、装设备的位置、工况与生产数据。

（三）三维监控展示

与其他平台数据、卡调系统等数据对接，并与三维地质模型软件数据共享，集成显示矿业三维软件的模型场景，以矿山真实环境为基础实现场景展示和数据集成显示。支持卡调系统在三维环境中的采场现状维护与更新，对接采场卡调系统的实时数据，在三维环境中展示铲、装设备的位置、工况以及实时生产数据。

二、智能车辆管理系统

（一）车辆定位管理

车辆定位管理系统，主要支持实现现场作业车辆所处位置在平台上的实时显示，可以随时查看现场车辆所处的位置及设备信息。并且可以通过车辆运行轨迹查询及回放追溯车辆的运行情况。

（二）生产区域管理

通过设置电子地理围栏，实现生产区、卸载区、路线等区域类型设置，支持超出区域报警，支持爆堆区域预警等功能。

①系统可以在线绘制普通区域、生产区、不同卸载区、路径和路网，绘制时支持区域颜色的选取，以便于用户对不同区域及路线进行区分。绘制的区域和路线可以显示在实时监控地图和轨迹回放地图页面上，方便用户监控和分析车辆活动。系统可以绘制区域来对车辆进行区域限制，实时对车辆的位置信息进行动态跟踪，如果车辆行驶超出区域范围，则触发系统告警。

②系统支持人工放行功能，对外来车辆或者遇到紧急特殊情况时可使用此功能，保证车辆出入的及时性。

③系统可以在线绘制爆堆区域，并可以使用模板导入地质爆堆数据，数据导入完成后，在地图页面实现爆堆数据的可视化。

（三）生产调度管控

智能调度管控系统将作业计划，装、运、卸生产调度以及运输量自动计量统计与管理集成为一体，采用物联网等一系列高新技术，实现对装、运、卸生产过程的实时数据采集、判断、显示、控制与管理，实时监控和优化调度卡车、挖掘机等设备的运行，实时对采矿生产的数据进行监测及控制，智能规划车辆运输路径，动态调整车铲比，减少矿车等待时间，提高车铲装载效率，从而形成一种信息化、智能化、自动化的全方位新型现代智慧矿山开采系统。

智能调度管控系统中卡车、挖掘机和卸载点的调度作业流程采用一单一派的派单形式，卡车司机和挖掘机司机可以在手机 App 端自主选择是否接单，卸载点也可以在手机 App 端选择是否启动生产。当系统产生调度派单后，系统用户可以全程监控卡车运输行为，系统能够对卡车的运载行为严格约束，不符合调度指令则无法完成运载任务。

生产调度管控系统由车载智能终端、通信网络和生产调度中心组成。运用智能感知技术实时跟踪当前卡车和挖掘机的铲、装、运作业位置和作业状态；系统根据作业计划要求，利用群智能优化算法构建实时调度优化模型，进行最优路径选择、全局及局部车流规划后，发出调度指令，作业人员或无人设备利用移动终端实时接收调度指令；系统动态跟踪当前作业设备的实时运行情况，对生产过程的突发情况进行动态预警及调整。生产调度管控系统主要特色功能有以下几个方面：

①车铲智能调度系统根据配矿计划的要求以及当前生产中作业挖掘机、卡车、卸载点负载等的生产能力约束条件，通过卡车生产调度优化模型，自动进行最优路径选择、全局及局部车流规划和实时调度，实时自动生成调度指令，并自动完成卸载闭环管控，全程无须人工参与。

②"卡车—挖掘机—收矿点"群组工作模式，预先制定工作组的生效时间，按计划自动启动有效工作组；且在工作组未生效时，可移除已选择的卸矿磅房。系统可以设置一对一及一对多的"卡车—挖掘机—收矿点"工作组卸载模式。

③系统通过多种智能调度算法的有机优化，运用运筹学原理以及各类最优化算法使现有采矿设备达到效率最高、消耗最低、产量最大的目标。同时系统可根据调度计划仿真运行，查看运载结果。

④对影响卡车运输路径选择的因素进行合理分析，主要包括卡车载重、卡车行驶速度等车辆本身的因素以及路面坡度、道路质量等环境因素，建立各因素与路径规划模型之间的影响关系模型，并对卡车的行驶消耗进行定量化分析，从而为建立精细化路网成本下的路径规划模型提供科学依据和理论基础。系统生产调度管控功能通过一系列算法实现车辆行驶路径优化以及车流规划，同时系统可根据制订的生产计划、计划完成情况以及铲车生产能力等因素进行智能调度，从而实现车铲动态配比，提高生产效率。

⑤当出现特殊情况，如发生道路拥堵、指派挖掘机出现故障、卸料口出现故障等，系统会综合当前情况对车辆进行智能调度，与此同时上报后台，停止对故障设备的指派。

⑥系统可根据矿区实际情况增加、修改和删除装载点属性，装载点属性支持启用、停用功能。同时系统可对装载点的矿物类型以及生效时间进行设置，从而促进调度的有效执行，设置装载点属性时可以批量选择装矿挖掘机和卸载点。特殊情况下支持修改装载点属性设置来调度控制，确保矿区生产正常进行。

⑦系统可实时查看系统车辆调度信息，并且支持对特殊情况下的派单人工作废处理和调度信息的应急处理。在查询系统车辆历史调度记录信息后根据实际情况进行人工补票，通过修改车辆不同状态的完成时间，完善统计数据的更新。

⑧系统可设置班次，并根据班次设置不同供收关系，在设置完成供收关系后，支持对班次内的供收关系信息进行批量操作以及重置，同时支持将本班次的供收关系复制到下个班次。

⑨系统可对车辆终端发送自定义调度信息，并支持同时对单个或者多个车辆发送调度信息，且可以通过筛选条件对历史发送记录进行查询。

⑩系统支持对设备终端进行远程控制，可以对终端设备的工作状态进行状态控制，可以设置为正常作业或者暂停作业，并且可根据终端类型过滤显示。

⑪系统可对车辆终端的参数进行设置，支持同时对单个或者多个车辆终端进行设置。同时支持对单个或者多个车辆终端的控制，控制包括终端重启、终端在线升级以及获取终端版本信息等。

⑫多车协同人工—无人混合式智能调度。在车铲定位、运输过程及实时路网等数据基础上，以多智能体协同作业为对象，综合考虑生产能力、故障状态、路径、排队情况等，构建了多目标露天矿智能调度模型，并根据历史数据和经验数据提出相应的进化优化求解算法，实现露天矿多智能体协同作业规划；在现有车辆的基础上进行智能改造，实现多处矿点、多卸矿点的车辆实时调度，充分考虑设备利用率、

运距、等待时间等因素，构建智能调度优化模型，提高车辆运输效率，大幅减少运输等待时间。

⑬复杂环境下的调度应急处置支持。为了实现智能派单式调度管理模式，充分考虑了系统交互方式以及异常状况处理，尤其在突发性硬件故障、车辆未按调度执行、紧急停派、应急开闸、破碎站应急存矿等应急调度方面特色鲜明。

⑭多样化特殊工况调度。系统支持开采现场多种特殊工况的调度管理，主要包括以下几种状况。

一是定量调度。在矿石和废石混合区，可根据矿石或废石的生产任务量，进行定量调度。

二是矿车司机自主调度。系统可允许司机自主选择附近相对空闲的装载机，以及根据收矿站的负载情况进行自主调度。

三是自由式调度。可将特殊车辆设置为"特殊权限车"，允许其在采场内根据现场状况随机进行自行调度。

⑮调度中心可以对卡车及挖掘机进行分组管理，并可在任意一时刻发送调度指令；班次中间如遇特殊情况，可及时进行调度计划修改，并发送调度指令，车载智能终端能够给出语音提示并在显示屏上显示调度指令；调度中心还可呼叫任意一辆安装智能终端的卡车和挖掘机进行应急语音调度。

⑯实时指令调度，按照多阶段协同作业的要求，建立运输动态时空数据—设备配置优化—全局路径规划—动态车流规划等多模型集成调度决策机制，以设备等待时间最短、设备利用率最大化为目标，依据矿山生产实际提出无人驾驶卡车实时调度策略，分别构建卡车智能派单实时策略、实时路权分配策略、调度异常应急处理策略、多车协同防碰撞预警策略等，实现无人驾驶卡车多阶段集成智能调度。

三、全矿区智能视频监控系统

①系统支持用户通过智能手机、移动终端 App 和 PC 机客户端进

行系统登录访问，登录后看到与其角色相对应的内容。

②用户 PC 机无须安装客户端，系统监控平台上的所有功能均可直接通过 Web 浏览器进行访问和操作；系统支持管理员在线对用户权限进行管理，可对每一个人的操作权限进行细化到具体的页面上的某一特定功能，实现对系统权限的精细划分，使系统操作人员权责分明，便于管理；远程访问系统的用户可以查看矿区设备及生产情况的报表，报表类型多样，可根据实际需要生成曲线图形报表和数据报表两种报表方式，对需要打印的文件或者报表，系统提供在线生成功能。

③对手机系统版本在 Android4.0 以上以及 iOS 系统的客户，系统支持其在手机上对系统进行远程登录、浏览、配置等功能。

④系统配套的移动端应用可在系统上预先设定用户权限，当用户使用 App 应用时，根据不同用户的权限展示不同内容，例如，管理员拥有最高权限，可查看所有内容，员工仅可查看其本职工作所涉及的内容等。

⑤针对卡车司机、挖掘机司机、收矿站管理员，以及公司管理人员分别设计了不同业务类型的手机 App。为了矿车司机安全驾驶，移动端 App 支持语音报读功能，实现全程自动化、无参与式任务执行管理。

卡车司机管理端 App 主要用于卡车司机接收指派任务，以及进行驾驶行为指导的软件系统。在 App 页面可以给司机提供驾驶车辆信息、当前状态栏、当前任务栏、装车情况、卸矿情况等内容。

其中，在车辆信息这一栏会显示车号、终端在线情况、与开始/停止接单按钮。在司机下班或因车辆故障无法进行运输任务时，才能点击停止接单按钮，并应在卸载前点击，若在卸载完成后点击，则需要保证派发的任务必须完成，若无法完成，务必联系调度员处理。卡车司机管理端 App 点击后显示的接单界面如图 6-1 所示。

图 6-1 开始接单图

卡车当前状态信息将提示当前车辆运载的实时状况，主要包括以下内容：

①待调度。在该状态下，司机应等待调度指令即等待系统派单。

②新派单。当调度指令下达即系统派单成功，卡车当前状态信息栏会变成"新派单"，与此同时任务栏才会出现当前新的任务。

③正在装车。在卡车按照派单任务到达挖掘机处并读卡成功时，此时当前状态栏切换为"正在装车"。

④载重行进。当装载完成后并且有挖掘机读卡信息，状态栏切换为"载重前行"。

⑤已卸载。当卡车到达卸矿站，有挖掘机读卡信息并完成卸矿站读卡，完成卸载以后，此时状态栏切换为"已卸载"，这就意味着一个运输闭环成功完成。

司机端 App 提供车辆和目标挖掘机的坐标位置，方便司机采用GIS 地图准确快速找到所指派任务目标的当前位置状态。

在"我的"栏目中，司机可以查看自己的运载记录、违章记录以及修改个人登录密码等。

在卸载点 App 管理终端，管理员可以对卸载点的工作状态进行人工设置，以便管理人员根据实际生产需求动态调整卸载点的工作状态。

四、智能加油管控系统

随着企业的迅速发展，运输车辆增加、车辆管理的问题日益突出，然而，矿山智能油耗监控无法充分监控油耗不正常流失，给企业管理带来极大的不便。

通过对车辆的液位计监控管理以及加油控制，从而及时、准确、全面地掌握运输车辆的信息，对比前后加油油量记录，从而监控油耗不正常流失问题，提高用车效率，减少企业管理的不便。

加油管控系统包括以下两个方面：

（1）油量液位监控

液位计实时监控每个油罐油量，如果液位计发生异常变化会引发报警。通过电脑和手机查询站点库存，并用报表可视化显示。

（2）发油控制监控

通过在油枪上和车辆油箱口安装感应设备，实现对车自动感应加油，含数据实时交互。RFID 技术确保油只能加到油箱里。

➢在车辆油箱口安装 RFID 识别标签；

➢在加油枪上安装识别通信模块；

➢加油时，油枪对车辆油箱口 RFID 自动识别，并根据绑定加油卡的后台设定，对车辆身份进行判断和验证；

➢加油后，与使用加油卡一样生成交易记录；

➢真正可实现无卡加油，不下车加油。

五、智能无人值守磅房

将地磅称重统计的吨位信息对接到生产调度系统中，实现矿石每一车运输吨位上传，提高矿区生产计量统计的精确化。

智能无人过磅子系统是车辆矿岩运量数据的智能采集终端，该软件是云服务模式下的矿用无人智能过磅系统，可实时采集采场内过磅车辆信息，记录车号、磅房名称、货物名称、过磅时间、毛重、皮重、净重等，并实时上传至智能管控平台。采场内的各称重点获取的车辆基础信息实时共享，皮重信息能够一点采集，即在一个磅房采集到车辆的基础信息后，其他磅房均可获取到该车的信息，实现多点共享。默认情况下各称重点自动上传称重数据到云端，统计人员可实时汇总统计分析；当在网络和云端故障状态下可进行本地化应急过磅，网络恢复后能够自动上传至云平台，确保生产正常运行。地磅系统能够支持语音及智能显示屏交互，各过磅点能够根据云端计划信息智能识别车辆过磅的合法性，结合语音及 LED 显示屏进行告警和管控。具体实施方案如下：

①数据协议对接。传感器、仪表、RFID 或摄像头协议分析，集成。

②皮重信息共享。皮重信息一点采集，多点共享。

③本地自动过磅。在网络和云端故障状态下可进行本地化应急过磅。

④云端智能过磅。根据云端计划信息智能识别车辆过磅的合法性，结合语音及 LED 显示屏进行告警和管控。

⑤数据上传。各称重点自动上传称重数据到云端，统计人员可实时汇总统计分析。

六、安全环保智能在线监测系统

环境监测系统集成了 $PM_{2.5}$、PM_{10} 监测、环境温湿度及风速风向、噪声监测以及有毒有害气体监测等多种监测功能，同时具备在线实时监控、视频监控、继电器控制、数据管理、告警管理等功能。

（一）在线监控功能

可结合电子地图确切地知道每个设备所在位置，通过点击电子地图上的设备图标就可以查看设备所带各项传感器采集的实时监测因子，包括颗粒物、气象参数、视频等，方便用户直观查看区域内所有监测点的部署情况和环境质量状况。

（二）历史数据查询

系统提供历史数据查询功能，用户通过设置时间类型、站点、查询时间选项后，即可查看到所选择站点的历史数据信息，包括各项监测因子、数据更新时间等。

（三）设备管理

用户在此模块可以实现检测点位设备信息的查看、维护等基本操作，可以实现实时监视在线监测仪器是否正常工作，数据上传是否正常，从而清楚设备的运行状况及运行进度，当前端数据采集设备或仪器出现故障时，系统自动提供报警信息，方便站点负责人及时知晓并采取相应的解决措施，保证系统安全可靠的运行。

（四）数据管理中心

可对环境监测数据进行可视化展示，对环境中的总悬浮颗粒物、PM_{10}、$PM_{2.5}$、温度、湿度、风向和风速等多个环境参数的采集数据进行处理，然后实时展示。

（五）告警管理

此功能可以查询系统告警记录，还可以将系统监测到的环境信息发送给用户，信息内容包括预警信息、日报、状态预警、掉线预警等。

环境监测器作为环境监测系统中的数据采集器，其组件包括PM_{10}监测系统感应器、$PM_{2.5}$监测系统感应器、集成LED显示屏、温度传感器、湿度传感器、噪声传感器、风速传感器、风向传感器、主板、GPS上传模块、电源、安装立架（见图6-2）。

（六）环境监测器性能特点

环境监测系统采用先进的环境监测技术、自动控制和网络信息传输技术，实现噪声自动监测的网络化、自动化和信息化。

图 6-2　露天矿环境监测设备

环境监测系统具有短路、过流、过压、过热、过载等多种保护功能，系统运行如有故障，会自动停止工作并报警，其具有自检、故障判断、故障记忆、故障提示等功能。同时支持 RS485、GPRS、WiFi 等传输方式，可将数据信息传输至指定的环境监测网，实现数据的远程控制和传输；可通过智能手机接收查看当前实时数据，并设定参数。

环境监测系统人机交互界面美观大方，信息量大、接线少、数据查看设定操作方便。实时的在线环境监测系统，具有声光报警功能。支持多种尺寸彩色液晶和 LED 户外显示屏等实时显示数据。户外显示屏可根据客户需求定制，预留多组数据接口，可接数据采集设备和大屏显示设备。系统实现数据的存储管理，对监测点的数据可进行图形展示、曲线分析、超限超标报警统计等，为监管部门提供决策依据。其具有扬尘预警、超标提醒、图像抓拍功能，能全天候、全自动持续不间断工作。

七、设备健康智能管理系统

矿山生产高度依赖于设备，设备的好坏直接影响矿山的生产进度及效益，设备健康管理系统通过对设备进行智能化管理，可监视发动机转速、机油压力、水温、水压、发动机当前负载率、累计油耗等相关的数据。促使设备得到合规的操作、合理的运维，并且进行专业科学的管理，可避免设备故障，有效地提高设备完好率。

（一）系统架构

系统由车载终端、云平台、手机 App 三部分构成。

（二）系统平台

1. 系统平台

系统通过数据汇总分析，支持丰富的可视化展示功能，其涵盖了日常生产所需的重要指标。

2. 手机 App

可通过手机端对各项监测数据进行汇总、统计和分析。

八、智能车辆计重系统

针对车辆计重系统，由于矿山网络要求较高，目前矿山网络环境覆盖相对不全面，数据传输受到一定的影响；而且矿山道路环境也存在问题，首先是矿山道路不平，车辆颠簸情况较为严重，其次矿山夏季多雨，对安装的计重设备容易造成损坏；并且目前针对计重系统的计量精度存在一定的误差，精确性不高，因此矿山一般不进行车辆计重系统建设。

九、智慧调度系统

（一）调度中心显示系统

调度中心显示系统采用 DLP 大屏幕拼接技术、多屏图像处理技术、多路信号切换技术、网络技术、集中控制技术等进行设计，是一套拥有高亮度、高清晰度、高智能化控制、操作方法最先进的大屏幕显示系统。

调度中心显示系统主要分为矿业公司调度中心显示系统和分调度中心显示系统。矿业公司调度中心显示系统可以通过远程集中控制技术，实时监控采场内的视频信息，也可以通过露天矿自动化生产调度系统客户端实时查看各个矿区采场内的生产设备作业情况及生产数据等信息。

系统智慧大屏投影拼接墙由 6 套进口 55 寸 DLP 一体化显示单元拼接而成（横向 2 排，纵向 3 列），规格如下：

①ZHVL-55DC 物理拼缝为 3.5mm。

②LED 背光光源。

③亮度为 500cd/m²。

④分辨率为 1920×1080P。

⑤内置单屏图像拼接处理器。

系统的主要特点有以下几点：

①整个投影屏具有高分辨率、高亮度、高对比度，色彩还原真实，图像失真小，亮度均匀，显示清晰，单屏图像均匀性好。

②具有显示分辨率叠加功能，可以以超高分辨率全屏显示电子地图、地理信息系统、工业流程图、工业监控信息等。

③支持多屏图像拼接，画面可整屏显示，也可分屏显示，不受物理拼缝的限制，图像任意漫游、移动，图像可任意开窗口、放大、缩小。

④能够将多路输入信号进行重新组合，再现于投影组合屏上，信号源的显示切换过程无停顿、无滞后感、无黑屏现象。

⑤可同时显示多路视频窗口，每个窗口均能够以实时、真彩的模式显示；支持多用户操作资源共享，网络上的每个用户都可对大屏幕进行实时控制操作。

⑥显示系统的各种功能操作实行全计算机控制，并可通过网络连

接进行远程遥控。

⑦能实现组合屏整体/单屏的对比度、亮度、灰度、色彩、白平衡等参数的统一调节，全中文的操作界面易于掌握，灵活方便。

⑧大屏幕投影系统能长时间 365 天连续稳定运行，整套系统具有先进性、可靠性和扩充性，操作简单，维护方便，使用寿命长。

⑨投影系统的投影单元及控制系统均采用模块化、标准化、一体化设计，安装调试简单，易于维护保养。

⑩大屏幕投影系统可以与现有以及将要建设的各种计算机系统联网运行，可接入多种图像信号，支持 4 路视频信号输入、2 路计算机信号输入及网络信号的输入显示（Composite Video，S-Video，PAL，NTSC 等）。

（二）全矿一张图

将矿山关键生产进度指标进行大屏可视化监控管理，实现矿山一张图管理，并在智慧大屏运营中心显示。预期效果如图 6-3、图 6-4 所示。

图 6-3　可视化管理系统图（大屏展示）

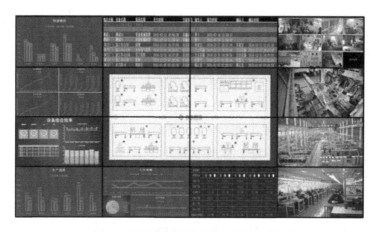

图 6-4　可视化管理系统图（PC 端展示）

十、智能地质模型生产计划

（一）三维地质建模

1. 三维显示内核

三维核心模块是一个界面友好、功能强大的真三维显示和编辑的集成化平台。使用习惯类似于 AutoCAD、Word 和 Excel。支持多种类型空间数据叠加和完全真彩渲染，支持各个视角进行静态或者动态剖切、三维线段内部填充、全景和缩放显示等操作。

2. 三维 CAD 辅助设计

辅助设计模块是 CAD 功能集，考虑到国内用户大多具有用 AutoCAD 来进行采矿设计的经验，3DMine 软件在设计风格上，与 AutoCAD 尽可能保持一致，如选择集的使用、各种图元对象的创建、右键功能以及两者之间文件互换等。由于 3DMine 软件在辅助设计功能上的优势，用户能在 3D 环境内轻松实现采矿设计功能。参数化的设计方式，极大地提高了工作效率。

3. 主要兼容的数据格式

（1）AutoCAD（.dwg. dxf），南方 CASS（.dat）

无须安装 AutoCAD 软件，支持最新的 AutoCAD 2020 版本的 dwg

直接导入导出，能一键输出 CAD 图纸，并支持在 3DMine 和 AutoCAD 之间相互复制粘贴。

（2）MapGIS（.wl. wp. wt），ArcInfo（. shp）

无须安装 MapGIS 软件，从二进制文件层面支持 MapGIS 文件的导入导出，并支持导入导出 MapGIS 系统库，能进行 3DMine 与 MapGIS 文件之间无损转换。支持 PDF 图形输出。

（3）MS Office（Access、Excel 等）

支持 MS Office 与 3DMine 之间的对象间相互复制粘贴，可以便捷进行测量坐标的展点或者进行批量数据的导入和导出。

（4）Surpac、Micromine、DataMine 数据支持

支持国内主流的三维矿业三维软件的点线面、钻孔数据库、储量块模型数据，尤其对支持全系列的 Surpac 数据，可以直接无损导入和导出 Surpac 的 str、dtm 和 mdl 文件。

4. 激光扫描仪接入

系统支持大规模点云数据处理，支持多种格式的扫描仪数据产生点云数据，并能根据点云数据产生表面模型和实体模型，主要应用于露天矿山现状和地下矿山井下巷道激光扫描进行三维建模。

5. 无人机数据

支持最新无人机正射和倾斜摄影后处理成果，能直接打开包括 tif、las 和 smart3D 切片 3mx 与 S3C 项目数据，可应用于露天测量验收、爆破孔位质量验收和构建三维虚拟场景数据。

（二）地质储量计算

系统平台支持传统地质法和地质统计学法进行储量计算。

①实现直方图分析、QQ 图分析、PP 图分析、相关性分析等地质统计分析，了解矿床品位分布及特征、品位与体重之间的关系。

②实现矿石类型、储量级别等属性赋值。

③支持储量分析、台阶保有量管理、二级矿量管理和消耗地质矿

量管理等。

④三维建模过程中，将地质钻孔探明的矿体及夹层品位进行约束，后续生产炮孔数据录入系统进行属性更新时，将原始地质钻孔数据及已录入系统的炮孔数据同时更新，并对整个矿体模型进行距离幂次值计算。

（三）开采计划编制

①根据矿山地质资源情况和开采现状，制订矿山长期、中短期生产计划。计划编制系统根据国内编制露天矿开采计划的工作流程，实现在虚拟采场环境下智能编制开采计划，从而提高计划编制的效率和计划的可执行性。在实现计划配矿的过程，计划编制成果上传到数据中心，虚拟管控平台提取计划范围，生产数据和计划数据可以实时对比，以判断计划各阶段完成情况。

②结合地质模型，按照一定的出矿品位要求，编制中长期开采规划。在数字采矿软件中将生成价值模型导入，利用生产计划模块下的计划参数配置功能，进行生产计划编制参数配置。

③在参数设置中进行周期定义，包括计划名称、计划类型（中长期计划、年度计划、季度计划、月度计划）、起始时间、时间单位（年、季度、月、周）、计划长度、最小计划量和最大计划量、最小工作平台宽度（与后期二级矿量的备采矿量有关），同时开采台阶数、同时约束块数。并可利用露天采矿软件中的生产计划模块下的输出报告功能一键生成生产计划报告。计划编制完成后，可在数字采矿软件中将计划提交到生产执行系统中进行流程审批。

④根据地质报告检测数据，结合矿山中长期开采规划，编制年度、季度、月度短期开采计划，给出矿山开采和质量搭配最佳方案。根据矿山中长期开采规划，基于数字矿山软件中已经完成的矿体模型，综合考虑矿山年度、季度、月度的开采规模及开采技术条件，协同匹配采、装、运、破等各工艺环节，按照采场台阶推进方向、出矿点、出矿量、品位分布情况，为露天矿山精细化开采、短期配矿方案的制定

提供数据支撑。

⑤在一个界面显示年度、季度、月度开采计划，在数字矿山软件中，可直观显示矿山年度、季度、月度开采计划统计图，开采计划兑现率等相关信息。

⑥根据推进方向、阶段数目、推进阶段距离，自动计算推进区的矿岩量及质量信息；根据矿岩量及推进方向，自动反算推进线位置。在数字矿山软件中，根据矿山年度、季度、月度开采计划，可以完成矿山年度、季度、月度矿山开采量的初步核算，为露天矿山矿产资源储量的动态管理提供基础数据；与此同时，在已确定年度、季度、月度矿山生产任务时，可以初步反算推进线位置，为现场开采区域圈定、精细化爆破的执行提供指导。

⑦分矿种、分台阶计算与汇总矿量、岩量、平均品位等信息。在数字矿山软件中，根据矿山地质模型、矿体模型以及品位分布模型，可初步核算露天采场内不同矿种和不同台阶的年度、季度、月度开采矿石量和剥离废石量以及矿石量的平均品位等矿产资源信息。

⑧根据需求手工调整计划，并实现重新报量及更新露天现状。

⑨完成参数设置后，利用计划编制功能，选择计划周期内需要开采的矿体范围。数字采矿软件会根据圈定的范围，计算出矿量和矿石品位信息，用户可以根据配矿要求和开采实际，交互式地选择计划周期内的矿体开采范围，不断调整各平台的出矿位置，从而达到计划调整的目的。

⑩当经过不断调整，最终完成计划后，可查看计划编制后二级矿量情况。

⑪支持手动编制年度计划时，年度计划可以自动分解成月度计划，最终月度计划在此基础上可以手动调整。在年度、月度计划表中可以累积计算计划兑现率。另外，对年度、季度、月度开采情况可通过柱状图显示。

⑫当矿山短期开采计划，如年度开采计划由于外部因素影响出现较大变动时，数字矿山软件可支持手动调整、编制年度计划，以不影响年度开采计划完成为前提，调整后的年度开采计划可自动分解成月度计划；在此基础上，年度、月度计划表中可以累积计算计划兑现率，其开采情况可通过柱状图显示。

⑬通过三维矿体的缩放，设置矿块大小及估值参数进行品位的自动估值。在数字矿山软件中，可完成拟开采区域三维矿体的鼠标缩放，可统计所圈定拟开采矿块矿石量，根据地质模型及品位分布模型可完成所圈定矿块平均品位的估算。

⑭可以综合爆破作业信息、地质信息、设备信息、堆场位置、运距等支持每日开采计划的编制。在数字矿山软件中，可根据露天采场作业点数目、矿石品位以及前期爆堆品位、矿石运输距离等开采信息，完成不同作业点开采量、采装设备安排、配矿方案制定等日开采计划的编制。

⑮具有矿山储量年报编制功能，首先根据地质报告及前期储量年报内容，研讨制定储量年报标准格式，对储量年报中需更新的储量信息从系统中自动提取，最终实现一键生成储量年报。

（四）爆破设计

①具有炮孔设计功能。技术人员现场布孔并测孔后，系统能够完成爆破参数设计，自动生成爆破设计说明书。

爆破设计方案完成后，可以直接输出爆区报告，报告中包含每个炮孔设计 ID、X、Y、Z 和孔深等信息，其中孔位坐标可以通过牙轮钻自动布孔系统直接上传到系统服务器，实现孔位设计、审批和牙轮钻布孔系统无缝衔接。

②具有装药设计功能。按照爆破设计参数，系统可显示装药和填塞结果，同时按照要求形成炸药用量报告。

③具有爆破网路设计功能。可按照爆破方式和导爆雷管延迟时间

进行联网爆破模拟。

④具有爆破效果评价、总结录入及对比功能。

⑤爆破量计算。爆破设计完成后，根据实际的炮孔个数、孔网参数、台阶高度和矿石体重等参数，自动计算本次爆破的爆破量。

⑥具有爆破设计报告一键生成功能。以起爆点、炮孔、虚拟孔为载体，自动与人工交互方式进行网络连接。可以按照爆破方式和导爆雷管延迟时间进行联网爆破模拟，从而进行爆破效果和时间分析，最后形成爆区的设计和爆破总量报告。

⑦爆破效果预测与分析。系统支持爆破等时线分析、爆破抛掷方向分析和同时起爆炮孔数分析，系统提供了爆破顺序动画模拟、等时线、抛掷方向、起爆孔—时间图等分析工具，以便能在起爆前发现问题区域，方便检查设计，也可方便调整爆破顺序、延迟时间等，实现最优设计结果。

⑧爆破设计审批。支持在 RTK 测量得到的实测炮孔上进行爆破设计、模拟和输出报告。矿山采矿技术员现场布孔并测孔后，将炮孔位置信息上传至系统，系统可自动生产炮孔图，设置爆破参数后，按照爆破设计书模板自动生成爆破设计，并可在网上提交审批会签，实现无纸化办公和简化审批流程。

（五）工程出图

①快速输出矿山地形图、地质剖面图、台阶平面图、终了设计图等。在数字矿山软件中，可根据指定剖面、指定台阶等信息，圈定图纸区域，分别输出各类工程图纸。

②支持图形布局定义，包含图形的布局、图纸规格和尺寸。地质工程制图是矿山工作中必不可少的组成部分，3DMine 软件版本中嵌入了完整的工程制图模块。3DMine 将结合 AutoCAD、MapGIS 和 Suffer 等软件的常用绘图功能，建立一个新的独立开放的制图空间，可实现任意剖面的切制、坐标网和纸张大小的设置，文字引线标注、指定标高

显示钻孔、图案花纹定义、柱状图风格设置以及形成"剖面+平面图纸"格式，可实现任意图块的复制与绘制。使打印出图功能更加简单、操作方便，极大地提高了工程制图的效率。支持与 MapGIS 文件格式无损导入/导出，可输出 pdf 和 dwf 文件格式。增加了地勘绘图常用工具，可自定义岩性花纹，可输出符合国内地质图纸制作规范的图纸。

十一、智能配矿管理系统

露天矿智能配矿动态管理系统，针对矿区的实际情况，为保证入选矿石品位的均衡，利用 3D 可视化技术构建爆堆品位数据库，实现爆堆数据的可视化管理。通过爆堆数据与地质数据的数据融合，便于生产配矿人员掌握钼钨矿石分布；利用高精度定位技术实时动态获取挖掘机出矿品位，实现挖掘机出矿品位的动态跟踪，便于调度人员实时掌握出矿品位的变化；综合考虑碎矿站需要的矿石品位、氧化率、矿石岩性等参数，根据独有的多金属、多目标智能配矿模型自动生成最优配矿计划，最大限度地利用了低品位及伴生矿石资源，确保了钼钨的入选品位稳定均衡。该系统主要功能有以下几个方面：

①爆堆矿石量及品位分析。将炮孔坐标及炮孔品位等数据导入爆堆数据库后，在电子地图上可以获取任意一个爆堆的矿量和品位信息，并可在图中计算任意区域矿块的矿量和平均品位。

②挖掘机出矿品位自动获取。在电子地图上根据挖掘机的作业位置，可实时动态获取铲装位置处的矿石品位和爆堆剩余矿量。同时，挖掘机处的矿石品位信息和当前班挖掘机的装载矿石量会实时显示在挖掘机的终端显示屏上，便于作业人员实时掌握当前铲装的矿石品位和实际工作量。

③配矿作业计划自动生成。系统根据可工作挖掘机的当前作业区矿石品位、氧化率、矿石岩性、松散系数、矿石比重、生产能力，破

碎站的入矿量和品位要求等，利用多目标配矿模型来自动生成配矿生产计划；如遇特殊情况，生产调度人员可以进行调整，最大限度保证配矿计划的可行和合理。

④生产实时品位控制。系统根据挖掘机铲装位置处的品位及运输量可以实时计算破碎站内矿石的品位和矿量。当矿石品位不符合出矿要求时，系统会进行智能预警提示，调度人员可以利用品位优化控制模型，对配矿计划进行实时调整并加以控制。

十二、智能人员定位管理系统

通过人员定位智能安全帽实时获取人员所在位置的坐标数据，并通过通信模块传输到数据中心，实时查看人员的位置。

智能安全帽矿区管理系统是一种结合 GPS 定位、无线通信技术等高科技手段的智能高效型矿区管理系统，它主要是通过将矿区现场信息及时上传到后台管理系统，并生成相应的数据报告，实现矿区人员实时定位、人员活动轨迹追溯、区域预警功能，从而对矿区安全生产进行智能管理的一套系统。本系统通过将 GPS 模块、内置天线系统和 GPRS 无线传输模块集成在安全帽内，而不是固定在设备上，这种方案在工程推进时可以很方便地移动，使用方便灵活，从而实现对矿区现场信息的实时采集和准确高效传输。

智能安全帽矿区管理系统分为三个结构层次，即感知层、网络层和应用层。感知层主要由标签和安全帽组成，将安全帽现场检测到的数据信息通过 GPRS 无线模块传送至数据控制中心，实现数据检测和传输功能。网络层通过 4G 网络或者其他专用网络与互联网等网络平台融合，实现现场信息采集和实时准确地传输至后台数据管理控制中心，并对数据进行整合、汇总和必要的数据信息处理。应用层把感知层采集的矿区现场信息，根据不同功能模块的需求进行智能化处理，实现矿区人员实时定位、人员活动轨迹追溯、区域预警以及应急支持功能，为事故责任追溯提供数据支持。

（一）实时监测

系统通过智能安全帽上的读写功能模块采集设备上的 GPS 定位信息，并将读取的信息通过 GPRS 模块传送到专用服务器上，客户端从服务器上取回所需要的数据，实现对矿区的智能化管理。

（二）轨迹回放

在平台可以实时查看人员活动轨迹，并支持轨迹回放。

（三）区域预警

本系统通过对矿区进行安全区域和非安全区域的划分，实现人闯入非安全区域的智能预警。例如，在爆破时，可以对爆破区域进行电子围栏设置，为非安全区域，当人员闯入爆破区域时，就会通过智能安全帽对人员发出报警指令，并同时在系统平台上报警。

（四）应急支持功能

通过系统可及时了解事故发生前现场人员总数、分布区域、人员的基本情况和人员最后接触的设备等。在事故发生后，可通过软件轨迹回放功能，判断被困人员的大致位置，以便及时进行搜救和清理。

十三、智能开采巡视系统

（一）人工巡视

利用定制化开采巡视 App，实现人工派单巡视的模式。

通过手机/PC 提前规划巡视路线、巡视点和巡视时间，做到各矿区无死角巡视。巡视的内容包括安全、环境、车辆、开车进度和方式等，确保开采过程合规化；系统在责任人手机上按照计划提醒巡视任务，任务到时间未执行，手机将收到报警信息，在限定的时间内（可设定）未提交巡视结果的，系统将自动升级到更高层人员手机上。

（二）无人机巡视

无人机可完成包括巡航、实时监控、取证拍摄等一体化飞行及监控任务，并能将高清视频或高像素照片实时传输到执法终端。今后，它不仅会用于监管设施及周边区域的隐患排查，维护监管安全，为生产指挥中心做出实时部署提供第一手资料，而且还会对开展隐蔽督察、视频督察、掌握处置突发事件发挥重要作用。

十四、工程设备安全驾驶行为智能分析系统

系统能够实时对车辆前后、驾驶室视频监控，前摄像头监控车辆行驶道路情况，后摄像头监控车厢拉料堆高及防扬尘覆盖情况。驾驶室摄像头可以识别司机疲劳驾驶、抽烟、打电话等异常驾驶行为。系统具备超速监控功能，对车辆超速进行监管，并向司机、后台监管工作人员播报语音及推送报警消息。在紧急情况下，司机按下报警开关，系统会自动连通与后台监控工作人员的语音呼叫及将报警车辆的所有视频监控实时推送到后台监控工作员的管理页面，同时可由后台监管人员随时查阅实时视频监控及录像回放，任何一路视频回放保存时间至少10天。

（一）驾驶人行为分析

监测预警主要用于对驾驶员的危险驾驶行为进行分析预警及司机人脸考勤，采集的视频用于主机执行危险驾驶行为分析智能算法，可检测包含开车抽烟、打电话、不目视前方、疲劳驾驶等异常驾驶行为，及时发出报警提醒司机。

①闭眼检测。当系统检测到司机闭眼时间超出阈值时，会触发报警（见表6-2）。

表6-2 闭眼检测功能汇总表

报警声音	语音报警，"小心疲劳"
报警阈值	开启速度阈值：当车速在30km/h以上时，功能开启
失效场景	驾驶员戴强反光型墨镜会失效，戴普通墨镜、眼镜可以工作

②打哈欠检测。当系统检测到司机打哈欠时间超出阈值时，会触

发报警（见表6-3）。

表6-3　打哈欠检测功能汇总表

报警声音	语音报警，"请打起精神"
报警阈值	开启速度阈值：当车速在30km/h以上时，功能开启
报警精度	允许10%的漏报率下，收到的报警准确率可达到95%以上

③抽烟检测。当系统检测到司机有抽烟动作时，会触发报警（见表6-4）。

表6-4　抽烟检测功能汇总表

报警声音	语音报警，"请勿抽烟"
报警阈值	开启速度阈值：当车速在30km/h以上时，功能开启
报警精度	允许10%的漏报率下，收到的报警准确率可达到95%以上

④打电话检测。当系统检测到司机有打电话动作时，会触发报警（见表6-5）。

表6-5　打电话检测功能汇总表

报警声音	语音报警，"请勿打电话"
报警阈值	开启速度阈值：当车速在30km/h以上时，功能开启
报警精度	允许10%的漏报率下，收到的报警准确率可达到95%以上

⑤人脸丢失检测。当系统超过30s没有检测到驾驶员人脸时（摄像头未被遮挡3s），会触发报警（见表6-6）。

表6-6　人脸丢失检测功能汇总表

报警声音	语音报警，"人脸丢失"
报警阈值	开启速度阈值：当车速在30km/h以上时，功能开启
报警精度	允许10%的漏报率下，收到的报警准确率可达到95%以上

⑥镜头遮挡检测。当系统超过 30s 没有检测到驾驶员人脸时（摄像头被遮挡 3s），会触发报警（见表 6-7）。

表 6-7　镜头遮挡检测功能汇总表

报警声音	语音报警，"请勿遮挡镜头"
报警阈值	开启速度阈值：当车速在 30km/h 以上时，功能开启
报警精度	允许 10% 的漏报率下，收到的报警准确率可达到 95% 以上

（二）实时监控

车辆上线后，后台工作人员可根据需要，对特殊车辆、重点监控车辆等需要查看实时视频图像，通过无线 4G 将主驾驶室视频及车辆前后视频传输回服务器，实现对前端车辆的实时视频监控。随时调取现场视频，随时查看。该功能可以用来抽查监督，也会在处理安全事件时发挥重大作用。

（三）超速检测

系统可以对监控车辆设定行驶超速限制，当车辆实际行驶速度持续超过设定行驶速度 10s 后，终端主机会自动向平台上报车辆超速报警，同时 TTS 语音提醒司机超速，需减速行驶，同时向后台监管人员推送报警信息，以便对车辆超速驾驶进行人工干预，预防因超速驾驶酿成人为交通事故。系统支持报警统计功能，后台监管人员可根据业务需要进行查看和导出。

（四）一键报警

系统能够接入手动按钮触发报警信号，一旦发生紧急情况，司机可以按下报警开关。当监控中心接收到报警信号时，会自动报警，同时自动调取该车辆的实时视频，直接获取现场的最新动态。

（五）视频功能

①远程功能。调度室的工作人员可以灵活切换事故现场各个角度的视频画面，也可以多分屏同时浏览各个角度的视频画面。

②视频存储。系统支持视频存储功能，可供证据调用、视频宣传、视频教学等，支持前端存储、中心平台存储、监控客户端存储三种视频存储模式。

➤前端存储是指在监控点设备中进行视频、GPS 信息存储。可设置自动覆盖录像或停止录制。

➤平台存储是指网络视频监控平台进行视频、GPS 信息存储。

➤客户端存储是客户端进行实时视频存储。

车载设备中有一个 2T 硬盘和两张 256G SD 卡，详细参数可查看车载产品规格参数。

③视频下载和回放。系统有方便的录像检索、查询方式，可根据时间、存储路径和报警类型等信息检索并下载回放图像。

既支持搜索并下载、回放设备里的录像文件，又支持搜索、回放本地录像文件，且下载与回放的都是高清 720P 存储的视频。

第三节　智能化建设效益分析

一、智能调度

优化原有资源配置，按质按量优化生产，及时适应生产条件的变化，对设备故障和非正常生产情况及时调度，减少卡车不必要的空跑，降低油耗，同时根据铲装能力、运输能力、破碎能力的平衡，可以优化设备的出动数量。实时优化调度，提高设备效率 8%~30% 或更高，降低油耗 3%~15% 或更高。不同的矿山其管理水平不尽相同，因此系统会为矿山带来不同的效益。同时系统的实施会改善矿山的管理水平，从管理层面发挥更大的效益。

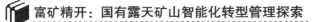

二、智能跟踪定位及轨迹回放

在调度室利用 GPS 对生产设备进行实时动态监控和跟踪。无须管理人员频繁地开着皮卡车往矿山跑，在监控中心即可完成现场调度，节约油耗和人力成本以及节省管理成本。

三、智能预警

如偷懒、超速、出界、无故停车、违章停车等一系列不安全因素都能得到及时报警，并能进行实时查询，从而全方位真正起到警示作用，实现车辆防碰撞功能。

四、智能计量

对卡车运输的矿量进行自动智能计量，通过智能调度的任务量统计，实现卡车运输全过程的统计工作，对卸矿站、堆场等矿石及煤矿储量进行科学统计，实现对生产量的精准把握。

五、智能数据分析

通过对卡车、挖掘机的运行数据进行科学分析，利用可视化方法对工作量进行直观展示，让调度人员对全矿的生产状况一目了然，并利用科学的调度方法提高整个矿山的产量，并降低生产成本，支持生产决策。

六、设备健康管理

矿山生产高度依赖于设备，设备的好坏直接影响矿山的生产进度及效益，通过对设备进行智能化管理，可监视发动机转速、机油压力、水温、水压、发动机当前负载率、累计油耗等相关的数据，促使设备得到合规的操作、合理的运维，并且进行专业科学的管理，从而避免设备故障，有效地提高设备完好率。产量、周转量、运距、设备出动率、设备故障率、油耗等与生产相关的数据系统自动生成调度图表和报表，并进行科学分析，完成对司机、调度员科学的评价和考核，生产管理变得轻松、客观。

第七章 露天矿山智能管理当前存在的问题及展望

第一节 存在的问题

智能化是露天矿山发展的必经之路，我国露天矿山智能化发展的总体特点是"政策导向明确、体量蓬勃增长、基础相对薄弱"。根据国内外露天矿山当前智能化发展现状，提出了当前露天矿山智能化发展趋势为：露天矿山自动化装备及系统的大范围应用、信息化数据链的集成、数据处理和决策、生产设计智能化与矿山工程设计—施工的一体化管控。当前智能化规划工作中面临的重点问题主要有：露天矿山智能化的概念与内涵较为模糊，智能化改造涉及的规划内容、实施途径等尚未体系化，专业学科交叉中存在知识壁垒，缺乏合理的"投入—产出"评价标准，缺乏各规划内容优先级的决策依据。为解决存在的关键问题，当前重要的基础工作为：露天矿山智能化知识图谱的构建研究、矿山合理智慧程度评价体系的构建研究、规划内容优先级的决策方法研究。下面就上述问题进行具体分析。

一、存在的关键问题

当前在国家政策支持及技术创新的驱动下，传统露天矿山企业的智能化转型工作已经在积极的筹划中，但当前存在以下关键问题，从而影响了露天矿山转型工作的开展：

（一）露天矿山智能化的概念与内涵较为模糊

近几年来"矿山信息化""数字化矿山""互联网+矿山""矿山物联网""信息物理系统"等新兴概念层出不穷，矿业领域的各方对上述概念的准确含义、实施方法、达成目标等基本问题的理解和把握不尽统一，从而对露天矿山行业智能化升级工作造成了困扰。另外，当前现有研究成果主要集中在地下矿井智能化开采问题上，考虑到露天开采与地下开采的情况存在天壤之别，因此有必要结合露天矿山特点，针对露天矿山智能化的概念、内涵等构建相关理论体系，科学合理地阐述智慧露天矿山"是什么""如何实现""如何建设"等基础问题，形成智能化露天矿山升级转型的基本建设思路，确定智能化规划的基本原则，以统一认识，凝聚共识。

（二）露天矿山智能化改造涉及的规划内容、实施途径等尚未体系化

露天矿山是一个复杂的大系统，智能化露天矿山建设是大系统各组成环节全面升级转型的过程，智能化不仅体现在"单一部件、单机设备、单一环节"上，更主要体现在"跨部件、跨设备、跨环节、跨系统、跨业务范畴"的全局化信息流动、共通共享、高效应用上。然而露天采矿大系统业务层次多、系统结构复杂，各个环节关联形成的智能化应用场景数量不胜枚举，要求的关键技术及实施途径也不尽相同，对露天矿山科学、系统、有序的升级改造工作造成了极大的困难。因此当前亟待形成一套涵盖常规业务流程、智能化规划内容、实施途径等内容的专业领域知识体系。

（三）专业学科交叉中存在知识壁垒

露天矿山的智能化建设工作会涉及露天采矿、计算机信息科学等诸多学科的交叉，实际开展过程中既有以采矿人员为主体围绕露天采

矿基本业务提出应用场景的需求，又需要计算机信息科学相关人员针对需求提出解决方案。然而这种跨专业合作并不顺利，一方面在于露天采矿人员不清楚信息化技术可以解决什么问题，提出的需求可能不具备技术可行性；另一方面在于露天采矿专业性强、覆盖知识面广，计算机信息科学领域相关人员对露天矿山的认识缺乏层次性与逻辑性，短时间内难以深刻把握矿山某一环节的需求与其他诸多生产环节的复杂关系。因此在构建露天采矿专业领域知识体系基础上，还需要进一步构建智能化技术知识体系，明确智能化升级中的技术要素、实施手段、关联环节等，从而共享知识领域，实现交叉融通。

（四）缺乏合理的"投入—产出"评价标准

对企业而言，任何新技术、新工艺、新设备的投资均有很强的目的性，企业经济利益的根本目标是利润最大化。矿山开采本质上也是一种经济行为，智慧露天矿山转型发展的目的是在高效、安全、绿色与可持续发展的前提下，尽可能提高劳动生产率，降低生产成本，增强企业营利能力。然而各个矿山的自身条件千差万别，盲目的高投入反而会阻碍企业的智能化发展道路。因此露天矿山智能化建设工作的重点是结合矿山资源赋存条件、地理位置、煤质条件、现有信息化水平等自身条件，确定合理的投入规模及相关建设项目，即根据自身条件确定合理的智慧程度。但当前矿山智能化改造过程中的投入与产出既无翔实的案例可供参考，又无体系化的分析方法可供借鉴，因此当前急需一套定性和定量相结合的研判方法，科学地确定合理的投入规模及合理的智慧程度，为矿山转型发展规划提供坚实的基础依据。

（五）缺乏各规划内容优先级的决策依据

露天矿山的智能化升级工作是一项复杂的系统工程，期间会涉及研发费用、改造费用、维护费用、培训费用等，整个升级过程投入庞大、周期漫长。考虑到露天矿山智能化升级是从底层到上层逐步建设的过程，必然会存在以下的情况：不同的规划内容都需要对同样的业务单元进行改造，某些规划内容包含于其他规划内容；某些规划内容之间无直接关系，但同属于更高一层的规划内容等，上述情况还可能会同时出现。如果不科学地决策各项规划内容的升级改造次序，难免会出现重复建设、重复投入或者出现超前投入、滞后产出等情况，延缓矿山智能化升级改造进程。因此在开展露天矿山智能化建设工作前，一方面必须依据实际应用需求在宏观上设定合理的阶段建设目标；另一方面需要确定阶段内各项智能化功能升级的先后次序，因此当前迫切地需求科学的决策方法来指导规划内容的优先级问题。

二、系统兼容与协同问题

露天矿山建设是一个复杂而庞大的系统工程，涉及地质勘探、开采设计、设备选型、环境保护、安全管理等多个方面。在这个过程中，系统兼容与协同问题显得尤为重要，其直接关系到矿山建设的效率、成本、安全及环境保护。

（一）系统兼容性的重要性

系统兼容性是指不同系统或系统组件之间能够相互协作、无缝对接，共同实现预定目标的能力。在露天矿山智能化建设中，系统兼容性主要体现在以下几个方面：

①设备兼容性。不同品牌、型号的设备之间能否顺利连接、通信，共同完成作业任务。

②软件兼容性。矿山管理系统、监控系统等软件能否与硬件设备、其他软件系统有效集成，实现数据共享和流程控制。

③技术兼容性。不同开采技术、工艺方法之间能否相互兼容，形成高效、低耗、环保的生产体系。

④管理兼容性。矿山管理制度、流程、标准等能否与实际操作、人员配置、外部环境等相协调，确保矿山安全、有序运行。

系统兼容性的重要性不言而喻。它直接关系到矿山智能化建设的整体效率、成本控制、安全管理和环境保护。若系统间存在不兼容问题，将导致资源浪费、效率低下、安全隐患增加等一系列问题。因此，在露天矿山智能化建设过程中，必须高度重视系统兼容性问题，采取有效措施加以解决。

（二）露天矿山建设过程中存在的系统兼容与协同问题

1. 设备兼容性问题

露天矿山建设涉及大量机械设备，如挖掘机、装载机、运输车辆、破碎机等。这些设备往往来自不同厂家、不同型号，存在接口标准不统一、通信协议不兼容等问题。具体表现在以下几个方面：

①接口不匹配。不同设备之间的接口标准不一致，导致无法直接连接或连接后性能下降。

②通信障碍。设备之间通信协议不兼容，无法实现数据实时传输和远程控制。

③功能重叠与缺失。部分设备功能重叠，造成资源浪费；同时，部分关键功能缺失，影响整体作业效率。

2. 软件兼容性问题

随着信息技术的发展，矿山管理越来越依赖于软件系统。然而，在实际应用中，软件兼容性问题时有发生，主要表现在以下几个方面：

①系统集成难度大。不同软件系统之间数据格式、接口标准不一致，难以实现无缝集成。

②数据孤岛现象。各系统之间数据无法共享，形成数据孤岛，影响决策效率和准确性。

③系统稳定性差。部分软件与硬件或操作系统不兼容，导致系统频繁崩溃或运行不稳定。

3. 技术兼容性问题

露天矿山开采技术多样，包括爆破、挖掘、运输、破碎等多个环节。不同技术之间若不能相互兼容，将严重影响矿山整体的生产效率。

具体表现在以下几个方面：

①技术衔接不畅。各环节技术之间衔接不紧密，导致生产流程中断或效率低下。

②资源浪费。部分技术环节设计不合理，导致资源过度消耗或浪费。

③安全隐患。技术不兼容还可能引发安全事故，如爆破作业与挖掘作业配合不当导致的坍塌事故。

4. 管理兼容性问题

矿山管理涉及多个方面，包括人员管理、设备管理、安全管理、环境管理等。若管理制度、流程、标准等不能相互兼容，将导致管理混乱、效率低下。具体表现在以下几个方面：

①制度冲突。不同管理制度之间存在冲突或矛盾，导致执行困难。

②流程不畅。管理流程设计不合理，导致信息传递不畅、决策滞后。

③标准不统一。不同部门或岗位之间标准不统一，影响工作协调性和效率。

（三）系统兼容与协同问题的解决策略

1. 设备兼容性问题的解决策略

①统一接口标准。在设备采购时，优先选择符合国际或行业标准的接口设备，减少接口不匹配问题。同时，推动设备制造商之间建立统一的接口标准，促进设备之间的互联互通。

②采用通用通信协议。在设备选型时，优先考虑支持通用通信协议的设备。对已采购的设备，可通过加装通信模块或升级软件等方式实现通信协议的统一。

③优化设备配置。根据矿山实际生产需求，合理配置设备类型和数量，避免功能重叠和缺失。同时，加强设备之间的协同作业能力，提高整体作业效率。

④建立设备维护体系。建立完善的设备维护体系，定期对设备进行检查、保养和维修，确保设备处于良好运行状态。同时，加强设备操作人员的培训和管理，提高设备使用效率和维护水平。

2. 软件兼容性问题的解决策略

①选择成熟软件产品。在软件选型时，优先选择成熟、稳定、兼容性好的软件产品。同时，了解软件产品的技术架构、数据格式和接口标准，确保软件产品能够与现有系统无缝集成。

②推动软件标准化：积极参与或推动相关行业协会、标准组织制定软件接口、数据格式等标准，促进软件产品的标准化和兼容性。

③定制开发。对无法直接集成或兼容性较差的软件系统，可以考虑定制开发接口或中间件，实现不同系统之间的数据交换和流程控制。

④数据治理。建立数据治理体系，规范数据采集、存储、处理、共享等流程，确保数据的一致性和准确性。同时，采用数据仓库、数据湖等技术手段，实现数据的集中管理和共享。

3. 技术兼容性问题的解决策略

①技术整合与优化。在矿山设计阶段，充分考虑各环节技术的兼容性和协同性，通过技术整合和优化，形成高效、低耗、环保的生产体系。例如，采用智能调度系统优化运输路线和车辆配置，减少运输成本和能耗。

②技术创新与引进。积极引进国内外先进的开采技术和设备，提高矿山整体技术水平。同时，加强技术创新和研发，推动矿山开采技术的不断进步和升级。

③技术培训与交流。加强技术人员的培训和交流，提高技术人员的专业素养和综合能力。通过技术交流、研讨会等形式，分享技术经验和成果，促进技术的相互学习和借鉴。

4. 管理兼容性问题的解决策略

①完善管理制度。根据矿山实际情况，制定完善的管理制度、流

程和标准，确保各项管理工作有章可循、有据可查。同时，加强制度的执行力度和监督力度，确保制度得到有效落实。

②建立协调机制。建立由多个部门组成的协调机制，加强部门之间的沟通和协作，共同解决矿山智能化建设和管理中遇到的问题。通过定期召开协调会议、建立信息共享平台等方式，促进部门之间的信息共享和协同工作。

③强化责任落实。明确各部门、各岗位的职责和权限，强化责任落实和考核机制。通过制定责任清单、签订责任书等方式，将责任落实到具体部门和人员，确保各项工作得到有效推进。

④推进信息化建设。加强矿山信息化建设，建立统一的信息管理平台，实现矿山生产、安全、环保等信息的集中管理和共享。通过信息化手段提高管理效率和决策水平，促进矿山管理的现代化和智能化。

露天矿山建设过程中存在的系统兼容与协同问题是一个复杂而重要的问题。通过统一接口标准、推动软件标准化、技术整合与优化、完善管理制度、建立协调机制、强化责任落实以及推进信息化建设等措施，可以有效解决这些问题。这些措施的实施将有助于提高矿山建设的整体效率、降低成本、保障安全并促进环境保护以及矿山企业可持续发展。未来，随着技术的不断进步和管理的不断完善，露天矿山智能化建设中的系统兼容与协同问题将得到更好的解决和应对。

三、管理与人才问题

（一）管理模式落后：难以适应智能化发展的需求

目前，尽管智能化矿山建设已经取得了一定的进展，但在管理模式上仍然存在明显的滞后性。传统的管理模式在决策效率、资源调配等方面存在诸多不足，难以适应智能化发展的需求。

1. 决策效率低下

传统的管理模式往往采用层级式的决策结构，导致决策过程烦琐、效率低下。在智能化矿山建设中，由于涉及大量的数据分析和实时监控，需要更加迅速、准确的决策响应。然而，传统的管理模式往往无法做到这一点，导致智能化技术的优势无法充分发挥。

2. 资源调配不合理

传统的管理模式在资源调配方面往往存在不合理的情况。由于缺乏实时的数据支持和智能化的分析工具，传统的管理模式往往无法准确地判断资源的需求和分配情况，导致资源浪费和短缺并存。这不仅影响了矿山的运营效率，也增加了企业的运营成本。

3. 需要向智能化、精细化的管理模式转变

为了适应智能化发展的需求，露天矿山的管理模式需要向更加智能化、精细化的方向转变。包括采用实时的数据监控和分析工具，建立智能化的决策支持系统，以及优化资源调配流程等。通过这些措施，可以提高矿山的运营效率，降低运营成本，实现可持续发展。

（二）专业人才不足：制约智能化矿山建设的关键因素

智能化矿山建设需要大量的专业人才作为支撑，然而目前矿山智能化专业技术人才却严重不足，这一问题严重制约了智能化矿山建设的进程和效果。

1. 传统管理模式难以适应智能化矿山

由于传统管理模式在决策效率、资源调配等方面的不足，导致其在智能化矿山建设中难以发挥有效的作用。这不仅影响了智能化技术的引入和应用，也制约了专业人才的培养和发展。因此，需要加快传统管理模式的转型和升级，以适应智能化矿山发展的需求。

2. 矿山缺少智能化专业职能部门

目前，很多矿山企业还没有建立专门的智能化专业职能部门，导致智能化技术的研发和应用缺乏专业的指导和支持。这不仅影响了智能化技术的推广和应用效果，而且制约了专业人才的培养和发展。因此，需要尽快建立专门的智能化专业职能部门，负责智能化技术的研

发、应用和推广工作。

3. 智能化矿山从业人员整体技术水平偏低

由于历史原因和行业发展状况等因素的影响，目前智能化矿山从业人员的整体技术水平还相对较低。不仅影响了智能化技术的引入和应用效果，而且制约了矿山企业的可持续发展。因此，需要加强智能化矿山从业人员的培训和教育工作，提高他们的技术水平和专业素养。

（三）解决方案与建议

针对露天矿山智能化管理中的管理与人才问题，需要采取一系列有效的解决方案和建议。

1. 加快管理模式的转型和升级

为了适应智能化发展的需求，露天矿山需要加快管理模式的转型和升级。包括引入先进的管理理念和方法，建立实时的数据监控和分析系统，优化决策流程和资源调配机制等。通过这些措施的实施，可以提高矿山的运营效率和管理水平，为智能化技术的发展提供有力的支持。

2. 加强专业人才的培养和引进工作

为了解决专业人才不足的问题，露天矿山需要加强专业人才的培养和引进工作。包括与高校和科研机构建立合作关系，共同培养智能化矿山领域的专业人才；同时，可以通过引进外部优秀人才的方式，快速补充专业人才队伍。此外，还可以通过举办培训班、技术交流会等方式，提高现有从业人员的技术水平和专业素养。

3. 建立完善的激励机制和职业发展路径

为了吸引和留住优秀的专业人才，露天矿山需要建立完善的激励机制和职业发展路径。包括提供具有竞争力的薪资待遇和福利保障；同时，可以为优秀人才提供晋升机会和职业发展空间。通过这些措施的实施，可以激发专业人才的积极性和创造力，为智能化矿山建设提供持续的人才支持。

4. 加强智能化技术的研发和应用推广工作

为了加快智能化矿山建设的发展进程，露天矿山需要加强智能化技术的研发和应用推广工作。包括投入更多的研发资金和资源，开展智能化技术的创新研究；同时，需要积极推广已经成熟的智能化技术成果，将其应用到实际生产过程中去。通过这些措施的实施，可以提高智能化技术的应用水平和效果，为露天矿山的可持续发展提供有力的技术支持。

5. 建立跨部门协作机制，促进信息共享与资源整合

在智能化矿山建设中，需要建立跨部门协作机制，促进信息共享与资源整合。这包括建立跨部门的工作小组或委员会，负责协调不同部门之间的工作和资源分配；同时，需要建立信息共享平台或数据库，实现不同部门之间的信息共享和数据交换。通过这些措施的实施，可以提高智能化矿山建设的整体效率和效果。

6. 关注政策动态与市场需求变化，灵活调整发展策略

在智能化矿山建设中，还需要关注政策动态与市场需求变化，灵活调整发展策略。包括密切关注国家和地方政府的相关政策法规的变化情况；同时，需要关注市场需求的变化情况，及时调整智能化矿山建设的方向和重点。通过这些措施的实施，可以更好地适应市场变化和政策要求，推动智能化矿山建设的持续发展。

四、发展不平衡问题

露天矿山建设作为矿业领域的重要组成部分，其发展过程中不可避免地会遇到各种问题，其中发展不平衡问题尤为突出。这些问题不仅影响矿山自身的经济效益和社会效益，还可能对区域生态环境和社会稳定造成负面影响。

（一）露天矿山建设过程中发展不平衡问题的表现

1. 矿产资源分布不均

我国矿产资源分布极不均衡，受自然地理条件、地质构造等多种因素影响，某些地区矿产资源丰富，而另一些地区则相对匮乏。

这种分布不均导致矿山建设在地区之间存在显著差异，一些地区矿山密集，开采强度高，而另一些地区则面临资源枯竭或开采难度大的问题。

2. 矿山规模与类型差异大

露天矿山在规模和类型上也存在显著差异。一方面，大型露天矿山拥有先进的开采设备、完善的管理体系和较高的生产效率，能够实现规模化、集约化发展；另一方面，小型露天矿山则普遍存在设备落后、管理粗放、效率低下等问题，难以实现可持续发展。

3. 技术水平参差不齐

随着科技的进步，露天矿山开采技术不断升级，但不同矿山之间的技术水平却参差不齐。一些大型矿山积极引进和应用新技术、新设备，提高开采效率和资源利用率；而一些小型矿山则因资金、技术等因素限制，仍采用传统落后的开采方式，导致资源浪费严重、环境污染加剧。

4. 环境保护与治理不平衡

在露天矿山建设过程中，环境保护与治理也是不平衡问题的重要表现之一。一些矿山企业重视环境保护和生态修复工作，采取有效措施减少开采活动对生态环境的影响；而一些矿山企业则忽视环境保护责任，违法违规开采、排放污染物等行为时有发生，严重破坏了矿区生态环境。

5. 经济效益与社会效益不平衡

露天矿山智能化建设不仅追求经济效益，还应兼顾社会效益和环境效益。然而，在实际发展过程中，部分矿山企业过分追求短期经济利益，忽视了对社会和环境的影响。这种发展模式不仅难以持续，还可能引发社会矛盾和冲突。

（二）发展不平衡问题的成因分析

1. 自然条件限制

矿产资源分布不均、地质条件复杂等自然条件限制是导致露天矿山发展不平衡的重要原因之一。这些自然条件不仅影响矿山的开采难度和成本，还决定了矿山的规模和类型。

2. 资金和技术投入不足

资金和技术投入不足是制约小型露天矿山发展的重要因素。由于资金有限、技术水平低下等原因，小型矿山难以引进先进设备和技术来提高开采效率和管理水平。

3. 政策法规不完善

政策法规不完善也是导致露天矿山发展不平衡的原因之一。目前，我国关于矿产资源开采、环境保护等方面的法律法规还不够完善，对矿山企业的监管力度也不足，这导致一些矿山企业存在违法违规开采、排放污染物等行为。

4. 市场机制不健全

市场机制不健全也是导致露天矿山发展不平衡的原因之一。在市场机制下，资源向高效益、低成本的企业集中是必然趋势。然而，由于信息不对称、竞争不充分等原因，一些小型矿山难以获得公平的市场机会和发展空间。

（三）解决露天矿山建设过程中发展不平衡问题的策略

1. 加强矿产资源规划与管理

针对矿产资源分布不均的问题，应加强矿产资源规划与管理工作。通过科学规划、合理布局等方式优化资源配置结构；同时加强对矿产资源开发活动的监管力度，防止过度开采和浪费现象的发生。此外还应推动矿产资源勘查开发一体化进程，提高资源利用效率和经济效益。

2. 促进矿山规模化和集约化发展

针对矿山规模与类型差异大的问题，应采取措施促进矿山规模化和集约化发展。一方面鼓励大型矿山企业通过兼并重组等方式扩大规模、提高效益；另一方面加强对小型矿山企业的引导和扶持力度，促进其转型升级和可持续发展。同时还应加强行业自律和监管力度，规范市场秩序和竞争行为。

3. 提升技术水平与创新能力

针对技术水平参差不齐的问题，应采取措施提升技术水平与创新能力。一方面加强技术创新和研发投入力度，推动新技术、新设备在露天矿山开采中的应用；另一方面加强人才培养和引进工作，提高矿山企业员工的技能水平和综合素质。同时还应加强与科研机构、高校等单位的合作与交流工作，共同推动露天矿山开采技术的进步与发展。

4. 强化环境保护与治理工作

针对环境保护与治理不平衡的问题，应强化环境保护与治理工作力度。一方面加强环境保护法律法规的宣传和普及工作，提高矿山企业的环保意识和责任感；另一方面加强对矿山企业环保工作的监管力度，确保其严格遵守环保法规和标准要求。同时还应加大对环保技术和设备的投入力度，提高环保治理效果和质量水平。此外还应鼓励和支持矿山企业开展生态修复和绿化工作，促进矿区生态环境的改善和恢复。

第二节　展望

当前新一轮科技革命和产业变革与我国加快转变经济发展方式形成历史性交汇，以人工智能、机器人等技术为代表的第四次工业革命给露天矿山行业带来了新的挑战与机遇。国家高度重视基础工业智能化转型的重大问题，相继出台一系列政策措施推进我国工业智能化转型，为企业提高营利能力、应对激烈国际竞争指引了明确的方向。露天矿山作为关系我国经济命脉和能源安全的重要基础行业，智能化是其发展的必经之路，采用智能化高新技术带动传统矿业的转型和升级，可从本质上提升矿企的核心竞争力，从而推动我国矿业向安全、高效、经济、绿色与可持续的目标发展。智能化不仅提升了矿山开采的效率和安全性，还促进了矿业行业的可持续发展。特别是露天矿山行业的技术创新、系统优化、管理模式变革、可持续发展等也将伴随智能化的深入发展而面临极大的机遇与挑战。

一、技术创新

（一）先进技术应用：重塑矿山生态

露天矿山智能化建设通过技术创新，将搭建以数据采集、网络传输、数据库管理、智能平台建设、数据质量管理、数据智能应用为一体的智慧矿山解决方案。集成矿山空间信息表达与实时生产数据管量，实现矿山地上地下一体的数字孪生场景，增强矿山环境数据的可视化表现，全面实现资源与开采环境数字化，生产管理与决策科学化。

1. 无人机技术：天空之眼，监测无死角

无人机技术以其灵活性高、成本低、覆盖范围广的优势，在露天矿山环境监测中展现出巨大潜力。通过搭载高清相机、红外热成像仪、气体检测传感器等多种设备，无人机能够实时监测矿区的空气质量、水体污染、地质变化及生态恢复情况，为环境保护提供科学依据。此外，无人机还能辅助进行矿区地形测绘、资源储量估算等工作，提高勘探精度和效率。未来，随着自主飞行技术和 AI 算法的进步，无人机将实现更精准的航线规划、避障飞行及自动数据处理，进一步提升其在矿山管理中的应用价值。

2. 机器人技术：深入险境，安全作业

面对露天矿山中爆破后的破碎带、高陡边坡等危险区域，传统的人工作业方式存在极大的安全隐患。而机器人技术的应用，则为解决

这一问题提供了有效途径。特种作业机器人，如巡检机器人、清障机器人、维修机器人等，能够在恶劣环境下执行复杂任务，减少人员进入危险区域的需求，保障人员安全。同时，机器人还能通过集成传感器和 AI 算法，实现自主导航、精准作业和故障预警，提高作业效率和精度。随着机器人技术的不断成熟和成本的逐步降低，其在露天矿山中的应用前景将更加广阔。

3. 人工智能与大数据分析：智慧决策，精准管理

人工智能与大数据技术的结合，为露天矿山的智能化管理提供了强大的技术支持。通过收集矿山生产过程中的海量数据，如设备运行状态、能耗情况、矿石品位等，利用大数据分析技术进行深度挖掘和建模分析，可以揭示数据背后的隐藏规律和关联关系，为矿山管理者提供科学的决策依据。例如，利用 AI 算法优化采矿计划，实现资源最大化利用；通过预测性维护减少设备故障停机时间；利用数据分析评估环境风险，制定有效的环保措施等。此外，人工智能还能辅助进行矿产品市场预测，帮助矿山企业调整销售策略，降低市场风险。

（二）智能装备升级：赋能高效生产

1. 智能化开采设备：精准采掘，高效作业

智能化开采设备是露天矿山智能化升级的重要组成部分。这些设备集成了先进的传感器、控制器和通信模块，能够实现自主导航、精确控制、远程监控等功能。例如，智能挖掘机能够根据预设的开采计划自动调整挖掘深度和轨迹，提高采矿精度和效率；智能装载机则能通过物联网技术实时感知物料重量和位置信息，实现精准装载和自动调度。此外，智能化开采设备还能通过大数据分析预测设备性能变化趋势，提前进行维护保养，降低故障率，延长使用寿命。

2. 自动化运输系统：畅通运输，高效运转

自动化运输系统是露天矿山提高物流效率的关键。通过引入无人驾驶矿车、智能调度系统等设备和技术，可以实现矿石从开采点到加

工厂的全程自动化运输。无人驾驶矿车能够根据预设路线自动行驶，避免碰撞和拥堵；智能调度系统则能根据生产需求实时调整运输计划，优化车辆配置和路线选择，提高运输效率和安全性。此外，自动化运输系统还能通过物联网技术实时监控车辆状态和运输过程，确保运输过程的可追溯性和安全性。

（三）技术融合与创新：驱动未来发展

1. 物联网与大数据的融合

物联网技术通过为矿山设备、生产环境等物理对象赋予身份标识和通信能力，实现了数据的全面感知和实时传输。而大数据技术则通过对海量数据进行深度挖掘和分析处理，揭示了数据背后的价值规律。将物联网与大数据技术相结合应用于露天矿山管理中，可以实现对矿山生产过程的实时监控和精准预测。例如，通过物联网技术收集设备运行状态数据和环境监测数据，利用大数据技术对数据进行清洗、整合和分析处理，最终基于分析结果提出优化建议或预警信息供管理者参考决策。这种融合应用模式不仅提高了矿山管理的精细化水平，还增强了系统的自我学习和自我优化能力。

2. 通信技术的赋能

现代通信技术为露天矿山智能化管理提供了强大的通信支持。更先进的网络具有超高速率、超大连接数、超低时延等特性，能够满足矿山设备之间的高密度、高可靠通信需求。通过部署更先进的网络，可以实现矿山设备之间的无缝连接和实时通信，支持高清视频传输、远程控制等高级应用，提升矿山生产的智能化水平和远程监控能力。此外，更先进的技术还能与云计算、边缘计算等技术相结合，构建更加灵活高效的计算资源体系，为矿山智能化管理提供更加可靠的技术支撑。

3. 区块链技术的探索

区块链技术以其去中心化、不可篡改等特性在数据安全和信任管理方面展现出独特优势。在露天矿山管理中引入区块链技术可以实现生产数据的透明管理和可信度追溯。通过将生产过程中的关键数据（如矿石开采量、运输量、加工量等）记录在区块链上，利用区块链的共识机制和加密算法确保数据的真实性和完整性，从而可以实现对生产过程的全程追溯和监管。这种管理方式不仅提高了数据的可信度和透明度，还增强了矿山企业与监管部门之间的互信关系。同时，区块链技术还能与物联网、大数据等技术相结合构建更加完善的数据管理和应用体系，为露天矿山的智能化管理提供更加全面和深入的技术支持。

二、系统优化

（一）系统集成与协同：构建高效运转的矿山生态

1. 统一矿山管理平台

在露天矿山智能化管理的进程中，构建一个集生产调度、安全管理、环境监测、设备维护等多功能于一体的统一矿山管理平台是首要任务。该平台作为矿山管理的"中枢神经"，通过集成各子系统的核心功能，实现信息的集中展示、数据的实时共享与业务流程的无缝衔接。管理者可以通过该平台轻松掌握矿山的整体运行状况，及时调整生产计划，优化资源配置，确保矿山的高效运转。

2. 跨系统协同

系统集成不仅仅是技术的堆砌，更重要的是实现各子系统之间的深度协同，要求在设计之初就充分考虑各系统之间的接口标准和数据格式，确保信息的无障碍流通。在实际操作中，通过制定统一的业务规则和协同机制，促进生产、安全、环保等部门之间的紧密合作，实现业务流程的自动化与智能化。例如，当环境监测系统检测到空气质量超标时，可以自动触发通风系统加强通风，并同时向安全管理部门发送预警信息，形成快速响应机制。

3. 业务流程优化

在系统集成与协同的基础上，对矿山现有的业务流程进行全面梳理与优化是提升管理效能的关键。通过引入先进的管理理念和技术手段，如精益管理、六西格玛等，对业务流程进行标准化、流程化改造，消除冗余环节，提高作业效率。同时，利用智能分析技术，对业务流程进行实时监控与评估，及时发现并解决问题，推动矿山管理水平的持续提升。

（二）数据治理与挖掘：挖掘数据价值，驱动决策创新

1. 数据质量提升

数据是矿山智能化管理的基石。为了确保数据的准确性和实时性，必须加强对数据质量的治理。这包括建立完善的数据采集、存储、处理与更新机制，确保数据的完整性和一致性。同时，引入数据清洗和校验技术，对采集到的数据进行预处理，去除噪声和异常值，提高数据的质量。此外，还需加强数据标准化建设，制定统一的数据编码和格式规范，为数据的共享与分析奠定坚实的基础。

2. 数据挖掘与分析

在数据质量得到保障的基础上，深入挖掘数据背后的价值成为提升矿山管理效能的重要途径。通过运用大数据分析、机器学习等先进技术，对矿山生产、安全、环保等各个环节的数据进行深度挖掘与分析，发现潜在的关联规律和趋势变化。例如，通过分析设备运行状态数据，可以预测设备故障发生的概率和时间节点，提前制订维修计划；通过分析矿石品位数据，可以优化采矿计划和选矿流程，提高资源利用率。这些分析结果为矿山管理者提供了科学的决策依据和优化方向。

3. 数据安全与隐私保护

在数据挖掘与分析的过程中，数据安全与隐私保护同样不容忽视。随着矿山数据量的不断增长和数据应用范围的日益扩大，数据泄露和滥用的风险也随之增加。因此，必须建立健全数据安全管理体系和隐

私保护机制。包括加强数据加密、访问控制、审计追踪等安全技术的应用；制定严格的数据管理制度和操作规程；加强员工的数据安全意识教育和培训；以及与外部合作伙伴建立数据安全共享协议等。通过这些措施确保矿山数据的安全性和隐私性得到充分保障。

（三）智能决策支持：赋能管理者，引领未来

1. 智能决策支持系统构建

智能决策支持系统是露天矿山智能化管理的重要组成部分。该系统通过集成人工智能、大数据分析等先进技术手段，为矿山管理者提供智能化的决策支持和优化建议。具体来说，智能决策支持系统可以根据矿山生产的实际情况和管理者的需求，构建相应的决策模型和分析工具，通过收集和分析矿山生产、安全、环保等各个环节的数据信息，运用算法和模型进行数据处理和预测分析，最终生成科学的决策建议和优化方案供管理者参考决策。这些决策建议和优化方案不仅可以帮助管理者更加准确地把握市场动态和竞争态势，还可以帮助他们更加科学地制定生产计划和经营策略，从而实现矿山的高效运转和可持续发展。

2. 决策模拟与预测

智能决策支持系统还具备强大的决策模拟与预测功能。通过构建虚拟的矿山生产环境或场景，模拟不同决策方案对矿山生产、安全、环保等方面的影响和效果，可帮助管理者在决策前对可能的结果进行预测和评估。这种模拟与预测功能不仅可以降低决策的风险和成本，还可以提高决策的准确性和可靠性。同时，通过不断的模拟和预测训练，智能决策系统还可以不断优化自身的算法和模型，进而提高决策建议的针对性和实用性。

3. 人机协同决策

在智能决策支持系统的辅助下，人机协同决策成为露天矿山智能化管理的新趋势。这种决策模式强调人与机器之间的紧密合作与优势

互补。一方面，智能决策系统可以提供丰富的数据信息和科学的决策建议，为管理者提供有力的支持；另一方面，管理者可以凭借其丰富的经验和直觉判断，对智能决策系统的建议进行验证和调整，确保决策结果的合理性和可行性。通过人机协同的方式，可以充分发挥双方的优势，提高决策的质量和效率，从而推动露天矿山智能化管理的不断深入和发展。

三、管理模式变革

（一）管理模式创新：智能化与信息化的深度融合

1. 从生产导向到智能驱动

传统露天矿山管理模式往往以追求产量为首要目标，忽视了环境保护、资源利用率及安全生产等长远考量。智能化管理模式的引入，促使矿山企业从"生产导向"向"智能驱动"转变。通过集成应用传感器、无人机、卫星遥感、GIS 等技术，实现矿山生产全过程的实时监测与精准控制，在提高开采效率的同时，减少资源浪费和环境污染。例如，利用智能调度系统优化开采顺序和运输路径，降低能耗和成本；通过大数据分析预测设备故障，提前维护，避免非计划停机。

2. 跨部门协同与流程优化

智能化管理模式的另一大特点是促进了矿山内部各部门之间的紧密协作与流程优化。传统管理模式下，各部门往往各自为政，信息孤岛现象严重。而智能化平台的建设，如 ERP（企业资源计划）、MES（制造执行系统）等，打破了信息壁垒，实现了数据共享与业务协同。这不仅提高了决策效率，还使资源配置更加科学合理，如根据市场需求灵活调整生产计划，减少库存积压。同时，通过引入项目管理和流程再造的理念，进一步精简非增值环节，提升整体运营效率。

3. 风险预警与应急响应

智能化管理还显著增强了矿山的风险预警和应急响应能力。通过构建综合监控平台，集成安全监测、环境监测、地质灾害预警等多源数据，实现对矿山安全的全方位、全天候监控。一旦发现异常情况，系统能立即发出警报，并自动启动应急预案，指导相关人员迅速响应，从而有效遏制事故的扩大。此外，智能化系统还能根据历史数据和专家知识库，对潜在风险进行预测评估，为矿山安全管理提供科学依据。

（二）人才培养与引进：构建高素质专业团队

1. 专业化教育与培训

智能化矿山的建设离不开专业化的人才队伍。因此，加强智能化矿山专业人才的培养成为当务之急。一方面，矿山企业应与高校、科研机构建立紧密的产学研合作关系，共同开设相关专业课程，引入前沿技术知识，为行业输送新鲜血液。另一方面，针对现有员工，企业应定期举办技能培训、专题讲座和实操演练，提升员工的智能化操作技能和数据分析能力。此外，还应鼓励员工参加国家职业资格认证，提高整体专业水平。

2. 高端人才引进与激励机制

为了快速提升矿山智能化管理水平，企业还需积极引进高端人才，包括算法工程师、数据分析师、物联网专家等。为此，企业应建立完善的人才引进机制，提供具有竞争力的薪酬福利和职业发展平台，吸引优秀人才加入。同时，构建科学合理的激励机制，如股权激励、项目奖励等，激发员工的创新创造活力，留住核心人才。

3. 团队建设与文化建设

智能化矿山的管理不仅依赖于个体的专业能力，更需要团队的协作精神。因此，企业应注重团队建设，通过团队建设活动、项目合作等方式，增强团队成员之间的沟通与信任，形成合力。同时，还应构建与智能化矿山发展相适应的企业文化，强调创新、协作、共享的价值观，营造积极向上的工作氛围，为智能化管理提供坚实的文化支撑。

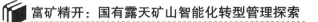

（三）企业文化建设：创新、协作与共享的精神家园

1. 创新文化的培育

在智能化矿山的建设过程中，创新是推动发展的不竭动力。因此，企业应大力培育创新文化，鼓励员工敢于尝试、勇于创新。通过设立创新基金、举办创新大赛等方式，激发员工的创新热情，促进新技术、新方法的研发与应用。同时，建立容错机制，允许在创新过程中出现失败，保护员工的创新积极性。

2. 协作精神的弘扬

智能化管理模式的成功实施离不开团队之间的紧密协作。因此，企业应积极弘扬协作精神，打破部门壁垒，促进跨部门、跨领域的合作与交流。通过定期的团队建设活动、跨部门项目合作等方式，增强员工的团队意识和大局观念，形成"一盘棋"的工作格局。同时，建立有效的沟通机制，确保信息畅通无阻，为协作提供有力保障。

3. 共享理念的践行

在智能化时代，资源共享已成为趋势。企业应积极践行共享理念，推动资源、知识、经验等要素的开放共享。通过建立知识库、经验交流平台等方式，促进员工之间的知识共享与经验交流，提升整体能力水平。同时，加强与产业链上下游企业的合作与共享，共同推动行业的智能化发展。

四、可持续发展

（一）绿色发展：构建生态与经济的双赢模式

1. 节能减排与能源优化

在露天矿山绿色发展的过程中，节能减排是首要任务。智能化技术的应用为实现这一目标提供了强有力的支持。通过引入智能监控系统，可以实时监测矿山设备的运行状态和能耗情况，精准调控设备的工作参数，避免无效作业和能源浪费。同时，利用大数据分析技术，对矿山生产过程中的能耗数据进行深入挖掘和分析,发现节能潜力,制定科学的节能措施。

此外,推广使用新能源设备也是节能减排的重要途径。例如,采用电动挖掘机、电动装载机等清洁能源驱动的采矿设备,不仅减少了化石燃料的消耗,还降低了碳排放。在条件允许的情况下,还可以建设太阳能光伏电站或风力发电站,为矿山提供绿色电力,进一步降低对外部电网的依赖。

2. 资源循环利用与废弃物管理

资源循环利用是露天矿山绿色发展的核心之一。智能化管理技术的应用,使矿山废弃物的分类、处理和再利用变得更加高效和精准。通过引入智能分拣系统和自动化处理设备,可以实现对矿山废弃物的快速分类和高效处理,提高资源回收率。同时,利用物联网和大数据技术,对废弃物的产生、运输和处理过程进行全程跟踪和监控,确保废弃物的合规处理和安全处置。

在废弃物管理方面,除了传统的填埋和堆存方式外,还可以探索更加环保和可持续的处理方式。例如,利用生物技术对废弃物进行降解和转化;将废弃物作为建筑材料或填充材料用于道路建设、土地复垦等领域;通过高温焚烧或热解等方式将废弃物转化为能源或化学品等。

3. 生态环境保护与修复

露天矿山的开采活动对生态环境造成了一定程度的影响。因此,加强矿山生态环境的保护和修复工作是实现可持续发展的必要条件。智能化管理技术的应用为生态环境保护和修复提供了有力支持。通过建立生态环境监测网络,利用遥感、无人机等高新技术手段对矿山及周边区域的生态环境进行实时监测和评估,及时发现并处理生态破坏问题。

在生态修复方面,智能化技术同样发挥着重要作用。通过引入智能灌溉系统、自动化种植机械等设备，可以实现生态修复工程的精准管理和高效实施。同时，利用 GIS 等空间信息技术对生态修复效果进行动态监测和评估，为优化修复方案提供科学依据。此外，还可以探索生态修复与产业发展相结合的模式，如发展生态旅游、生态农业等产业，促进矿山区域的经济转型和可持续发展。

（二）国际合作与交流：推动智能化管理的国际化进程

1. 引进国际先进技术与管理经验

推动露天矿山智能化管理的国际化进程是提升我国矿山企业在全球市场竞争力的重要途径之一。通过与国际先进矿山企业和科研机构的合作与交流，可以引进国际领先的智能化管理技术和经验，同时借鉴国际先进的管理模式和运营理念，为我国露天矿山智能化管理的发展提供有力支持。

在引进国际先进技术方面，可以重点关注智能采矿设备、智能监控系统、大数据分析平台等领域的最新成果和应用案例；积极引进适合我国国情的先进技术和设备；推动本土企业与国际领先企业的合作研发和技术创新。在引进国际先进管理经验方面，可以学习国际先进企业的管理理念和方法；借鉴其在安全生产、环境保护、社会责任等方面的成功经验和做法；推动我国矿山企业管理水平的全面提升。

2. 参与国际标准制定与规则制定

参与国际标准制定和规则制定是我国矿山企业在国际舞台上"发声"和争取利益的重要手段之一。通过积极参与国际标准化组织、行业协会等机构的活动，加强与国际同行的合作与交流，共同制定和完善国际标准和规则，可以为我国矿山企业争取更多的国际话语权和市场机会。

在参与国际标准制定方面，可以重点关注智能采矿技术、绿色矿山建设、安全生产管理等领域的国际标准和规范，积极参与标准的制定和修订工作，推动我国标准与国际标准的接轨和互认。在参与国际规则制定方面，可以关注国际矿业市场的最新动态和趋势，加强与国际组织和机构的合作与交流，积极参与国际矿业规则的制定和修订工作，为我国矿山企业在国际市场上的竞争提供有力支持。

3. 加强人才培养与国际交流

人才是推动露天矿山智能化管理发展的关键因素之一。因此加强人才培养与国际交流是提升我国矿山企业智能化管理水平的重要保障。一方面可以通过与国际知名高校和科研机构建立人才培养合作关系，共同培养具有国际视野和创新能力的矿山智能化管理人才和技术人才，为我国矿山企业的智能化转型提供人才支持；另一方面可以加强与国际矿山企业的人才交流与合作，通过互派访问学者、联合培养研究生等方式促进人才资源的共享与交流，同时鼓励我国矿山企业"走出去"，参与国际人才竞争，吸引海外优秀人才来华工作和发展。

此外，还可以加强与国际组织的合作与交流，积极参与国际矿业大会、技术交流会等活动，了解国际矿业发展的最新动态和趋势，学习国际先进的管理经验和技术成果，为我国矿山企业的国际化发展提供有力支持。

参考文献

［1］白凤龙. 安全评价在矿山安全管理中的作用浅析［J］. 价值工程，2020，39（31）：2.

［2］鲍永辉，刘伟，段建民. 基于战略成本管理的黄金矿山企业外包成本控制分析［J］. 黄金，2020，41（11）：1-4.

［3］毕颖，叶郁菲. 数据产权的治理困境与法治化治理路径［J］. 网络空间安全，2019，10（8）：25-30.

［4］边利. 矿山管理信息系统开发策略与技术研究［D］. 中南工业大学，2024.

［5］才庆祥，周伟，彭洪阁，等. 厚覆盖层下拉斗铲剥离与半连续采煤系统的可靠性［J］. 煤炭学报，2009，34（11）：4.

［6］蔡广松. 大数据时代计算机网络信息安全及防护策略研究［J］. 计算机应用文摘，2023，39（1）：96-98.

［7］昌正林. 露天煤矿智能化建设关键技术研究与发展［J］. 能源与节能，2023，（1）：95-97+105.

［8］陈车烟. 浅谈深基坑支护变形及防控措施［J］. 科技资讯，2008（17）：69.

［9］陈春艳. AM金属公司发展战略研究［D］. 河北工业大学，2012.

［10］陈桂宏. 浅谈国内"用工荒"产生的原因及对策［J］. 新西部（下半月），2010（3）：32+36.

[11] 陈健. 绿色开采在采矿工程中的实践应用 [J]. 内蒙古煤炭经济, 2018 (3)：30+53.

[12] 陈天永. 两江铜矿区整合策略研究 [D]. 西南交通大学, 2018.

[13] 陈昱鸣. 全球铝土矿贸易格局及对干散货航运市场的影响 [J]. 世界海运, 2020, 43 (12)：10.

[14] 程娜. 东北老工业基地智能化转型发展研究 [J]. 社会科学辑刊, 2020 (5)：63-73.

[15] 程鹏, 耿海将. 物联网技术在煤矿管理中的应用研究 [J]. 科技资讯, 2011 (9)：110-111.

[16] 程周育, 张雪燕. 利用信息技术强化企业安全生产管理能力的研究 [J]. 中国信息化, 2023 (9)：66+79-80.

[17] 崔硕, 姜洪亮, 戎辉, 等. 多传感器信息融合技术综述 [J]. 汽车电器, 2018 (9)：41-43.

[18] 丁福志. 有色金属数字化矿山建设浅析 [J]. 中国金属通报, 2020 (7)：134-135.

[19] 丁江江. 基于物联网的矿井提升设备工况监测系统研究 [D]. 太原理工大学, 2019.

[20] 丁震, 孙继平, 张帆, 等. 智能化矿山通信接口与协议技术规范研究 [J]. 工矿自动化, 2023, 49 (2)：6-13.

[21] 董洪芹. 露天矿车辆实时监测信息采集系统 [D]. 武汉理工大学, 2015.

[22] 董家龙. 贵州铝土矿基本地质特征及勘查开发的思考——以凯里—黄平铝土矿为例 [J]. 矿产与地质, 2004, 18 (6)：555-558.

[23] 杜娟. 论西方现代管理理论与世界管理发展新趋势 [J]. 安阳师范学院学报, 2002 (3)：92-94.

［24］杜心田，白铭洁．论物体系统［J］．前沿科学，2015，9（3）：32-39.

［25］范宏杰，程瑞鹏．建设智能矿山云的探讨与分析［J］．智能矿山，2022，31（11）：103-105.

［26］冯永．采矿工程施工中不安全技术因素控制对策［J］．建筑工程技术与设计，2018（23）：18-34.

［27］冯开旺，李有仓，朱伟刚，等．大西沟露天铁矿开采过程中的问题及解决对策［J］．中国金属通报，2022（5）：150-152.

［28］付恩三，刘光伟，王新会，等．基于"互联网+"智慧露天煤矿建设发展新构想［J］．中国煤炭，2020，46（2）：35-41.

［29］付恩三，刘光伟，赵浩，等．智能露天矿山框架及关键技术［J］．煤炭工程，2022，54（9）：24-30.

［30］高海峰．露天开采矿山安全管理措施分析［J］．中国金属通报，2019（11）：281+283.

［31］郜晓龙，常超．我国金属矿山采矿技术现状与发展趋势［J］．中国金属通报，2022（9）：19-21.

［32］葛明江．煤矿智能综合管控平台的应用研究［J］．内蒙古煤炭经济，2023（11）：7-9.

［33］郭斌，翟书颖，於志文，等．群智大数据：感知、优选与理解［J］．大数据，2017，3（5）：13.

［34］国务院关于支持贵州在新时代西部大开发上闯新路的意见［J］．中华人民共和国国务院公报，2022（5）：63-69.

［35］何盛荣．基于物联网分析油田设备管理的发展前景［J］．化工管理，2017（19）：20.

［36］何喜平，黄世钱．管理信息系统在企业现代化管理中的应用［J］．经营与管理，2010（2）：2.

［37］胡东涛．基于物联网的非煤地下矿山安全监测预警决策平

台研究［D］. 武汉理工大学，2014.

［38］胡建刚. 机电在煤矿机械中的应用研究［J］. 煤炭技术，2011，30（4）：2.

［39］胡荣华，安冬，史梦圆，等. 智能矿用机器人研究现状及发展趋势［J］. 黄金，2023，44（9）：59-68.

［40］黄光洪，谢明跃，谭锐. 贵州省铝土矿资源的合理开发利用初探［J］. 有色金属设计，2005，32（4）：5.

［41］黄向斌，梁晓莉，罗刚. 如何更好地推行六西格玛管理［C］//中国航天质量论坛，中国航天工业质量协会，2010.

［42］黄晓萍. 浅谈煤矿安全文化教育培训在煤矿安全中的作用［J］. 经贸实践，2015（15）：278.

［43］黄欣荣. 钱学森系统科学思想研究［J］. 山东科技大学学报（社会科学版），2004（4）：27-30.

［44］黄馨丹. 探究煤矿智能化建设中5G通信技术的应用［J］. 中国新技术新产品，2023（7）：15-17.

［45］黄燕芳. 国企合格供应商库管理的实践和探索［J］. 财经界，2023（15）：48-50.

［46］黄元仿，张世文，张立平，等. 露天煤矿土地复垦生物多样性保护与恢复研究进展［J］. 农业机械学报，2015，46（8）：73-75.

［47］贾宏君. 白音华三号矿智慧矿山建设体系［J］. 露天采矿技术，2020，35（5）：41-43.

［48］姜红德. 算力产业"崛起"［J］. 中国信息化，2023（7）：18-19.

［49］姜凯. 智能化矿山采矿技术中的安全管理问题［J］. 新疆有色金属，2022，45（5）：102-104.

［50］焦迪. 新形势下数据安全发展分析［J］. 网络安全技术与应

用，2020（10）：83-86.

［51］焦奕硕，邸绍岩．智能计算中心发展态势研究［J］．中兴通讯技术，2023，29（3）：59-63.

［52］解学才．非煤矿山生产过程人因分析及建模研究［D］．西安建筑科技大学，2015.

［53］金江鹏．露天采矿矿山地质环境问题与恢复治理措施［J］．世界有色金属，2021（22）：54-55.

［54］靳嘉雯．生态文明建设环境下矿山环境保护及治理分析［J］．世界有色金属，2022（23）：217-219.

［55］鞠建华，韩见，鞠方略．中国智能矿山发展趋势与路径分析［J］．中国矿业，2023，32（5）：1-7.

［56］康义．新时代有色金属工业高质量发展的战略思考［J］．中国有色金属，2020（12）：26-29.

［57］孔宁．计算机信息安全防范措施浅谈［J］．信息通信，2020（5）：150-151.

［58］李超．大数据环境下隐私保护的研究现状分析［J］．电脑知识与技术，2016，12（18）：29-31.

［59］李凤英，季现伟，张维国，等．智能矿山5G技术发展与应用场景分析［J］．中国矿山工程，2022，51（4）：89-92.

［60］李弘．露天采矿技术及其采矿设备的发展思考［J］．当代化工研究，2022（14）：159-161.

［61］李建民．太钢：全员参与的快速六西格玛管理［J］．中国质量，2009（7）：17-18.

［62］李磊．解析矿山安全事故成因及预警管理措施［J］．科技资讯，2019，17（15）：239+241.

［63］李林，郭连军，张大宁，等．金属矿山深部硬岩爆破的讨论［J］．采矿技术，2013（6）：4.

［64］李秋秋．关于贵州"生态优先、绿色发展"战略行动的五点建议［J］．开封教育学院学报，2018，38（7）：286-287.

［65］李少鹏．区块链技术在自然资源信息化领域的应用［J］．国土资源导刊，2020，17（3）：77-79+96.

［66］李世佳．基于熵理论和耗散结构理论的组织管理系统分析［J］．宜宾学院学报，2008，8（12）：80-82.

［67］李爽，薛广哲，方新秋，等．煤矿智能化安全保障体系及关键技术［J］．煤炭学报，2020，45（6）：2320-2330.

［68］李伟建．智慧煤矿的建设路径探讨［J］．陕西煤炭，2020，39（2）：56-59.

［69］李新娟．煤矿安全管理体制机制必要性及其内涵的研究［J］．管理现代化，2011（6）：3.

［70］李娅飞．基于"双控"的山东省煤炭企业发展模式选择研究［D］．山东科技大学，2019.

［71］梁徽，赵岩，刘海震．石化企业工业互联网建设实践［J］．石化技术，2023，30（11）：236-238.

［72］梁经才．智能化传感器综述［J］．推进技术，1990（6）：53-57+78.

［73］梁庆森．基于图神经网络的SDN路由优化研究［D］．华中科技大学，2021.

［74］刘灿．煤矿生产班组不安全行为及控制研究［D］．西安科技大学，2015.

［75］刘春凤，胡宝民，李子彪．管理学理论形成和发展综述［J］．商业时代，2007（32）：46-47.

［76］刘道园，赵旭晔．内蒙古煤矿智能化建设标准研究与实践［J］．中国煤炭，2022，48（9）：87-93.

［77］刘鸿博．基于大数据技术的智慧矿山平台构建与应用研究

[J]．中国高新科技，2023（15）：118-120.

[78] 刘杰，王宏图，舒才，等．重庆市非煤露天矿山安全标准化建设问题及对策［J］．采矿技术，2015，15（6）：65-67.

[79] 刘力维，董桂．打造贵州特色新型工业化体系——图解《关于实施工业倍增行动奋力实现工业大突破的意见》［J］．当代贵州，2021（14）：20-21.

[80] 刘鹏．露天煤矿绿色开采评价指标体系及建设路径研究［D］．中国矿业大学，2020.

[81] 刘树臣，王淑玲，崔荣国．全球矿产资源供需形势及勘查动向［J］．地质通报，2009，28（2）：6.

[82] 刘坦，徐丰，冯超．"双碳"背景下智慧矿山建设路径研究［J］．内蒙古煤炭经济，2023（5）：17-19.

[83] 刘馨蕊．矿山生产数据集成系统构建与应用研究［D］．东北大学，2013.

[84] 卢璐．矿山生态环境破坏与生态修复的探讨［J］．资源节约与环保，2022（12）：47-50.

[85] 卢守东．云计算及其在中小企业信息化中的应用［J］．福建电脑，2015，31（6）：2.

[86] 鲁远祥，许金，孙维．矿山物联网关键技术与工程应用研究［C］//中国煤炭工业协会，2014.

[87] 陆方志．M能源公司供应链管理优化研究［D］．桂林理工大学，2018.

[88] 路世鹏．露天矿山验收测量的精度分析与研究［J］．有色矿山，2001（4）：21-25.

[89] 吕天敬，魏想明．浅析政府管理中的全面质量管理［J］．河南科技，2006（5）：4-5.

[90] 罗国置．安全生产应急管理体系建设研究［J］．智能城市，

2024，10（6）：90-92.

［91］罗毅，贺江波，冯喜旺. 安全生产检测检验在矿山安全生产中作用分析［J］. 煤矿安全，2010，41（9）：154-156.

［92］马金山. 基于信息化的金属矿山安全管理系统构建及应用［J］. 世界有色金属，2019（14），84-88.

［93］马婧. 网络实名制下的公民隐私权保护［D］. 河南大学，2013.

［94］马群，鲁萌，郭强，等. 低碳经济形势下煤矿节能减排管理方法研究［J］. 现代工业经济和信息化，2023，13（10）：300-302.

［95］马晓敏. 数字科技赋能现代矿山建设——中国工程院院士邵安林谈如何推进智慧矿山建设［N］. 中国矿业报，2023-08-17.

［96］孟倩倩. 多金属露天矿多目标生产配矿优化研究［D］. 西安建筑科技大学，2019.

［97］南世卿，王亚东，陈彦亭，等. 河北钢铁集团矿业公司数字化矿山顶层设计初探［C］//中国有色金属学会，中国矿业联合会，中国冶金矿山企业协会，中国黄金协会，2013.

［98］牛鑫. 伊泰集团安全生产管理信息系统优化研究［D］. 内蒙古大学，2019.

［99］潘冬. 我国矿山数字化建设的探讨［J］. 矿业研究与开发，2006（S1）：36-39.

［100］潘欣，崔冬龙. 矿产资源开发对生态环境的影响及对策浅析［J］. 南方农业，2020，14（23）：181-182.

［101］潘忠伟. 德兴铜矿铜厂矿区边坡防护措施探讨［J］. 铜业工程，2010（2）：4.

［102］朴宇. 浅析非煤矿山安全监管工作面临的问题及对策［C］//吉林省安全生产监督管理局. 安全责任 重在落实——第四届吉林安全生产论坛论文集. 吉林省安全监管局非煤矿山监管处，2011-

S1-010.

[103] 秦素云. 激励机制影响企业员工积极性的探讨 [J]. 中小企业管理与科技（下旬刊），2010（6）：10.

[104] 任鹏. 基于边缘计算和联邦学习的矿山目标检测 [D]. 中国矿业大学，2022.

[105] 戎宏娜，尹育新. 浅论六西格玛管理在企业中的应用 [J]. 中国商贸，2010（12）：58-59.

[106] 戎翔. 多模态数据融合的研究 [D]. 南京邮电大学，2012.

[107] 沈凯波. 基于"精益生产"的全面质量管理在 S 公司的应用研究 [D]. 上海大学，2008.

[108] 石俊清. 煤田地质构造复杂程度分析与处理 [J]. 河北企业，2018（3）：2.

[109] 舒虹茗，金祥忠. 5G 移动通信发展及关键技术的研究 [J]. 电子元器件与信息技术，2020，4（12）：55-56+58.

[110] 苏梦圆. 矿用本安型网络摄像仪关键技术研究及实现 [D]. 西安科技大学，2017.

[111] 孙壁姗. 浅谈铝土矿资源的合理开发和利用 [J]. 西部资源，2015（5）：2.

[112] 孙健东，张瑞新，贾宏军，等. 我国露天煤矿智能化发展现状及重点问题分析 [J]. 煤炭工程，2020，52（11）：16-22.

[113] 孙江. 综采工作面远程控制采煤技术探讨 [J]. 中国矿山工程，2017，46（6）：62-65+77.

[114] 孙金龙. 深入学习贯彻习近平生态文明思想 加快构建人与自然和谐共生的现代化 [J]. 中国生态文明，2022（1）：3.

[115] 孙晶. 露天矿安全管理信息系统的研究与应用 [D]. 内蒙古科技大学，2011.

［116］孙婧. 5G 技术在煤矿智能化建设中的应用［J］. 能源与节能，2024（4）：22-24+42.

［117］孙莉娜. 露天矿山车辆调度系统设计与实现［D］. 大连理工大学，2024.

［118］孙曦亮. 矿区可持续农业与农村发展研究及其规划应对［D］. 西北大学，2019.

［119］孙知信，黄涵霞. 基于云计算的数据存储技术研究［J］. 南京邮电大学学报：自然科学版，2014，34（4）：7.

［120］覃兆刿. 论韦伯组织理论建构中的"合理性"与"档案"——兼及韦伯档案观的双元价值分析［J］. 档案学研究，2006（2）：3-7.

［121］汤巧英. 灌区信息管理系统设计与实现［J］. 中国科技信息，2009（9）：84-85.

［122］汤晓水. 江铜集团永平铜矿人力资源开发研究［D］. 南昌大学，2008.

［123］唐海，林大能，唐则伟. 铅锌矿爆破有害效应分析及安全评估［J］. 爆破，2009，26（1）：58-61.

［124］田利军，李由，张辛亥. 论提高矿井素质实现可持续发展［J］. 价值工程，2011，30（13）：43-44.

［125］田晓春. 基于大数据背景下煤炭智能化发展的研究［J］. 内蒙古煤炭经济，2020，（23）：41-42.

［126］王博. 中国矿产资源与经济可持续发展研究［J］. 四川建材，2017，43（8）：214-215.

［127］王凤凰，王幸荣. 智能化矿山采矿技术中的安全管理问题［J］. 中国金属通报，2023（5）：243-245.

［128］王国法，任怀伟，庞义辉，等. 煤矿智能化（初级阶段）技术体系研究与工程进展［J］. 煤炭科学技术，2020，48（7）：1-27.

［129］王海涛. 矿山应急救援指挥管理系统研究［D］. 黑龙江科技学院，2011.

［130］王坦果. 煤矿井下采煤机智能综采控制系统的讨论［J］. 能源与节能，2022（4）：107-109.

［131］王涛. 云服务器技术的发展与安全远程访问分析［J］. 电子元器件与信息技术，2020，4（12）：14-15.

［132］王忻. 论科学管理理论中的人本主义管理思想［J］. 商品与质量：理论研究，2012（2）：1.

［133］王义忠. 矿山企业弃置义务监管制度评价与建议——以内蒙古地区为例［D］. 内蒙古大学，2024.

［134］王忠新，赵晨阳，刘中国. 露天矿山场景下5G专网及应用赋能的探讨［J］. 邮电设计技术，2021（7）：89-92.

［135］王忠鑫，孙鑫，曾祥玉，等. 我国露天煤矿智能化建设现状及困境与发展路径［J］. 露天采矿技术，2022，37（3）：1-7.

［136］王忠鑫，辛凤阳，宋波，等. 论露天煤矿智能化建设总体设计［J］. 煤炭科学技术，2022，50（2）：37-46.

［137］卫代福. 我国露天煤矿发展初步分析［J］. 煤炭科学技术，1988（3）：6.

［138］魏紫萱. 可视化数据分析对决策者的影响［J］. 中国市场，2018（15）：189-191.

［139］武达. 井下工作面巡检机器人控制器的研究［D］. 太原理工大学，2020.

［140］武凤勇. 精益六西格玛在T公司生产过程改善中的应用研究［D］. 天津大学，2012.

［141］武讲，郑群飞. 哈尔乌素露天矿无人驾驶方案研究［J］. 金属矿山，2021（2）：167-172.

［142］向军. 非煤地下矿山"少人化无人化"的实施路径［J］.

采矿技术，2023，23（5）：239-241.

［143］肖代柏. 泰勒的科学管理思想及其现实意义研究［D］. 中南大学，中南工业大学，2001.

［144］肖海军. 梅山铁矿采矿管理信息系统建设——数字矿山建设初探［D］. 东北大学，2003.

［145］肖文侠，卢国斌. 矿山安全中人的可靠性分析［J］. 现代矿业，2011，27（7）：43-46.

［146］辛君，翟昂，彭亮. 环保技术在绿色矿山建设中的应用研究［J］. 资源节约与环保，2022（2）：29-32.

［147］熊俊丽. 分析矿产资源开发对其生态环境影响［J］. 世界有色金属，2018（17）：110+112.

［148］徐会军，潘涛. 数字矿山发展现状分析［J］. 中国煤炭，2014，40（S1）：27-30.

［149］徐亮. 我国煤炭开发建设现状与"十四五"展望［J］. 中国煤炭，2021，47（3）：5.

［150］徐行. 对"一五"时期能源工业建设的重新审视［J］. 当代中国史研究，2007，14（2）：7.

［151］薛明月. 矿工不安全行为发生机理及影响因素研究［D］. 西安科技大学，2013.

［152］闫鹏. 多源异构交通大数据智能分析技术研究［D］. 华北理工大学，2020.

［153］严海. 矿山机电安全管理存在的问题及措施［J］. 化工管理，2015（5）：263.

［154］颜阳. 神东石圪台选煤厂噪声源识别与降噪方案研究［D］. 西安科技大学，2020.

［155］杨锋. 国有企业人力资源开发中的激励问题及策略分析［J］. 人才资源开发，2023（14）：85-87.

［156］杨建. 锡矿山残矿资源安全回收专项论证及开采技术方案研究［D］. 中南大学，2012.

［157］杨军华. 国企党建与人力资源人才培养有机融合研究［J］. 现代企业文化，2023（15）：133-136.

［158］杨军玲，郑灿辉，卜显忠. 某露天采场生产管理数字化控制系统开发应用［J］. 现代矿业，2018，34（6）：252-254.

［159］杨青. 露天开采境界优化及其汽车运输辅助设计系统研究与开发［D］. 山东科技大学，2012.

［160］杨仕教. 露天矿山生产调度系统群集拟生态优化方法及应用研究［D］. 中南大学，2007.

［161］杨书哲. 浅谈矿山测量的数字化应用与发展［J］. 城市建设理论研究（电子版），2012（29）：1-4.

［162］杨晓伟，王妍，刘欣，等. 我国露天煤矿发展现状及展望［J］. 中国煤炭，2023，49（6）：126-133.

［163］杨运泽. 国有煤炭企业激励机制研究——申淮煤电公司宝山煤矿激励机制调查分析与研究［D］. 安徽财经大学，2013.

［164］杨志强，王永前，高谦，等. 中国镍资源开发现状与可持续发展策略及其关键技术［J］. 矿产保护与利用，2016（2）：12.

［165］姚福强. 矿业开发不能以牺牲生态环境为代价［J］. 环境经济，2008（11）：56-57.

［166］姚婷. 煤矿安全生产法律问题研究［D］. 山西财经大学，2007.

［167］叶强. 对知识经济在企业管理中应用的探析［J］. 神州，2014（9）：1.

［168］叶湘. 论我国煤炭企业的竞争与发展战略［D］. 对外经济贸易大学，2003.

［169］余伦亮. 基于技术标准的产业国际竞争力提升研究［D］.

中共湖北省委党校，2013.

[170] 宇红. 论韦伯科层制理论及其在当代管理实践中的运用 [J]. 社会科学辑刊，2005（3）：183-186.

[171] 袁颖，毛晓冬. 矿产资源的综合开发利用及矿山环境的保护 [C]. cnki. cnki，2015：1.

[172] 岳仁田. 矿山安全生产保障体系的研究 [D]. 山东科技大学，2003.

[173] 云景明. 关于加强外委单位安全管理的思考与对策 [J]. 消费导刊，2018（20）：276-278.

[174] 云亮. 数据加密技术在计算机网络安全中应用 [J]. 科技传播，2012（3）：197+206.

[175] 曾芳，孙亚莉，江金进. 贵州矿产资源开发布局与优化探讨 [J]. 贵州地质，2016，33（2）：148-154.

[176] 曾华栋，曲凤英，廖云姗. 新疆准东大型露天煤矿粉尘治理方向探讨 [J]. 新疆有色金属，2020，43（2）：32-34.

[177] 张东，聂百胜，王龙康. 我国煤矿安全生产事故的致灾因素分析 [J]. 中国安全生产科学技术，2013，9（5）：136-140.

[178] 张光胜. 露天矿区植被受损和土壤重金属污染监测与评估 [D]. 河南理工大学，2014.

[179] 张锦瑞，宁丽平. 绿色矿山建设与唐山经济发展 [J]. 现代矿业，2009，25（6）：12-13+53.

[180] 张婧静. 基于改进物元可拓法的非煤露天矿山安全生产风险等级评定研究 [D]. 西安建筑科技大学，2020.

[181] 张明会，孟印. 物联网关键技术融合体系 [J]. 物流科技，2012，35（2）：92-95.

[182] 张楠，刘若曦. "双碳""双循环"下我国有色金属矿业发展新趋势 [J]. 中国有色金属，2022（21）：38-41.

［183］张瑞新，毛善君，赵红泽，等．智慧露天矿山建设基本框架及体系设计［J］．煤炭科学技术，2019，47（10）：1-23．

［184］张树武．煤炭行业数字经济的发展与企业变革研究［J］．煤炭经济研究，2018，38（12）：55-58．

［185］张顺昌．坚持系统思维推进贵州在新时代西部大开发上闯新路［J］．当代贵州，2022（17）：78-79．

［186］张维国，杨志勇，孙效玉．露天矿GPS卡车调度系统数据流处理方法［J］．地理信息世界，2008（5）：49-52．

［187］张鑫．试分析当前我国的露天煤矿智能化发展状况与前景［J］．中外交流，2021，28（3）：480．

［188］张延旭．智慧矿山"一张网"系统的建设及关键技术［J］．现代矿业，2019，35（5）：65-68．

［189］张艳明．关于现代设计方法在矿山机械设计中的应用研究［J］．科技展望，2015，25（28）．

［190］张晔，秦勇涛，杨晨．金属矿山露天开采的生态环境影响分析及保护对策［J］．科技与创新，2023（4）：165-167．

［191］张义学，赵良峰．多彩贵州——黔地优势［J］．西部大开发，2011（9）：4．

［192］张翊．权变理论视角下的内部控制［J］．对外经贸，2013（9）：118-119．

［193］张振飞．神华宁煤集团智慧矿山安全生产管理系统的规划和实施［D］．宁夏大学，2018．

［194］张卓群．我国再生铝产业政策分析及前景展望［J］．再生资源与循环经济，2020，13（5）：4．

［195］赵桂仙．精益思想在企业中的实际运用［J］．东方企业文化，2013（2）：97．

［196］赵浩，白润才．露天煤矿绿色开采技术研究［C］//全国矿

区环境综合治理与灾害防治技术研讨会，2011.

［197］赵静. KG 集团 HK 矿业公司人才培养方案构建［D］. 云南财经大学，2012.

［198］赵军，江宇，刘坤，等. 兖矿集团信息化的建设与发展［C］//2008 年山东省煤矿信息化技术研讨会，2024.

［199］赵欣. 基于 GIS 的露天矿生产调度系统监控端的应用研究［D］. 长春理工大学，2010.

［200］赵耀. 石油企业信息化中多源异构数据集成与管理的问题和解决思路［J］. 中国化工贸易，2016，8（3）：94-95.

［201］赵奕，张维国，何煦春，等. 智能矿山多维度一体化建设架构与实施路径研究［J］. 有色设备，2022，36（6）：1-12.

［202］郑灿辉，张超，张承涛. 白钨矿山采矿生产管理集成数字化系统开发研究［C］//中国钨业协会，2015.

［203］郑门华，饶华，王凯，等. 基于共享无线接入网模式的电力自建 5G 核心专网研究与应用［J］. 电力信息与通信技术，2023，21（7）：67-74.

［204］郑学军. 梁家煤矿数字化开拓系统的研究与应用［D］. 天津大学，2024.

［205］郑友毅，马培忠. 半连续开采工艺在露天煤矿的应用前景［J］. 煤矿设计，2001（4）：2.

［206］中国煤炭工业协会. 关于印发《露天煤矿高质量发展指导意见》的通知［EB/OL］. ［2023 - 10 - 20］. https：//www. coalchina. org. cn/in - dex. php？ m = content&c = index&a = show&catid = 61&id = 150352.

［207］周建中. 系统概念的起源、发展和含义［J］. 浙江万里学院学报，2001（2）：91-94.

［208］周健. 我国煤矿采矿方法的新探索［J］. 科技与企业，

2013（14）：143.

[209] 周洁. 郴州矿山安全监管问题与对策研究［D］. 湖南大学，2015.

[210] 朱小鸽. 遥感技术在辽河油田勘探开发环境影响评价中的应用研究［D］. 中国石油勘探开发研究院，2003.

[211] 朱晓莉，于小川. 科技兴煤教育报国——访全国政协委员姜耀东［J］. 当代矿工，2021（1）：14-19.

[212] 朱耀华. 山东省非煤矿山应急管理现状与优化研究［D］. 山东大学，2022.

[213] 祝明宝. 大数据技术助力煤矿安全管理的几点思考［J］. 科学与信息化，2023（15）：193-195.

[214] 自然资源部关于深化矿产资源管理改革若干事项的意见［J］. 中华人民共和国国务院公报，2023（28）：24-26.